KB070733

신뢰의 법칙

누구를 어떻게 믿을 것인가

신뢰의 법칙

THE
TRUTH
ABOUT
TRUST

데이비드 데스테노 지음 | 박세연 옮김

웅진 지식하우스

신뢰의 법칙

초판 1쇄 발행 2018년 12월 24일
초판 6쇄 발행 2023년 11월 27일

지은이 데이비드 데스테노 **옮긴이** 박세연

발행인 이재진 **단행본사업본부장** 신동해
책임편집 김경림 **디자인** [★]규
마케팅 최혜진 이은미 **홍보** 반여진 허지호 정지연 송임선
국제업무 김은정 김지민 **제작** 정석훈

브랜드 웅진지식하우스
주소 경기도 파주시 회동길 20
문의전화 031-956-7358(편집) 02-3670-1123(마케팅)
홈페이지 www.wjbooks.co.kr
인스타그램 www.instagram.com/woongjin_readers
페이스북 www.facebook.com/woongjinreaders
블로그 blog.naver.com/wj_booking

발행처 ㈜웅진씽크빅
출판신고 1980년 3월 29일 제406-2007-000046호

한국어판 출판권 ⓒ㈜웅진씽크빅, 2018
ISBN 978-89-01-22885-3 03180

아내와 딸들에게 이 책을 바친다.

'당신을 신뢰할 수 있을까?' 이 단순한 질문은 가끔씩 다른 어느 질문보다 우리 마음을 사로잡는다. 이 질문의 의미를 정확히 이해하지 못하더라도, 우리는 답을 위해 많이 고민해야 한다. 왜냐하면 이 질문에 대한 답이 우리가 하는 많은 일에 실질적인 영향을 미치기 때문이다. 하지만 신뢰^{trust}에 관한 문제를 해결하기 위해 다른 많은 문제처럼 복잡한 개념을 이해하고 분석해야 할 필요는 없다.

　신뢰에 관한 다양한 질문에는 하나의 공통점이 있다. 바로 손해를 입을 위험이란 요소다. 우리는 살아가는 동안 수많은 골치 아픈 질문에 직면하지만, 대부분의 경우 해결책을 발견하기 위해 자신과 다른 사람들 간의 욕망들이 경쟁하는 기만적인 환경 속에서 길을 찾아다녀야 할 필요는 없다. 어릴 적에 왜 하늘이 파란지 혹은 왜 피자를 매일 저녁 먹으면 안 되는지 궁금했을 때, 그 질문들의 중요성이 우주적 차원에서 같아 보였더라도 우리에게 필요한 것은 사실적인 정보뿐이었다. 물론 힉스 입자$^{Higgs\ boson}$(전기적으로 중성이고 불안정한 가상의 입자-옮긴이)가 무엇인지 이해하거나 미국 뉴멕시코 주 로즈웰에서 정말로 UFO가 출몰했는지 확인하는 동안에는 우리의 마음도 바쁘게 돌아간다. 하지만 이 질문들에 대한 해답을 얻기 위해 밤잠을 설치지는 않는다. 또한 복리 계산법을 금융 전문가에게 여덟 번이나 물어보는 동안 우리의 수학 능력은 한 단계 발전하겠지만, 그 해답을 발견하는 과정은 지극히 전형적이다. 하지만 우리가 '신뢰'라는 요소를 방정식에 집어넣으면 이야기가 전혀 다른 방향으로 흘러간다.

신뢰는 얼핏 보기에 우리가 알 수 없는 측면들을 포함하고 있다. 말하자면 신뢰는 일종의 내기와도 같다. 신뢰의 밑바닥에는 역동적이고 종종 상반되는 두 가지 요소, 즉 자신의 욕망과 함께 상대방의 욕망도 충족시켜야 하는 핵심적이고도 미묘한 균형의 문제가 있다. 아이는 하늘이 왜 파랗느냐는 질문에 대해 부모가 들려준 이야기를 신뢰하기 위해, 부모가 제시한 과학적 증거뿐만 아니라 사실 답을 모르지만 똑똑해 보이고 싶어 하는 부모의 욕망까지 고려한다. 오늘 저녁 피자를 만들어줄 것이라는 엄마의 약속을 신뢰하기 위해, 아이는 왜 매일 저녁 피자를 먹을 수 없는지 묻기보다는 부모가 갑작스런 야근에도 불구하고 퇴근 후에 기꺼이 요리를 할 것인지 혹은 식료품점에 들러 텅 빈 냉장고를 채워 넣을 것인지에 더 신경을 쓴다. 힉스 입자나 미립자에 대한 연구 프로젝트가 어마어마한 세금을 투자할 만한 가치가 있다는 과학자들의 주장을 신뢰하기 위해, 국민들은 미립자가 무엇인지 질문하기보다는 세상을 더 좋은 곳으로 만들고자 하는 다양한 욕망과 연구 예산 확보를 위한 과학자들의 욕망을 서로 비교한다.

똑같은 논리가 자기 자신을 신뢰하는 문제에도 해당된다. 생각해보자. 최신형 아이패드 구입을 포기하고 월급을 장기 저축에 사용하겠다고 생각한 스스로를 신뢰할 수 있느냐는 문제는, 꾸준히 저축하면 20년 뒤 돈을 얼마나 모을 것인지를 예측하는 문제와는 다른 일이다. 우리가 지금 돈이나 신의, 사회적 지지, 비즈니스 거래, 비밀 유지에 관해 이야기하든 간에, 신뢰는 사실에 관한 문제가 아니다. 신뢰는 상호 모순되는 이해관계와 능력을 바탕으로 상대의 행동을 예측하려는 노력에 관한 문제다. 간단히 말해서 신뢰란 상대방의 속마음을 읽는 능력을 가지고 벌이는 일종의 도박 게임이다. 여기서 상대는 미래의 자신이 될 수도 있다.

도박 게임들이 그렇듯이, 상대방의 신뢰성trustworthiness에 대한 평가는 불완전한 도전이다. 언제든 실패할 가능성이 있다. 그래도 사람들 대부분은 상대방의 신뢰성에 관해 나름대로 이론을 갖추고 있다. 말을 더듬는가? 혹은 시선을 피하는가? 지나치게 '부드러워' 보이는가? 지난번에 약속을 지켰는가? 이러한 이론의 문제점은 예측이 너무 자주 빗나간다는 것이다. 그때마다 우리는 놀라곤 한다. 그러나 이는 여러분만의 문제는 아니다. 속임수를 정확히 집어낼 수 있다고 말하는 '전문가'들이나 보안 직원들 역시 크게 다르지 않다. 특히 개인적으로 잘 모르는 사람의 신뢰성을 정확히 판단할 수 있다는 주장을 뒷받침할 증거는 아직까지도 거의 제시되지 않았다.

수십 년 동안 많은 과학자들이 몸짓과 표정, 목소리, 글씨체 등에서 신뢰성을 판단하는 표식을 발견하기 위해 노력했지만 성과는 거의 없었다. 이와 관련하여 여러분이 TV에서 보고 들은 이야기들은 무시해도 좋다. 그 이야기들은 모두 공상과학 소설에 불과하다. 거짓말 탐지기의 판단이 정말로 정확하다면 배심원들은 필요 없을 것이다. 결론적으로, 거짓말 탐지기는 스파이로 드러난 CIA 요원 올드리치 에임스 Aldrich Ames, 그리고 '그린 리버 킬러Green River Killer'로 잘 알려진 연쇄살인범 게리 리지웨이Gary Ridgway를 범인으로 지목하지 못했다. 두 사람 모두 생리적 테스트를 무사히 통과했다. 이와 반대로 잘못된 거짓말 탐지기 검사 결과로 억울하게 누명을 쓴 사람들도 있다. 캔자스 주 위치토에 살았던 빌 위걸리Bill Wegerle란 인물은 BTK(묶고bind, 고문하고torture, 죽이는 kill) 킬러를 찾는 수사의 초기에 용의자로 의심받았다.[1]

영화나 TV 프로그램이 들려주는 이야기들 외에, 얼굴 표정만으로 상대방의 신뢰성을 판단할 수 있다는 주장에 대해서도 똑같은 비판을 할 수 있다. 미소나 찡그림으로 상대를 신뢰할 수 있는지를 정확히 예측할 수 있다면, 우리는 모든 협상 장소에 카메라를 설치해야 할 것이다. 과학은 신뢰에 관한 미스터리를 해결하는 완벽한 해답을 제시하지 못하고 있다. 그럼에도 그 열쇠를 발견하는 일은 무척 중대한 과제여서, 비즈니스 세계와 군사 분야는 매년 수백만 달러를 투자하고 있다. 이와 관련하여 미국 국가정보국 산하 핵심 연구 기관들 중 하나인 고등정보연구계획국Intelligence Advanced Research Projects Activity, IARPA은 기존 연구 성과가 턱없이 부족하다고 인식하고, 목표 대상의 신뢰성을 판단하는 새롭고 정확한 방법을 개발하기 위한 전문적인 과학적 제안서를 요청하는 공고문을 2009년에 발표했다.

이런 상황은 우리에게 몇 가지 질문을 던진다. 신뢰가 우리에게 그렇게 중요하다면, 상대방이 신뢰할 만한 인물인지 파악하는 게 왜 그렇게 어렵단 말인가? 수천 년에 이르는 진화적 발전, 그리고 수십 년간의 과학적 탐구에도 불구하고 왜 이 질문에 대한 대답이 이제야 조금씩 떠오르고 있단 말인가?

내 생각에는 두 가지 이유 때문이다. 첫 번째는 다양한 형태의 의사소통들과 달리 신뢰의 문제는 경쟁과 갈등으로 특징지어지는 경우가 많기 때문이다. 앞으로 살펴보겠지만, 다른 사람들이나 자기 자신에게 지나치게 솔직한 태도는 최고의 전략이 아니다. 결론적으로 말해서, 상대방이 신뢰할 만한 인물인지 판단하는 과제는 수학 계산 같은 객관적인 사실 분석과는 근본적으로 다르다. 우리는 특정한 문제들을 풀도록 함으로써 한 사람의 수학적 능력을 평가할 수 있다. 상대가 우리의 눈을 속이려는 천재가 아닌 이상, 이러저러한 방식으로 문제를 풀도록 압박할 필요가 없다. 상대가 내놓은 해답은 그의 평균적인 능력을 가리키는 정확한 지침이자, 앞으로 다른 시험에서 어느 정도의 성적을 올릴 것인지를 말해 주는 객관적인 예측 기준이 된다.

　신뢰와 관련해서는 그런 말을 할 수 없다. 이 책에서 전체적으로 다루겠지만, 상대방의 신뢰성에 대한 판단은 우리 자신을 서로 다른 방향으로 이끄는 경쟁적인 심리적 메커니즘들 사이의 순간적인 균형에 따라 달라진다. 또한 이 메커니즘들 중 무엇이 특정한 순간에 지배적인 위치를 차지할지를 예측하는 것은 까다로운 일이다.

　신뢰성 평가가 수수께끼로 남아 있는 두 번째 이유는 신뢰의 문제와 관련하여 우리가 완전히 엉뚱한 방향으로 나아가고 있기 때문이다. 오랜 세월에 걸쳐 수많은 위대한 학자들이 신뢰의 문제를 중요한 주제로 다뤄 왔듯이, 나 또한 가볍게 접근하지는 않을 것이다. 그러나 많은 노력에도 불구하고 연구 공동체는 막다른 골목으로 들어서 있고, 대중의 관심은 지나치게 단순화한 기대로 이어지고 있다. 모두가 어떠한 상황에서도 신뢰성을 정확히 예측할 수 있는 단 하나의 황금 신호golden cue를 찾고 있다. 우리는 또한 신뢰성을 지극히 안정적인 성격적 요소로 본다. 사람들 모두 신뢰와 관련된 문제가 언제 어떻게 자신에게 영향을 미칠지 잘 알고 있다고 믿는다. 그러나 진짜 문제는 그러한 확신이 대부분 어긋난다는 사실이다. 대부분의 경우 신뢰는 우리가 원하는 대로 움직여 주지 않는다.

　그렇다면 나는 그 사실을 어떻게 알고 있는 것일까? 물론 그냥 "제말을 믿으세요"라고 주장할 수도 있겠지만, 이는 전체 그림을 망치는 짓이다. 나는 과학자이므로 확신이나 외침이 아니라 증거를 바탕으로 여러분을 설득해야 한다. 우선 나는 여러분에게 내가 신뢰와 보안 분야의 전문가나 과학 분야의 저자로 평생을 살아오지는 않았다는 사실을 밝혀야겠다. 나는 '우리의 감정 상태가 어떻게 그리고 왜 사회적·도덕적 행동을 결정하는가?'라는 질문을 근본 주제로 연구를 해 왔다. 이 연구의 특징은 위대한 발견과 끊임없는 질문이다. 우리 연구 팀은 인간성이 드러내는 최선과 최악의 극단적인 측면을 면밀히 들여다보고 있다. 인간의 가식과 위선의 메커니즘을 규명하는 작업이든, 열정과 숭고함을 밝혀내는 작업이든 간에, 우리 팀은 언제나 다양한 창조적 에너지와 정보가 우리를 이끄는 방향으로 따라가고 있다. 오랫동안 노력하는 과정에서, 나는 오래되고 까다로운 질문에 대답하는 최고의 방법은 혼자 힘으로 해결하는 것이 아니라, 다양한 분야의 최고 지성들과 함께 새로운 관점으로 문제를 들여다보는 것이라는 사실을 깨달았다. 우리 연구 팀은 이러한 태도로 신뢰의 문제를 바라보고, 완전히 새로운 관점에서 문제에 접근하고 있다.

그런데 나는 왜 신뢰의 문제에 관심을 갖게 되었을까? 감정과 도덕적 행동의 동요를 깊이 조사할수록 신뢰가 중요한 역할을 한다는 사실을 깨달았기 때문이다. 상대방이 자신을 속인다고 의심될 때, 빚을 갚겠다는 의지를 드러내 보이고자 할 때, 혹은 스스로 문제를 해결할 수 있다는 자신감을 전하고자 할 때 신뢰의 문제가 등장하게 된다. 질투와 분노는 종종 상대방에 대한 불신에서 비롯된다. 반면 고마움을 드러내는 행위는 상대방에게 도움을 받고 있음을 잘 알고 있다는 사실을 전달하는 효과적인 방법이다. 자신감을 드러내는 행위는 다른 사람들에게 자신의 능력을 신뢰해도 좋다는 신호를 전달하는 것이다. 간단히 말해서 인간의 사회적 삶, 그리고 이를 중심으로 일어나는 감정들은 다양한 방식으로 신뢰의 문제를 불러일으킨다.

우리 연구 팀은 이러한 사실을 바탕으로 신뢰와 관련된 두 가지 주제, 즉 신뢰가 작용하는 방식과 상대방의 신뢰성을 정확히 예측하는 방법의 존재 여부에 주목하고 있다. 우리는 연구를 통해 지금까지 따로 떨어져 있었던 다양한 탐구 영역들을 포괄하는 근본적이고 새로운 탐험을 시작했다. 그리고 결국 다른 사람들의 신뢰성을 평가하기 위한 새로운 통찰뿐만 아니라, 신뢰가 우리의 삶과 성공, 그리고 주변 사람들과의 상호작용에 미치는 영향에 관한 획기적인 생각을 내놓게 되었다.

나의 발견들 가운데 가장 중요한 것, 그리고 여러분이 이 책을 통해 깨닫기를 바라는 것은, 신뢰의 문제가 우리 삶의 중대한 순간에만 등장하는 것은 아니라는 사실이다. 신뢰는 비즈니스 계약서에 서명을 하고, 값비싼 물건을 사고, 혼인 서약을 하는 과정에만 나타나는 문제가 아니다. 그렇다. 이러한 사건들은 당연히 우리 삶에 중대한 영향을 미치고, 신뢰에 기반을 둔다. 그러나 이 상황들은 신뢰에 관한 문제에서 빙산의 일각에 불과하다. 우리가 의식하든 아니든 신뢰의 문제는 우리가 태어나는 순간부터 죽는 날까지 생활 곳곳에 스며들어 있으며, 의식의 표면 아래에서 삶의 행복에 중대한 영향을 미친다. 인간의 마음은 사회적 진공 상태로부터 진화하지 않았다. 인류는 사회적 집단을 이루어 살아가면서 진화했는데, 이 말은 우리 선조들의 마음이 그들이 의존한 사람들과 함께 살아가면서 직면한 많은 도전 과제들로부터 형성되었다는 뜻이다. 도전 과제들 중 가장 중요한 것은 신뢰의 딜레마를 해결해야 할 필요성이었다. 그 이유는 인간의 마음이 끊임없이 다른 사람들의 신뢰성을 평가하고자 하는 동시에 스스로도 신뢰성 있게 행동할 필요성을 따져 보기 때문이다. 어쩌면 여러분의 이성적인 경험이 이러한 설명과 부합하지 않을지도 모르지만, 다시 한 번 말하면 그 이유는 신뢰와 관련된 계산 과정의 상당 부분이 자동적이고 무의식적인 차원에서 진행되기 때문이다.

　나중에 다시 살펴보겠지만, 신뢰는 우리의 생각보다 우리에게 더 강한 영향을 미친다. 신뢰는 우리가 학습하고, 사랑하고, 소비하고, 건강을 관리하고, 행복을 추구하는 방식에 영향을 미친다. 또한 다른 사람들과의 의사소통과 인간적인 관계를 변화시킨다. 오늘날 사회 환경이 물리적 공간에서 가상적 공간으로 변화하는 과정에서 신뢰의 역할과 우리의 상호작용에 미치는 영향도 함께 변할 것이다.

나는 신뢰가 우리 삶에서 차지하는 역할에 대해 우리가 알고 있는 부분과 모르는 부분을 구분하려 하는 이 여정에 여러분이 동참해 주길 바란다. 나는 신뢰를 주제로 한 나의 연구들뿐만 아니라 최고의 학자들의 연구 성과 및 아이디어, 주장들을 살펴볼 것이다. 그러한 점에서 이 책은 경제학자부터 컴퓨터 과학자, 소셜 미디어 전문가, 보안 전문가, 생리학자, 심리학자에 이르는 다양한 전문가들로부터 빌려 온 수많은 지혜의 조각들을 하나의 퍼즐로 맞춰 가는 방대한 여정이 될 것이다.

나는 이 여정의 목표를 달성하기 위해 이 책을 크게 네 부분으로 나누었다. 1장과 2장에서는 기본적인 개념들을 설명했다. 신뢰가 무엇이고, 왜 중요하며, 생리적 차원에서 어떻게 드러나는지, 그리고 신뢰에 대한 기존의 편견을 어떻게 바로잡을 수 있는지를 논의했다.

3~5장에서는 신뢰가 우리에게 미치는 광범위한 영향을 다루었다. 신뢰가 어떻게 아이들의 도덕성과 학습 능력을 개발하고 영향을 미치는지, 신뢰나 불신이 사랑하는 사람들과의 관계를 어떻게 바꾸는지, 또한 권력과 돈이 어떻게 그리고 왜 신뢰성에 영향을 미치는지를 다루었다.

6장에서는 신뢰가 행동에 어떤 영향을 미치는지를 관찰하고 우리가 다른 사람의 신뢰성을 예측할 수 있는지, 그렇다면 그 방법은 무엇인지와 같은 오래된 숙제들을 파헤쳤다. 여기서 나는 기존의 관점을 뒤집고 신뢰성 예측에 관한 완전히 새로운 주장을 제시했다. 또한 우리 내면의 시스템과 관련하여 몇 가지 문제점들을 언급하고 여러분이 실망의 늪에서 빠져나올 수 있도록 손을 내밀었다.

7장과 8장에서는 약간 다르면서도 마찬가지로 중요한 분야로 시선을 돌렸다. 여기서 나는 앞서 살펴본 모든 개념이 신뢰와 관련하여 상대적으로 새로운 두 영역에서 어떤 의미가 있는지 살펴봤다. 여기서 여러분이 마주하게 될 상대는 일반적인 인물이나 대상이 아니다. 우리는 온라인 세상의 아바타를 믿을 수 있을까? 로봇은? 그리고 페이스북의 모르는 사람들은? 기술이 빠르게 발전하고 많은 사람이 상호작용하며 신뢰의 과학을 이용할 수 있고 선의나 악의를 위해 전례 없이 강력한 힘을 발휘할 수 있는 가상공간에서 신뢰는 어떻게 작용할 것인가? 첫 번째 부분에서는 이러한 질문에 주목했다. 그다음에는 다른 쪽으로 초점을 맞추었다. 나는 여러분이 신뢰성 평가와 관련하여 내면으로 시선을 돌리고, 목표에 다가가는 과정에서 불안하게 만들지만 다양한 차원에서 보다 중요하고 근본적인 질문을 스스로에게 던지도록 했다. 여러분은 자신을 믿을 수 있는가? 협력하고 상처받는 과정에는 양쪽 당사자가 존재해야 하지만, 그 상대방이 다른 사람이어야 할 필요는 없다. 상대방은 다른 시간대에 존재하는 여러분 자신일 수도 있다.

지금의 여러분은 미래의 자신이 초콜릿 케이크를 마구 먹어 치워 다이어트 계획을 망치지 않을 거라고 자신할 수 있는가? 여러분은 절대 배우자를 속이지 않을 것이라고 확신할 수 있는가? 혹은 다시는 도박에 손대지 않을 것이라고?

이 질문들은 이 책을 읽는 동안 우리가 기억해야 할 미묘한 개념들을 잘 드러낸다. 우리는 단지 상대가 신뢰할 수 있는 사람인지 판단하는 관찰자가 아니다. 동시에 우리는 관찰 대상이기도 하다. 상대가 솔직하고 신뢰할 만한 사람인지 평가하는 기준은 우리 자신에게도 그대로 해당된다. 상대방의 신뢰성을 평가하고 스스로도 신뢰성 있는 모습을 보이려는 행동은 동전의 양면에 해당한다. 이 책의 목적은 이러한 동전의 양면을 이해하고 통제하는 방법을 배우는 것이다.

논의를 마무리하는 9장에서는 신뢰와 회복력의 관계를 사실적으로 살펴보며 신뢰에 대한 이해가 왜 중요한지를 설명했다. 여기서 나는 우리가 신뢰를 올바르게 활용하면 신뢰는 우리를 파멸로부터 구원해 줄 것이라는 사실을 강조했다.

6   당신을 신뢰할 수 있을까?
신호와 소음 해석하기

7   가상 세계 친구를 믿는다는 것
기술의 진보가 가져올 위험과 보상

1

피할 수 없는 위험, 신뢰

신뢰란 결국 무엇인가

일반적으로 시스템이 복잡해질수록 문제점이 발생하게 된다.

즉, '버그'들이 나타난다.

신뢰성에 대한 우리 마음의 판단을 뒷받침하는 시스템도 비슷하다.

시스템이 복잡해질수록 다양한 결함들이 모습을 드러낸다.

그중 어떤 것은 상대적으로 무해하지만,

어떤 것은 쉽게 피해를 입힐 수 있다.

이러한 점에서 이 책의 목표는

일종의 사용자 설명서를 여러분에게 제시하는 것이다.

즉, 신뢰가 실질적으로 작동하는 방식은 물론

자신과 다른 사람의 신뢰성을

정확히 측정하는 방법을 설명하는 것이다.

신뢰가 필요하다는 말에는 중요한 진실 하나가 숨어 있다. 바로 우리 모두가 나약한 존재라는 사실이다. 우리가 마음대로 욕구를 충족하고 원하는 결과를 얻을 수 있는 것은 아니다. 동업자가 공금을 횡령해서 회사가 망하고, 배우자가 외도를 해서 결혼이 파경에 이르고, 믿었던 친구가 트위터에 험담을 올려 여러분의 이미지를 훼손하는 경우처럼, 우리의 행복은 좋든 싫든 다른 사람들과의 관계에 좌우된다.

물론 사람들의 욕구는 저마다 다르다. 어떤 사람들은 새 차의 할부금을 갚기 위해 공금을 횡령하고, 더욱 뜨거운 연애 생활을 위해 불륜을 저지르며, 친구들의 관심을 끌기 위해 악의적인 소문들을 퍼뜨린다. 여기서 우리의 욕구와 상대방의 욕구가 갈라지고, 바로 이 지점에서 신뢰의 중요성이 등장한다.

내용과 우선순위의 기준에서 모든 사람의 욕망이 똑같다면 갈등은 빚어지지 않을 것이고 신뢰도 필요 없을 것이다. 하지만 욕망들이 조화를 이루는 경우는 거의 없다. 인간의 사회적 삶은 서로 다른 욕망들 사이의 끊임없는 투쟁이 특징이다. 이기적 욕망과 이타적 목표, 즉각적인 만족감에 대한 추구와 장기적 이익에 대한 전망, 혹은 의식적 욕망과 무의식적 욕망이 서로 갈등한다. 다만 급박한 위협이나 무작위적 조건들이 우연히 일치할 때만(혹은 우리가 완전한 행운이라 일컫는 상황에서만) 사람들 사이의 욕망과 목표는 정확히 일치하게 된다.

신뢰는 일종의 도박이며, 다른 모든 도박처럼 위험이란 요소를 안고 있다. 하지만 어쨌든 위험은 우리가 더불어 살아가야 하는 요소다. 수십 년간의 연구 결과들은 사람들이 의사 결정을 할 때, 특히 타당한 근거가 있으면 일반적으로 위험을 회피하는 성향을 드러낸다는 점을 계속 보여준다.

위험은 본질적으로 손실을 입을 가능성을 포함한다. 어느 누가 손실을 좋아하겠는가? 손실에 대한 회피는 인간의 내면에 깊이 각인된 본능적 성향이다. 인간의 마음은 의사 결정을 하는 과정에서 손실을 회피하는 쪽으로 편향을 개발해 왔다. 인간은 돈이나 자동차 혹은 컵케이크 등 어떤 재화를 X만큼 잃으면, 똑같은 물건을 X만큼 얻었을 때 느끼는 즐거움보다 훨씬 큰 고통을 느낀다.[1] 물론 여기에는 절대적 기준이 없다. 다만 우리가 어떻게 느끼는가에 달려 있다. 이와 같은 인간의 본능적인 위험 회피 성향을 감안하면, 왜 우리가 다른 사람을 신뢰하려 하는지는 대단히 흥미로운 질문이 된다. 어째서 우리는 그런 위험을 기꺼이 떠안으려 할까?

이 질문에 대한 단순한 대답은 그렇게 해야 하기 때문이라는 것이다. 다른 사람들을 신뢰함으로써 얻을 수 있는 잠재적인 혜택은 잠재적인 손실에 비해 '평균적으로' 훨씬 크다. 기술 발전, 서로 연결된 사회적 자본, 급증하는 경제적 자원 등 지속적으로 증가하는 우리 사회의 복잡성과 자원은 모두 구성원들의 신뢰와 협력을 기반으로 한다.

우주선을 발사하거나 우주 탐사선이 착륙할 때 NASA 관제센터에서 벌어지는 익숙한 장면을 떠올려 보자. 모든 사람이 허리를 숙여 컴퓨터 화면을 들여다보고, 혼자서는 절대 할 수 없는 일들을 협력해서 하고 있다. 이들의 연결망 내에서 각각 자리를 차지한 사람들은 작지만 중요한 역할들을 맡고 있다. 그리고 모든 구성원은 다른 동료들이 각자의 책임을 다할 것이라고 신뢰한다. 여기서 누군가 우주선 탱크 내부의 압력이나 대기 상태 혹은 우주비행사의 심장 박동 수 같은 중요한 정보를 놓치면 조직 전체는 위기를 맞는다. 모험을 성공적으로 마치려면 모두가 다른 사람들이 각자의 역할을 제대로 수행할 것이라고 신뢰해야 한다.

물론 신뢰가 우주선을 쏘아 올리는 것처럼 거창한 프로젝트에서만 힘을 발휘하는 것은 아니다. 타인에 대한 신뢰는 우리의 일상적인 일들 대부분에도 영향을 미친다. 가령 우리는 은행에 돈을 넣어 두고, 우리가 자본 수익을 올릴 수 있도록 은행원들이 알아서 누구에게 돈을 얼마나 빌려줄지 결정하도록 허락한다. 또한 부모들은 아이들 교육을 학교에 맡기고 나가서 돈을 번다. 가정 내에서도 집안일을 분담함으로써 혼자서 할 때보다 더 효과적으로 많은 일을 처리한다. 이러한 사례들의 목록은 끝없이 이어질 수 있다. 여기에는 한 가지 공통점이 있다. 바로 혼자 일할 때보다 협력할 때 우리는 더 많이 성취할 수 있다는 사실이다. 그래서 우리는 '신뢰'를 하는 것이다. 간단하고 분명한 사실이다. 경제적, 물리적 혹은 사회적 자원을 끌어모으려면 다른 사람들과 협력할 필요가 있다.

우리 모두 잘 알고 있듯이, 신뢰가 언제나 좋은 결말로 끝나는 것은 아니다. 2008년에 일어난 금융 위기가 좋은 예다. 사람들은 은행들이 자금을 현명하게 관리하리라 믿었지만, 위험천만한 담보 대출과 신용부도스와프는 인간 본성의 이중성에 관한 또 다른 전통적인 사례로 남았다. 은행들은 엄청난 위험을 감수했고, 책임 있는 투자를 믿었던 예금자들의 돈으로 도박을 벌였다. 이 밖에도 저녁 뉴스들은 학생들의 성적을 조작한 행정 관리자부터 학생들을 학대하는 교사에 이르기까지, 사람들이 학교를 불신하게 만드는 소식들을 끊임없이 보도하고 있다.

그러나 우리가 신뢰를 선택해야 하는 중요한 근거는 '평균적'이라는 개념이다. 우리는 다른 사람들을 신뢰함으로써 '평균적'으로 더 많은 것을 얻을 수 있다. 왜냐하면 장기적인 차원에서 축적된 이익들이 잘못된 신뢰가 낳는 잠재적인 개별적 손실을 훌쩍 능가하기 때문이다.

여기에는 함정이 있다. 여러분 자신이 은행과 배우자, 그리고 올바르고 건전한 교육을 기대했던 학교로부터 배신당한 당사자라면 '평균적'으로 더 많은 이익은 아무 의미가 없다. 신뢰가 장기적으로 더 큰 이익을 가져다준다는 주장은 통계 차원에서만 의미가 있다. 스스로 신뢰성 있게 행동하고 상대방의 신뢰성을 평가하는 일과 관련하여, 우리의 마음은 삶의 다양한 순간에 서로 반대편에 존재하는 비용과 이익 사이의 역동적인 긴장 관계를 바탕으로 문제를 처리한다.

협력의 혜택을 유지하면서 타인에 대한 신뢰에 내재한 위험을 피할 수 있는 방법이 있다. 바로 투명성^{transparency}이다. 상대방 행동의 의도를 투명하게 확인할 수 있다면 위험은 본질적으로 낮아진다. 실제로 잠재적인 파트너를 전혀 신뢰할 수 없을 때 우리가 선택해야 할 유일한 대안은 투명성이다. TV 범죄 드라마에 종종 등장하는 장면을 떠올려 보자. 두 범죄자가 서로 가진 것을 교환하려 한다. 이때 그들은 어떻게 하는가? 이런 식이다. "서류 가방을 열고 하나 둘 셋 하면 서로 넘기는 거야." 그들은 상대방이 돈이나 마약, 인질 혹은 그와 비슷한 것을 가지고 있는지를 확인하고 싶어 한다. 또한 그들은 원하는 것을 얻지 못한 상태에서 자신의 것을 넘기고 싶어 하지 않는다. 이러한 경우에는 신뢰의 문제가 사라진다.

여기서 문제는 상대방의 진정한 의도를 항상 투명하게 파악하기가 힘들다는 사실이다. 주로 두 가지 이유 때문이다. 첫 번째 이유는 많은 수고가 필요하기 때문이다. 신중한 관찰을 위해서는 시간과 에너지를 투자해야 한다. 미국 교통안전국은 누구도 무기를 소지하고 비행기에 탑승하지 못하도록 철저히 감시하는 역할을 맡고 있다. 그래서 보안 검사의 줄이 그렇게 긴 것이다. 또한 대출 기관은 신청자가 빚을 갚을 능력이 있는지를 검증해야 한다. 그래서 필요한 서류가 한 무더기다. 이러한 경우는 한 번에 한 명의 상대를 관찰하는 사례에 해당한다. 만약 사장이 회사 직원들의 모든 행동을 일일이 점검해야 한다면 조직 운영에 엄청난 시간과 비용이 필요할 것이다. 또한 배우자가 불륜을 저지르는지 혹은 보모가 물건을 훔치는지 항상 확인하고자 한다면 집안에 감시 카메라를 설치하고 하루 종일 들여다보고 있어야 할 것이다. 자원 축적과 관련하여 이러한 감시 작업은 다른 사안에 투자해야 할 시간과 에너지를 낭비시킨다.

　신뢰에 대한 검증이 항상 가능하지는 않은 두 번째 이유는 시간적 차이, 즉 교환 사이에 시간적 간격이 존재하기 때문이다. 우리는 내일의 수익을 기대하며 오늘 돈을 투자한다. 그리고 나중에 이사할 때 친구가 자신을 도와줄 거라고 기대하면서 친구의 이사를 돕는다. 이처럼 필요가 항상 동시에 발생하는 것은 아니다. 이 말은 곧 사람들이 동시에 보상을 받을 때만 신뢰를 하면 상호 지원이 필요한 협력은 거의 불가능하다는 의미다. 결론적으로 우리는 상대방이 미래의 어느 시점에 적정한 보상을 해 줄 거라고 기대하면서 먼저 돈이나 시간 혹은 다른 자원들을 투자하는 위험을 감수해야 한다. 내 친구이자 동료인 경제학자 로버트 프랭크Robert Frank가 종종 언급하듯이, 이러한 약속의 문제를 해결하는 일은 삶의 핵심적인 딜레마들 중 하나다.[2] 아무도 신뢰하지 않는다면, 그래서 결과적으로 약속을 가치 있게 여기지 않는다면 인간 사회는 소멸하고 말 것이다.

　시간대가 일치하지 않는 상호작용에서 비롯된 문제를 해결하기 위해, 프랭크는 신뢰가 어떻게 작용하는지에 주목했다. 그의 연구는 완전한 투명성이 왜 현실적인 대안이 될 수 없는지를 분명히 보여준다. 시간 차이를 기반으로 하는 상호작용이 없다면, 즉 우리가 먼저 상대를 도와주고 나중에 보상을 받을 거라는 기대가 없다면 협력은 쉽지 않을 것이다. 그렇다면 우리는 지금 당장 자신을 도울 수 있는 사람만 도우려 할 것이다. 이는 대단히 비효율적인 상황을 의미한다. 이러한 상호작용의 문제를 해결하려면 우리는 도움이 필요할 때마다 마찬가지로 도움이 필요한 사람을 발견해야 할 것이다. 그렇다면 우리가 도움이 필요할 때 상대방을 신뢰할 수 있는가 하는 오래된 질문은 아무 의미가 없어진다.

신뢰가 필요한 이유는 이처럼 실질적이고 때로는 해결이 불가능한 제약이 있기 때문이다. 신뢰가 없다면 사람들끼리 건설적으로 협력하기가 힘들다. 그래서 우리는 때로 신뢰를 해야 한다. 사실 우리에겐 선택권이 많지 않다. 일단 우리가 투명한 세상을 벗어나면 필연적으로 이기적인 행동을 만나게 되며, 또한 누가 그렇게 행동할지 추측하는 과정에서 어려움을 겪게 된다. 물론 세상이 투명하지 않다고 해서 정직과 신뢰가 영원히 사라지는 일은 없을 것이다. 다시 살펴보겠지만, 신뢰성 있는 행동과 신뢰하기 힘든 행동은 결국 역동적인 방식으로 균형을 이루게 된다. 그 균형점은 가변적이지만, 나는 이 책의 많은 부분에서 그 지점을 예측하는 문제를 다루었다.

가장 효과적인
생존 전략은?

◆

여러분이 대통령이든 CEO든 혹은 운동장에서 뛰노는 아이든, 신뢰가 관여하는 다양한 상황들은 모두 공통적인 구조가 있다. 궁극적으로 여러분이 직면하게 될 결과는, 상대의 행동에 대한 예측이 맞느냐 틀리느냐와 더불어 상대의 행동의 결과와 긴밀하게 얽혀 있다. 실질적인 결과의 중요성은 분명 다양하겠지만, 근본적인 특성인 상황의 기본적인 수학은 모두 같다. 신뢰나 불신의 다양한 조합들은 핵무기 확산부터 학교에서 벌을 받는 시간에 이르는 많은 영역에서 서로 다른 규모의 이익과 손해를 낳는다.

다음과 같은 상황을 가정해 보자. 잭과 케이트는 시험 문제의 답안을 훔치려 했다는 이유로 교장실로 불려갔다. 잭과 케이트가 이 사건을 계획했다는 증거는 분명하지만, 정확히 누가 무엇을 했는지에 대한 명확한 증거는 없다. 그래서 교장은 상황을 정확히 파악하기 위해 둘을 격리하고 같은 제안을 한다. 먼저 잭의 경우를 보자. 케이트가 침묵으로 일관하는 동안 잭이 배신해서 케이트에게 모든 죄를 뒤집어씌우면 케이트는 정학 4일을, 잭은 그보다 가벼운 1일을 선고받는다. 두 사람 다 침묵을 지키면 한 사람을 주범으로 지목하기 힘들기 때문에 둘다 중간에 해당하는 2일 정학 처분을 받는다. 그러나 잭과 케이트 모두 상대방을 범인으로 지목할 경우(케이트도 잭과 동일한 제안을 받았다는 사실을 명심하자) 적어도 수사에 협조했다는 점이 참작되어 조금 감경된 3일을 각각 선고받게 된다.

이 상황에서 잭은 어떻게 해야 할까? 수학적으로 따지면 답은 간단하다. 잭은 케이트를 무조건 배신해야 한다. 그 이유를 이해하기 위해 다음 도표를 보자. 잭이 케이트에게 죄를 뒤집어씌우고(배신) 케이트가 입을 다물(협력) 경우 잭은 1일 처분을 받는다. 반면 잭도 입을 다문다면 2일을 받게 된다. 다음으로 케이트가 배신할 경우에는 잭 역시 배신을 하는 편이 유리하다. 이 경우 잭은 3일을 받는다. 그러나 잭이 협력을 택한다면 4일을 받는다. 게임 이론가들은 이를 우월 전략^{dominant} strategy이라고 부른다. 우월 전략은 상대의 행동과는 무관하게 자신의 입장에서 최고의 결과를 얻기 위한 전략이다.

하지만 고려해야 할 사항이 있다. 케이트는 동시에 똑같은 경우의 수를 고려하고 있고, 잭은 이를 알고 있다. 바로 이 간단한 사실이 전체 그림을 바꿀 수 있다. 상대방의 선택과 무관하게 자신의 이익을 극대화한다는 점에서 배신은 이기적 차원에서 최고의 전략이지만, 두 사람의 결과를 함께 고려할 때 항상 최고의 결과로 이어지는 것은 아니다. 두 사람 모두 서로에게 이익이 되는 최고의 전략을 선택하면, 즉 모두 배신을 하면 3일 처분이라는 상당히 중한 벌을 받는다. 반면 침묵을 지킴으로써 협력한다면 둘 다 2일만 받으면 된다. 이게 바로 문제다. 두

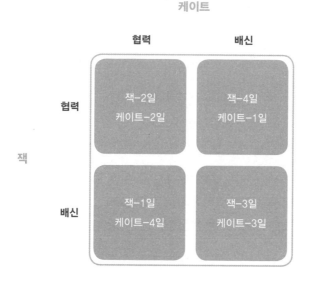

사람 모두 상대방을 신뢰하면, 즉 상대가 나를 위해 작은 희생을 받아들일 거라고 믿으면 두 사람은 상대의 선택과 무관하게 자신의 이익을 극대화하는 전략을 좇을 때보다 더 나은 결과를 얻을 수 있다.

'죄수의 딜레마'라는 이 문제의 이론적 틀은 랜드 연구소[RAND Corporation]의 메릴 플러드[Merrill Flood]와 멜빈 드레셔[Melvin Dresher]가 처음 제안했고, 수학자 앨버트 터커[Albert Tucker]가 공식적으로 완성했다. 이 딜레마가 아직까지 널리 활용되는 이유는, 어떻게 신뢰가 단순한 이기심보다 더 좋은 결과를 만드는지를 보여줌으로써 협력을 선택한 많은 의사 결정에 숨어 있는 교환의 핵심을 보여주기 때문이다. 또한 이 딜레마는 과학 연구를 위한 도구로 실험하기에도 간편하다는 매력이 있다. 낮은 비용으로도 의사 결정의 역동성을 잘 보여주고, 윤리적으로 연구할 수 있는 형태로 쉽게 변형할 수도 있다. 예컨대 실험자는 수천 달러의 돈이 오가는 실제 비즈니스 상황 대신 10달러만 가지고도 비용과 이익을 구성할 수 있다. 죄수의 딜레마는 핵심 주제를 달리하며 신뢰와 협력에 관한 다양한 영역의 연구에 활용되고 있다.

물론 제일 중요한 질문은 이것이다. '삶에서 가장 효과적인 전략은 무엇인가?' 정치학자 로버트 액설로드[Robert Axelrod]는 그 해답을 알아내기 위해 죄수의 딜레마를 기반으로 한 상호작용들을 반복하고, 실제 삶에서처럼 과거에 신뢰적이었거나 이기적이었던 상대방과 협력하거나 배신하는 다양한 기회들이 주어지는 상황들 속에서 드러나는 다양한 전략들을 비교했다.

이 실험에는 문제가 있었다. 과거의 죄를 용서하고, 복수심에 불타고, 신뢰적인 모습을 보이려는 정도와 관련하여 다양한 사람들을 어떻게 끌어모으고 수백 회에 걸쳐 상호작용하도록 만들 것인가? 장기적인 차원에서 최고의 전략을 발견하려면 수많은 사례의 다양한 결과들을 비교해야 한다. 이를 위해 액설로드는 기발하게도 서로 다른 유형의 인격체처럼 행동하도록 설계한 컴퓨터 프로그램들이 상호작용하도록 만드는 방법을 선택했다. 그는 시뮬레이션을 통해 수백 번의 시도를 했다. 각각의 상황에서 개별 프로그램들은 서로 돌아가면서 다른 상대와 상호작용을 했고, 그 과정에서 죄수의 딜레마의 법칙에 따라 점수를 얻거나 잃었다.

액설로드는 자신이 모든 것을 알고 있다고 생각하지는 않았으므로 다른 연구원들이 프로그램을 개발하여 자신의 실험에 참여하도록 했다. 본질적으로 '경쟁자'들은 형태가 다양했다. 어떤 프로그램들은 복수심에 불탔고, 그래서 배신을 한 상대와는 두 번 다시 협력하지 않았다. 다른 프로그램들은 어느 정도 관용을 보여주었고, 두 번 배신을 당하기 전까지 상대를 신뢰했다. 또한 많은 프로그램들이 상당한 수준의 복잡성을 나타냈다.

시뮬레이션들을 모두 끝낸 액설로드는 한 가지 분명한 사실을 확인했다. 상대적으로 성과가 우수한 프로그램들은 두 가지 특성을 공통적으로 드러냈다. 하나는 처음에 신뢰의 의지를 보여주었다는 것이다. 그들은 처음부터 배신하지는 않았다. 다음으로 다른 하나는 적극적으로 반응했다는 것이다. 그들은 신뢰할 수 없는 행동에 적극적으로 대응했다. 그렇다면 두 가지 프로그램 전략들 중 어느 쪽이 최고의 성과를 거두었을까? 이 질문에 대한 대답이자 게임의 전반적인 승자는 아주 분명했다. 바로 극단적으로 단순한 접근 방식인 '맞대응tit-for-tat, TFT' 전략이었다.[3]

이름에서 알 수 있듯이 맞대응 전략의 의미는 이러하다. 처음에는 공정하게 시작하지만, 상대의 행동에 따라 반응한다. 상대가 공정하게 행동하면 다음번에 자신도 공정한 태도를 보인다. 그러나 상대가 배신하면 다음번에 그를 배신한다. 상대를 계속 바꾸며 벌이는 게임에서 맞대응 전략이 매번 승리를 거둔 것은 아니지만, 그래도 전반적인 차원에서 가장 성적이 좋았다. 맞대응 전략은 깜짝 우승자들로 넘치는 세상에서 꾸준한 성적을 보이는 은메달리스트였다. 인간의 신뢰와 협력의 유사성은 분명하게 드러났다. 다른 프로그램들이 적대적이거나 속이거나 용서하는 서로 다른 전략을 드러내는 상황에서 맞대응 전략은 전반적으로 최고의 평균 성적을 거두었다. 맞대응 전략은 또한 용서하고 신뢰를 회복하려는 의지를 드러내기 때문에, 다른 전략을 선택한 상대들과 맞붙었을 때 죽음의 소용돌이로 함께 빠져드는 위험을 피할 수 있었다. 한 번 허물어진 신뢰는 즉각 보복으로 이어진다고 가정하는 전략과 달리, 맞대응 전략은 다시 한 번 협력의 의지를 드러냄으로써 상대에게 또 한 번 신뢰의 기회를 주었다.

시뮬레이션을 바탕으로 신뢰 게임을 수행한 액설로드의 연구 결과는 무척 간단해 보인다. 처음에는 공정하게 시작하고, 상대의 반응에 따라 대응할 때 최고의 이익을 얻을 수 있다는 것이다. 하지만 우리의 삶은 그렇게 단순하지 않다. 당시에는 그 시뮬레이션이 대단히 진화한 형태였지만, 중요한 차원에서 인간의 현실적인 상호작용과는 크게 다르다. 컴퓨터는 철저하고 이성적이지만 인간은 그렇지 않다. 우리는 때로 의도와는 달리 신뢰를 저버리기도 한다. 그리고 때로는 실수로 상대를 무시한다. 우리 모두가 그렇다. 마감 시간을 잘못 기억하는 바람에 팀 과제에서 우리가 맡은 업무를 제때 끝내지 못한다. 동네 꼬마에게 복권을 사 주겠다고 말해 놓고는 실천하지 않는다.(특히 그 꼬마가 우리를 다른 이웃과 혼동했을 때.) 간단히 말해서 인간의 사회적 상호작용은 실수의 여지를 포함하고 있다. 우리의 행동이 우리의 의지를 언제나 분명히 드러내는 것은 아니다. 시스템에 잡음이 많기 때문이다. 그리고 드러난 바에 따르면 이 '잡음'들이 실제로 문제를 일으킨다.

다음의 경우를 생각해 보자. 선의를 지닌 두 사람이 서로 협력하며 행동할지를 결정하기 위해 맞대응 전략을 취한다. 한동안 모든 일이 순조롭게 흘러갔지만, 의도하지 않은 오해가 일어나면서 A는 B가 자신을 '배신'했다고 생각하게 되었다. A는 B가 비밀을 폭로하거나 수익을 감추거나 일을 열심히 하지 않는 등의 행동을 했다고 생각했다. 하지만 B는 절대 그럴 의도가 아니었다. 즉, 신뢰감 없는 모습을 드러낼 생각이 전혀 없었다. 이 상황에서 두 사람 모두 맞대응 전략을 고수하면 둘 다 파멸의 소용돌이 속으로 떨어진다. 맞대응 전략은 다른 많은 전략들의 배신으로부터 회복할 가능성이 있지만, 자신과 똑같은 맞대응 전략과 마주할 때는 그렇지 못하다. 그 결과 사소한 문제가 비극을 초래한다.

이 문제에 주목한 인물들 중 하나가 물리학자 로버트 메이^{Robert May}

Robert May

다.[4] 메이는 마틴 노웍Martin Nowak과 카를 지그문트Karl Sigmund가 수행한 협력 전략들에 대한 비교 작업의 의미를 탐구했다. 노웍과 지그문트는 액셀로드의 통합 시뮬레이션을 살짝 변형하여 현실적인 상호작용과 진화적 발전 모델에 보다 가까운 형태로 다듬었다.

두 사람은 두 가지 중요한 변화를 시도했다. 첫째, 잡음을 '돌연변이'의 형태로 시스템 안에 집어넣었다. 또 다른 경쟁 알고리즘들이 무작위로 등장해서, 확률을 바탕으로 상대와 협력할지 아니면 배신할지 선택하도록 했다. 둘째, 이러한 돌연변이도 발전하도록 했다. 즉, 시뮬레이션 속에 진화의 요소를 집어넣었다. 자연선택이라는 기본 법칙을 따라 이전 라운드에서 좋은 성적을 거둔 프로그램들은 이후 라운드에서도 더 좋은 성적을 거두었다. 두 사람은 이러한 방식으로 진화적 차원에서 신뢰와 협력의 역동성을 모형화했다. 그 결과 그들은 신뢰와 공정함이 사회 내부에서 작동하는 방식에 대한 기존의 이해를 완전히 뒤집어 놓았다.

노웍과 지그문트는 수많은 시뮬레이션을 통해 보편적인 패턴을 확인했다. 항상 배신하는 전략은 초반에 선두로 치고 나왔다. 앞서 개별 게임에서 배신이 우월 전략이란 점을 언급했듯이, 이러한 결과는 놀라운 현상이 아니었다. 시뮬레이션이 100회 정도 이어질 때까지도 배신자들은 우위를 점했다. 그들은 신뢰적인 맞대응 전략 및 이와 유사한 전략들을 악용했고, 이기심의 혜택을 취했다. 하지만 시간이 흐르면서 상황이 달라지기 시작했다. 결국 배신을 당하고 나서야 무조건 신뢰해서는 안 된다는 점을 배운 맞대응 전략들은 배신자들보다 매번 더 낮은 성적을 보였지만, 다른 맞대응 전략들과 상대할 때는 항상 더 좋은 성적을 기록했다. 협력의 초기 이익은 더 낮았지만, 그 과정에서 신뢰성 있고 안정적인 관계가 형성되었다. 초반에는 비교도 안 될 정도로 낮은 성적을 기록했던 맞대응 전략들은 시간이 흐르면서 진화를 거듭했고, 결국 배신자들의 성적을 조금씩 넘어서기 시작했다.[5]

노웍과 지그문트는 맞대응이 우월 전략으로 끝날 것으로 예상했다. 그러나 우승의 영광은 사촌이라 할 수 있을 정도로 유사한 '관대한 맞대응generous tit-for-tat, GTFT' 전략이 차지했다. 이름에서 짐작할 수 있듯이 이 전략은 맞대응보다 좀 더 관대한 태도를 취한다. 과거에 배신을 당했더라도 희망을 갖고 한 번 더 협력을 선택한다. 예를 들어 과거에 자신을 배신한 상대와 다시 맞닥뜨렸을 때 이들은 25퍼센트의 비율로 협력을 택했다. 이들의 증가한 관용은 앞서 언급한 잡음의 문제를 극복하는 기능을 했다. 물론 이 관용은 또 악용당하기도 했지만, 과거의 배신이 실수였던 경우에는 신뢰 관계가 다시 피어나도록 했다.

노웍과 지그문트가 시뮬레이션 연구에서 얻은 가장 중요한 깨달음은 관대한 맞대응조차 항상 최고의 전략인 것은 아니라는 사실이었다. 게임의 승자들은 어느 순간에 하위로 처졌는데, 이는 관대한 맞대응도 마찬가지였다. 관대한 맞대응의 우위가 지속적으로 이어지면서 집단 전체의 신뢰성은 점점 더 높아졌다. 그렇게 해서 성자들만 살아남자 누구도 자신이 이용당할 것이라고 걱정하지 않았다. 그래서 모두가 협력을 선택했다. 그 결과, 배신을 통해 최고의 이익을 얻을 수 있는 상황이 무르익게 된다. 신뢰가 기본인 세상은 배신자들의 낙원이다. 여기서 배신 전략을 선택한 돌연변이가 무작위로 다시 모습을 드러내면 아무도 이들의 성공을 제지하지 못한다. 이들은 다시 게임에서 우위를 차지한다. 이후 협력 전략들이 거의 자취를 감춘 뒤에야 신뢰가 다시 고개를 든다. 여기서 우리가 배울 수 있는 점은 단일 전략으로는 신뢰 문제를 완전히 해결할 수 없다는 사실이다. 최고의 전략은 하나가 아니다. 다시 말해 이기심과 협력, 그리고 불신과 신뢰는 역동적인 균형을 지속적으로 유지하며 존재한다. 지금까지도 그랬고, 앞으로도 그럴 것이다.

과거의 평판은
미래를 보장할까?

◆

한 가지 사실을 털어놓아야겠다. 나는 건축업체들을 별로 좋아하지 않는다. 연세 지긋하신 내 부모님이 집을 짓겠다고 결정하시고 내게 적당한 업체를 알아봐 달라고 부탁하신 적이 있다. 건축은 내 전문 분야가 아니다. 한 번도 건축업체들과 계약한 경험이 없을 뿐만 아니라 업체의 설명을 평가할 기본적인 지식도 없는 내가 업체를 선택하는 중요한 짐을 떠안게 되었다. 지금도 나는 석고판과 블루보드의 차이를 모른다. 견적과 시공 일정을 참고하여 어디가 가장 신뢰할 만한 업체인지 판단할 수도 없다. 물론 어느 업체도 완벽하게 계획대로 공사를 하지는 못할 테니 나의 선택은 일종의 정도의 문제였다. 어쨌든 나는 가장 신뢰가 가는 업체와 부모님이 계약을 맺도록 도와 드리고 싶었다. 그때 나는 어떻게 하기로 선택했을까? 이런 상황에 처한 다른 이들처럼 우선 주변 사람들에게 물어보기로 했다.

여러분도 경험했을 이 단순한 사례는 우리가 논의하는 신뢰와 협력 모델의 취약점 하나를 분명히 보여준다. 맞대응, 그리고 이와 유사한 전략들은 모두 상대방과의 직접적인 경험에 기반한다. 이 수학 모델들은 상대가 어떤 태도를 보일지 모르는 상황에서 먼저 신뢰를 하라고 말한다. 우리가 잘 모르는 상대를 먼저 신뢰하는 전략이 손실로 끝날 위험은 얼마든지 있지만, 불신은 장기적인 협력을 기반으로 많은 이익을 가져다줄 수 있는 정직한 상대를 찾는 과정에 방해가 될 수 있다. 전체적으로 보면, 신뢰성 있는 상대를 통해 얻을 수 있는 이익은 개별적인 손실을 뛰어넘는다.[6] 하지만 지금 이 순간 이용당하길 원치 않거나 앞의 이야기와 관련하여 선택 가능한 잠재적 상대방 혹은 업체들이 많으면 이러한 모형들은 큰 도움이 되지 못한다. 부모님을 위해 최고의 선택을 하려면, 숙제를 빨리 처리하기 위해 첫 번째 업체를 신뢰하고픈 유혹을 이겨 내야 한다. 그래서 앞서 언급한 것처럼 나는 여러 업체의 평판을 살펴보기로 했다. 나는 친구들과 이웃들에게, 그리고 앤지스 리스트^{Angie's List}(지역별 업체 리뷰 사이트−옮긴이)에 물어보았다.

잘 모르는 상대방의 신뢰성을 정확히 측정하면 우리는 큰 이익을 얻을 수 있다. 신뢰성 높은 상대들과 협력하면 이익이 손실을 훌쩍 뛰어넘을 것이다. 그러한 판단 능력이 있다면 맞대응처럼 상대적으로 성공적인 전략들도 피할 수 없는 문제, 즉 낯선 이로부터 손실을 입을 가능성을 제거할 수 있다. 또한 전문화하고 광범위한 거래가 표준으로 자리 잡은 오늘날의 복잡한 사회가 우리에게 떠넘기는 다양한 문제들도 해결된다. 특정 시공업체가 품질이 형편없는 자재를 사용하며 고객을 속일 것이라는 사실을 나는 모르지만, 2년쯤 전에 그 업체를 통해 부엌과 욕실 공사를 했던 사람들은 잘 알고 있을 것이다. 나는 인터넷을 통해 여러 업체로부터 견적서를 받을 수 있으며, 내가 잘 모르는 사람들이 남긴 특정 업체들의 신뢰성에 관한 리뷰 자료들도 찾아볼 수 있다.

평판은 신뢰 문제를 해결해 줄 중요한 대안으로 많은 인정을 받고 있다. 평판은 일종의 간접적 호혜indirect reciprocity이며, 여기서 한 사람은 다른 사람들의 경험으로부터 이익을 얻는다. 한 업체가 한 소비자에게 신뢰성 있는 모습을 보여주었다면, 그 사례는 다른 사람과의 관계에서도 신뢰성 있게 행동할 것이라는 지침이 된다. 반대로 일을 대충 했다면 사람들 대부분은 그 업체가 또다시 그렇게 일할 것이라고 예측한다. 이처럼 평판에 관하여 정확한 정보를 얻을 수 있으면, 낯선 이를 항상 신뢰하는 전략은 그리 탁월하지 않은 전략으로 전락한다.

평판은 또 다른 이익도 가져다준다. 평판은 신뢰성 판단의 정확성을 높일 뿐만 아니라 일반적으로 사람들이 보다 신뢰성 있게 행동하도록 압박하는 역할도 한다. 우리 모두는 경제학자들이 말하는 미래 전망shadow of the future에 많은 영향을 받는다. 만약 여러분이 누군가를 속인다면 평판은 여러분을 궁지로 몰아갈 것이다. 여러분이 믿을 만한 사람이 아니라는 입소문이 퍼질 것이고, 경제적·사회적 자본의 관점에서 여러분의 미래 이익은 크게 줄어들 것이다. 오늘날의 디지털 시대에는 평판에 관한 정보를 더 쉽게 얻을 수 있다.

신뢰에 관한
오해와 진실

◆

지금까지 설명한 것처럼, 신뢰에 관한 수십 년간의 연구들은 협력 전략과 배신 전략이 어떻게 그리고 왜 발전해 왔는지, 장기적인 차원에서 어떻게 사회적으로 확산되거나 쇠퇴하게 되었는지, 그리고 낯선 상대방의 신뢰성을 평가하는 초기의 문제점들을 어떻게 평판을 활용함으로써 해결할 수 있는지를 보여주었다. 이러한 접근은 10킬로미터 상공에서 다양한 사회들을 내려다보는 관점에서는 타당하다. 하지만 성공을 위해 매일 치열하게 싸워야 하는 우리의 현실에서 실제로 벌어지는 다양한 현상들을 제대로 드러내지 못하며, 전반적인 과정을 체계적인 이론으로 정리하는 데 방해가 된다. 간단히 말해서, 신뢰에 대한 우리의 이해를 발전시키려면 신뢰와 그것의 작동 방식에 대한 기존의 생각들을 수정할 필요가 있다. 내 생각에 과학자들은 물론 일반 대중이 지금까지 오랫동안 고수하고 있는 관점은 허술하며, 더욱 심각한 경우는 분명히 잘못된 몇 가지 원칙에 기반을 두고 있다. 광범위한 관점에서 그 문제들은 네 가지 결함으로 요약할 수 있다.

평판은 과거의 일일 뿐

평판이란 주로 도덕성 혹은 그 결핍과 관련된 개인의 특성이다. 예를 들어 어떤 사람은 도덕의 모범으로 혹은 도덕을 저버린 인물로서 살아가는 동안 정직한 중개인이나 사기꾼으로 분류된다. 이러한 분류는 한 개인의 과거 행동들을 하나로 조합하여 이루어진다. 물론 일탈적인 현상이 벌어질 때가 있다. 선하다는 평판을 받던 사람이 갑자기 사악한 행동을 하면 다른 사람들은 그가 이제 도덕성을 잃어버렸다고 생각한다. 그리고 그때까지의 선한 행동들은 다만 악마적 본성을 감추기 위해서였다고 여길 것이다. 하지만 이러한 인식 변화는 반대 방향으로는 잘 작동하지 않는다. 가령 악인으로 알려졌던 사람이 어쩌다 선한 일을 하면 사람들은 이를 예외적인 사건으로 치부하는 경향이 있다. 사람들은 그의 도덕적 진정성에 대한 인식을 바꾸지 않는다. 하지만 이러한 논리적 비대칭은 평판에 관한 문제가 아니라 다만 징후에 불과하다.

평판에 관한 중요한 문제점은, 사람들 대부분이 평판이 일련의 안정적인 특성을 드러낸다고 생각한다는 사실이다. 어떤 사람이 정직하다는 평판을 얻었다면, 사람들은 그가 언제나 정직하게 행동할 것이라고 기대한다. 반대로 한 번이라도 배신했다면, 또다시 그럴 것이라고 예상한다. 본질적으로 우리는 이러한 특성을 바위 깊이 새겨진 각인처럼 생각한다. 직관적으로는 그럴듯하게 들리지만, 지난 20년간 나를 비롯한 여러 학자들이 연구하여 수집한 과학적 자료들은 인간의 도덕성이 얼마든지 변화 가능한 특성이라는 사실을 보여준다. 열정이나 이타심, 관대함과 공정함, 불신과 질투 혹은 위선과 도박을 주제로 한 연구 과정에서, 경험적인 자료들은 도덕적 행동의 스펙트럼이 우리 대부분의 예상보다 훨씬 광범위하다는 사실을 계속 보여주고 있다.[7] 물론 그렇다고 해서 인간의 본성이 갑자기 변했다는 뜻은 아니다. 인간의 본성은 언제나 그러한 형태로 존재했다. 다만 우리가 그 사실을 비로소 깨닫기 시작했을 뿐이다.

이 슬픈 진실을 내가 처음으로 이야기하자, 사람들은 대개 믿기 힘들다는 반응을 보였다. 사람들은 어릴 적부터 알고 지낸 삼촌 벤이나 친구 클레어가 언제나 믿음직하고 솔직한 사람이라거나, 혹은 그 반대로 돈 문제에서는 신뢰할 수 없는 사람이라는 이야기들을 한다. 틀린 이야기는 아니겠지만, 벤과 클레어가 오로지 도덕적 행동만 하도록 내면 깊숙이 자리 잡은 성격의 소유자라서 그런 것은 아니다. 그들이 그러한 모습을 보인 이유는 일반적인 상황에서 자기 자신을 갑자기 바꿀 동기가 없었기 때문이다.

도덕적 행동의 일관성은 우리의 마음이나 영혼에 깊이 새겨진 핵심이나 특성이 아니라, 서로 경쟁하는 다양한 심리적 메커니즘들 사이의 역동적인 균형에서 비롯된다. 일상적인 상황에서 얻는 이익이 다양한 심리적 메커니즘에 대한 상대적 보상을 크게 변화시키지 않으면, 결과적으로 도덕적 행동은 변하지 않는다. 그러나 외부 상황이 달라지거나, 의사 결정을 하는 근본적인 심리적 계산 과정이 바뀜으로써 보상이 달라지면 우리의 행동은 그에 따라 변화한다. 물론 신뢰성 있는 행동을 바꾸는 데 필요한 보상의 정도는 개인들마다 다를 것이다. 한 사람의 신뢰성은 고정되어 있지 않다. 의식적이든 아니든 간에 사람들은 언제나 가격을 매기고 있다. 우리의 마음은 끊임없이 이익과 비용을 저울질한다.

과학자로서 나는 여러분이 내 이야기를 곧이곧대로 믿을 거라고 기대하지는 않는다. 여러분도 나처럼 자료를 기반으로 하는 확실한 증거를 원할 것이다. 물론 나는 도덕성의 다양한 측면에 관한 사례들을 여러분에게 끝없이 보여줄 수 있지만, 이 책은 신뢰에 관한 책이므로 주제에 초점을 맞추고자 한다. 널리 알려진 애덤 스미스Adam Smith의 『도덕감정론Theory of Moral Sentiments』에 따르면 인간은 직관이나 감정의 형태로 내면적 반응을 하며, 이 반응은 다른 사람들을 친절하고 공정하게 대하도록 자극한다. 이 주장은 분명 스미스의 선견지명이었지만, 이를 뒷받침할 경험적인 증거는 오랫동안 등장하지 않았다. 나와 내 학생들은 고마움 같은 감정이 정말로 스미스가 설명한 것처럼 기능한다면, 내면에서 일어나는 순간적인 동요가 스스로 미처 깨닫기 전에 신뢰성을 변화시켜야 한다고 생각했다.

이 가정을 검증하기 위해 우리는 죄수의 딜레마를 활용한 넘겨주기 게임give some game, GSG이란 실험을 구상했다. 이 실험은 이렇게 진행된다. 우리는 각각의 피실험자들에게 4개의 토큰을 지급한다. 하나의 토큰은 이를 보유한 사람에게 1달러의 가치가 있지만, 상대방에게 넘겨주면 2달러의 가치가 있다. 죄수의 딜레마와 마찬가지로, 이 게임의 목표는 상대방과 똑같거나 더 적은 이익을 얻는 게 아니라 상대방의 희생을 통해 더 많은 이익을 얻는 것이다. 여기서 가장 상호 신뢰적인 선택은 두 사람 모두 상대방과 4개의 토큰을 교환하는 것이다. 이 경우

두 사람은 모두 자신의 4달러를 내주고 그 2배인 8달러를 얻는다. 하지만 개인의 이익을 극대화하려면 다른 전략이 필요하다. 자신은 하나의 토큰도 넘겨주지 않으면서 상대방은 자신에게 모든 토큰을 줄 것으로 기대하는 것이다. 이 경우 여러분은 원래 돈의 3배인 12달러를 손에 넣고, 상대방은 빈털터리가 된다. 이렇게 상대방의 신뢰를 이용함으로써 최고의 이익을 올릴 수 있다. 이 게임이 일반적인 죄수의 딜레마보다 나은 점이 있다면, 피실험자들이 상대방에게 준 토큰의 개수를 이기심의 크기로 활용할 수 있다는 것이다. 이 게임은 양자택일의 의사 결정 방식을 취하지 않는다.

우리는 사람들의 신뢰성을 평가할 수 있는 방안을 그렇게 마련했다. 그다음으로 게임을 시작하기 전에 사람들의 감정 상태를 바꿔야 했다. 그래서 우리는 피실험자들이 실제 상황처럼 느끼도록 연출을 하기로 했다. 스미스가 언급한 도덕감정들 중 하나인 고마움을 느끼도록 특별히 고안한 것이었다. 짧게 설명하면, 우리는 피실험자들의 컴퓨터가 고장 나도록 사전에 프로그래밍하여 그들이 실험실에서 수행한 지루한 작업들이 모두 수포로 돌아가도록 만들었다. 우리 연구원들이 피실험자들에게 할 수 없이 과제를 다시 해야 한다고 말하는 동안, 연구보조원(피실험자들은 자신과 같은 또 다른 피실험자라고 생각하지만 사실은 우리를 위해 일하는 사람)이 그들에게 다가가 몇 단계의 작업으로 고장 난 컴퓨터를 마술처럼 고쳐 준다. 그래서 진짜 피실험자들이 지루한 과제를 다시 하지 않도록 안심시킨다.

그 순간 거의 모든 피실험자들이 즉각 고마움이란 감정을 드러냈고, 감정 상태에 대한 이후의 확인 과정에서도 동일한 감정을 보고했다. 우리는 이 고마움이란 감정을 유도하지 않은 통제 집단의 피실험자들의 컴퓨터도 고장 나도록 설정했다. 다만 여기서는 연구 보조원들이 앞서와 동등하게 친밀한 수준으로 피실험자들과 짧은 대화를 나누도록 했다.

다음으로 우리는 피실험자와 보조원들이 따로 마련된 방에서 넘겨주기 게임을 하도록 했다. 우리는 여기에 한 가지 요인을 추가했다. 피실험자들 중 절반은 그들이 방금 교류한 보조원과 함께 게임을 한반면, 다른 절반은 전혀 모르는 상대와 게임하도록 했다. 과연 무슨 일이 벌어졌을까? 먼저 이미 얼굴을 알고 있는 보조원과 게임을 한 경우를 생각해 보자. 상대방을 알고는 있지만 고마움을 느낄 특별한 계기가 없었던 통제 집단의 경우, 피실험자들은 평균적으로 상대방에게 2개의 토큰을 넘겨주었다. 그들은 전적으로 신뢰성 있는 행동과 완전히 이기적인 행동 사이의 중간을 선택했다. 반면 고마움을 느꼈던 피실험자들은 보다 협력적인 태도로 더 많은 토큰을 넘겨주었다. 이 피실험자들은 보다 신뢰성 있게 행동했고, 상대가 협력하지 않을 경우 자신이 손실에 취약해지도록 양보했다.

여러분은 아마도 이 실험으로는 평판의 중요성을 반박하지 못한다고 생각할 것이다. 굳이 평판에 관한 의미를 발견하고자 한다면, 게임의 상대방이 인정 많고 신뢰성 있는 영혼임을 보여주었다는 점이다. 피실험자들에게 도움이 필요한 순간에 상대방은 손을 내밀어 주었다. 다음으로 다른 두 경우를 살펴보자. 우선 피실험자들은 한 번도 보지 못했고 아는 바가 거의 없는 상대와 넘겨주기 게임을 벌인다. 그리고 '그 결과는 정확하게 똑같았다.' 여기서도 피실험자들이 고마움을 느낄 경우, 그들은 상대방에게 훨씬 더 많은 토큰을 주었다. 기억하자. 그들은 상대를 전혀 몰랐다. 그래서 상대가 신뢰성 있게 행동할 것이라고 기대할 근거가 없었다. 그럼에도 고마움을 느낀 사람들은 상대방이 중립적인 경우에 비해 더욱 협력적으로 행동했다. 그뿐만 아니라 그들이 얼마나 협력하고자 하는지, 즉 높은 비대칭적 이익보다 낮은 공동의 이익을 얼마나 더 선호하는지는 게임의 순간에 느끼고 있었던 고마움의 정도와 정확히 일치했다.[8]

이 자료가 보여주는 바는 분명하다. 바로 감정 상태에서 순간적으로 일어나는 동요가 개인의 신뢰 성향을 바꿀 수 있다는 것이다. 사회적 스트레스 역시 마찬가지로 영향을 미친다. 심리학자 베르나데테 폰 다반스Bernadette von Dawans와 행동경제학자 에른스트 페르Ernst Fehr, 그리고 그들의 동료들이 최근 연구한 결과는 사회적 불안 및 불쾌감이 신뢰에 어떻게 영향을 미치는지를 보여준다. 그들은 피실험자들 중 절반에게 트리어 사회적 스트레스 시험Trier Social Stress Test을 실시했다. 여기서 피실험자들은 청중 앞에서 연설을 했다. 연구원들은 피실험자들에게 알리지 않고, 청중에게 무표정하게 가만히 앉아 있도록 사전에 지시했다. 청중은 관심이나 격려, 동의와 관련된 반응을 전혀 드러내지 않았고, 이 불쌍한 연설자들이 사회적 승인에 더 집착하도록 만들었다. 이후 트리어 사회적 스트레스 시험을 경험한 집단과 경험하지 않은 집단(통제 집단)의 피실험자들 모두 넘겨주기 게임처럼 상대방의 희생으로 이익을 얻으려는 욕망과 상대를 신뢰하려는 욕망이 서로 충돌하는 경제 게임에 참여했다. 그 결과 연구원들이 발견한 것은 사회적 스트레스에 관한 경험이 상대방에 대한 신뢰의 정도를 크게 끌어올렸다는 사실이다. 사회적으로 불안감을 경험한 피실험자들은 약 50퍼센트나 더 많이 협력했다.[9]

사람들의 신뢰 성향에 영향을 미친 것은 감정 상태뿐만이 아니었다. 행동경제학자이자 심리학자인 프란세스카 지노Francesca Gino, 마이클 노튼Michael Norton, 댄 애릴리Dan Ariely의 연구에 따르면 우리가 흔히 입고 쓰는 사소한 제품들 역시 그러한 역할을 할 수 있다. 이들은 연구를 위해 실험을 설계했고, 피실험자들에게는 이 실험이 제품 평가를 위한 연구라고 소개했다. 실험에 참여한 피실험자들은 자신들이 선글라스 제품들을 비교하게 될 것이라 믿었다. 여기서 중요한 사실은, 연구원들이 일부 피실험자들에게는 자신들이 진품 선글라스를 선호한다고 말하고, 다른 이들에게는 가짜를 더 선호한다고 일러두었다는 점이다. 그러나 제품 상표를 제거했기 때문에 피실험자들이 진품 여부를 직접 확인할 수는 없었다. 다음으로 연구원들은 피실험자들에게 주어진 시간 안에 수학 문제를 풀고 자신의 점수를 직접 보고하도록 했다. 결과는 놀랍고도 당혹스러웠다. 스스로 가짜 선글라스를 착용하고 있다고 생각했던 피실험자들 중 71퍼센트는 자신의 점수를 부풀리는 방식으로 거짓말을 했다. 사실 연구원들은 그들의 원래 시험지를 확인할 수 있었다. 반면 진품을 쓰고 있다고 생각했던 사람들은 30퍼센트만이 거짓말을 했다. 가짜 선글라스를 쓰는 것처럼 별 의미 없이 보이는 행동마저

도 사람들에게 거짓의 인식을 가져다주었고, 이러한 인식은 다시 거짓말을 하는 성향을 크게 높였다.[10]

이 실험 및 이와 비슷한 수많은 실험은 과거의 행동만으로는 개인의 신뢰성을 정확히 예측할 수 없다는 사실을 보여준다. 상대방의 신뢰성에 대한 판단의 정확성을 최대한 높이려면, 평판은 분명히 단일한 해결책이 아니다. 물론 그렇다고 해서 보편적인 도덕성과 구체적인 신뢰가 무작위적이라는 뜻은 아니다. 오히려 그 반대로, 기본적인 원리를 따르고 있다. 그 원리는 도덕성과 신뢰가 우리의 마음속 깊이 새겨진 안정된 패턴이 아니라, 상호 경쟁하는 심리적 메커니즘들을 따른다는 것이다. 그렇다면 신뢰성과 관련하여 평판은 환상에 불과하다. 물론 어떤 사람의 신뢰성이 안정적이라면 그 원인은 주변 환경이 거의 변화하지 않아서, 경쟁하는 메커니즘들이 안정적인 상태를 유지하고 있기 때문이다. 그렇다면 신뢰와 관련하여 이렇게 물어서는 곤란하다. 그는 믿을 만한 사람인가? 대신 우리는 이렇게 물어야 한다. 지금 이 시점에 그는 믿을 만한 사람인가?

결국 모든 것은 나의 내면에 관한 이야기다

나는 지금 신뢰성 혹은 그 결핍이 특정 상황에서 서로 경쟁하는 심리적 메커니즘 사이의 일시적 균형에서 비롯된다고 설명하고 있다. 그런데 심리적 메커니즘이란 무엇을 말하는가? 신뢰에 관해 생각할 때 사람들 대부분은 이기적인 동기(악한 마음)와 이타적인 동기(선한 마음)의 줄다리기 정도를 떠올린다. 약혼자를 속이거나 수익을 숨김으로써 사람들은 감정적·신체적·경제적 이익을 얻으려는 이기적 욕망을 충족한다. 동시에 그 반대편에서 사람들은 비즈니스 파트너를 돕거나, 사랑하는 사람에게 진실한 모습을 보이려 한다. 그들은 상대방을 행복하게 만들어 주기 위해 노력한다. 이러한 논리를 기반으로, 사람들 대부분은 신뢰의 딜레마를 양 어깨에 나란히 앉아 있는 의인화한 두 심리적 메커니즘 사이의 경쟁으로 본다. 한쪽 어깨에는 천사가, 다른 쪽 어깨에는 악마가 앉아 있다. 그 둘은 끊임없이 우리 귀에 대고 속삭인다.

이러한 사고방식의 문제점은 분명하다. 과학자들은 긴 세월 동안 인간의 마음을 형성해 온 진화적 압력이 우리와 관련 없는 낯선 사람들의 이익이 아니라 자신의 이익을 극대화하는 방향으로 작용했다는 사실을 이해하고 있었다. 그런데 왜 우리의 마음이 낯선 사람에게 친절하게 행동하려 하는 메커니즘을 갖추게 되었을까? 그 해답은 인간이 사회적 동물이라는 기본적인 사실에서 발견할 수 있다. 즉, 인류는 협력을 통해 번성했다. 이러한 원리에 따라 자원을 확보하고 후손을 위해 이를 비축하는 인간의 역량은 다른 사람들을 돕는 '이타적인' 행동으로 높아지게 된다. 진화생물학자 로버트 트리버즈Robert Trivers가 수십 년 전에 주장한 것처럼, 우리는 단지 자원의 제공자가 아니라, 필요할 때 자원의 수혜자가 되기 위해 이타주의와 신뢰성을 실천한다.[11] 간단히 말하면 내일 자신의 등을 긁기 위해 오늘 다른 사람의 등을 긁어 주는 것이다. 물론 이러한 접근 방식은, 행위자 역시 이익을 보게 되는데 그의 행동을 정말 이타적인 행위로 분류하는 것이 타당하냐는 골치 아픈 질문을 낳는다. 이 오래되고 까다로운 문제는 다음에 따로 살펴보자.

앞서 논의한 경쟁적인 메커니즘들을 이기적이거나 이타적인 범주로 쉽게 분류할 수 없다면, 무엇을 기준으로 구분해야 할까? 내 생각에는 두 곳에서 해답을 발견할 수 있다. 죄수의 딜레마를 다룬 오랜 연구의 역사, 그리고 마틴 노왁 같은 학자들의 환상적인 수학적 모델들을 살펴보면 '장기적' 차원에서 성공을 정의할 수 있다는 사실을 확인할 수 있다. 사람으로 의인화되는 성공적인 전략들은 결국 수많은 상호작용 과정에서 자원을 최대한 끌어모으는 전략이다. 맞대응 전략이나 관대한 맞대응 전략을 바탕으로 신뢰할 수 있는 태도를 보이는 접근 방식은 장기적 차원에서 이익을 극대화한다. 이 전략들은 단기적으로는 이익을 극대화하지 못한다. 게임 초반에는 항상 배신하는 악의적인 전략이 선두권을 차지했다는 점을 상기하자. 배신 전략은 단기적 차원에서만 행위자의 보상을 극대화한다.

대부분의 도덕적 문제들은 단기적 이익과 장기적 이익 사이의 교환으로 이해할 수 있다. 신뢰의 경우도 그렇다. 거시적으로 보면 신뢰의 문제도 과학자들이 말하는 '시점 간 선택intertemporal choice', 다시 말해 시간의 흐름에 따라 다른 결과로 이어지는 의사 결정과 관련 있다. 이렇게 생각해 보자. 여러분은 지금 신뢰를 저버림으로써 소중한 자원을 획득할 수 있다. 이때 그대로 시간이 멈춘다면, 상대방의 희생으로 얻은 돈이나 애인을 속여서 얻은 쾌락은 우리의 경제적 혹은 육체적 만족감을 크게 높일 것이다. 그러나 부정을 저지른 사실이 나중에 드러나면 여러분의 장기적 이익은 위험해진다. 또한 지금은 소중한 자원으로 보였던 것이 시간이 흐르면서 점차 가치가 낮아진다. 다른 사람들이 신뢰성 없는 존재로 낙인찍는 순간, 여러분은 자신을 고용하거나 지지하거나 결혼해 줄 상대방을 발견하기 힘들어질 것이다.

그렇다면 신뢰할 수 있는 행동을 택하여 장기적 성과를 극대화하면 되지 않을까? 간단하다. 그러나 진화적 차원에서 모든 장기적 판단이 이익이 되는 것은 아니다. 죽음은 우리의 예상보다 더 빨리 찾아온다. 20년 후에나 얻을 수 있는 보상에 현재의 모든 자원을 투자하면 아무것도 얻지 못할 수도 있다. 게다가 이기적인 행동이 항상 발각되는 것도 아니다. 아무에게도 들키지 않는다면, 여러분의 장기적인 이익도 줄지 않을 것이다. 얼마든지 자기 손에 쥐여진 케이크를 즐길 수 있다.

신뢰에 대한 이러한 관점을 바탕으로, 천사와 악마 혹은 개미와 베짱이의 우화가 상징하는 우리의 경쟁적인 심리적 메커니즘을 새롭게 정의할 수 있다. 이솝 우화에서 겨울을 나기 위한 양식을 비축하려 땀흘려 일하는 개미는 미래에 대한 걱정을 상징한다. 베짱이는 그 반대다. 베짱이는 지금 당장의 쾌락에 집중하며 여름날을 즐겁게 보낸다. 이 이야기는 신뢰성을 결정하는 메커니즘에도 그대로 해당한다. 어떤 메커니즘은 순간의 이익에 집중하고, 다른 메커니즘은 미래의 이익에 주목한다. 우리의 마음은 이처럼 상반되는 힘들 사이에서 적절한 균형을 유지하기 위해 끊임없이 노력한다. 특정한 순간에 형성된 균형점, 즉 어느 한쪽으로 치우쳐 있는 구체적인 균형점은 그 시점에 우리의 신뢰성을 결정한다. 앞서 살펴본 것처럼 고마움이란 감정은 장기적인 메커니즘을 선호하며, 우리가 장기적인 관계를 구축하는 방향으로 나아가게 만든다. 반면 익명성에 대한 보장이나 가짜에 대한 인식은 우리를 반대 방향으로 몰아가고 단기적 이익이 우리를 지배하도록 한다.

신뢰의 문제를 시점 간 선택의 딜레마로 모형화함으로써 또 다른 문제를 해결할 수도 있다. 종종 우리의 관심 밖에 있지만 신뢰가 정말로 어떻게 작동하는지 이해하기 위해 반드시 짚고 넘어가야 할 중요한 질문, 즉 '우리가 자신을 신뢰하는지 어떻게 알 수 있는가?'에 대한 대답을 내놓을 수 있다. 이 질문은 우리가 다른 사람과의 약속을 지킬 것이라고 어떻게 확신할 수 있는가를 의미하지 않는다. 반대로 우리가 '자기 자신'과의 약속을 지킬 것인지 어떻게 확신할 수 있는가를 의미한다. 사람들은 흔히 이렇게 생각한다. '오늘밤에는 절대 도넛의 유혹에 넘어가지 않을 거야.' '다음번 월급의 일부를 퇴직연금 계좌에 꼭 넣을 거야.' '이번 담배가 마지막이야.' 우리는 이러한 약속을 소중하게 지키지만, 때로는 그렇지 않다.

서로 경쟁하는 이기심과 이타심의 동인에 기반한 신뢰 모형은 자기 자신을 신뢰하는 문제에 대해서는 아무런 설명을 내놓지 못한다. 그건 불가능한 일이다. 관계 속에서는 양쪽 모두 본질적으로 자기 자신이기 때문이다. 그러나 시점 간 선택 모형으로 신뢰 문제를 보면 다른 누군가를 신뢰하는 상황이든 자기 자신을 신뢰하는 상황이든 똑같이 설명을 할 수 있다. 시점 간 선택 모형에서는 언제나 양쪽이 존재한다. 다시 말해, 현재의 자신과 미래의 자신이 따로 존재한다. 둘의 이해관계는 어느 정도 얽혀 있지만, 그래도 각각의 자아는 저마다 다른 욕망을 추구한다. 다이어트를 위해 늦은 밤에 절대 도넛을 먹지 않겠다는 생각은 미래의 자신이 스스로를 충분히 통제할 수 있다는 믿음이

기도 하다. 다음번 월급의 일부를 연금에 투자하겠다는 생각은 미래의 자신이 의지력을 발휘할 것이라는 믿음이기도 하다. 이 두 경우는 미래에 자신이 장기적인 관점을 고수하고, 실제로 그 시점에는 단기적 유혹에 넘어가지 않을 거라고 신뢰한다는 의미다.

이제 자기 통제력, 즉 장기적 이익을 추구하며 단기적 욕망에 저항하는 능력이 신뢰에 관한 문제에서 중요한 요소가 된다. 실제로 최근의 연구들은 이러한 생각을 뒷받침하는 흥미로운 증거를 제시하고 있다. 심리학자 프란체스카 리게티[Francesca Righetti]와 카트린 핀케나우어르[Catrin Finkenauer]는 여러 실험에서 각각의 피실험자들에게 그들이 함께 신뢰 게임을 하게 될 잠재적 상대방들을 보여주었다. 여기서 피실험자들은 일정 양의 돈을 지급받고, 그중 일부를 '투자자'에게 줄 수 있다. 그 돈을 받은 투자자들은 그 가치를 항상 3배로 불린다. 그런데 주의할 점이 있다. 잠재적 투자자들은 자신이 얼마나 많이 가질 것인지를 스스로 선택할 수 있다. 이 실험에서 피실험자가 투자자에게 주는 돈은 신뢰의 크기다. 투자자는 피실험자에게 수익은 물론 원금도 돌려주지 않아도 되기 때문에, 더 많이 돈을 넘겨주었다는 말은 상대방을 그만큼 더 신뢰한다는 뜻이다.

여기서 연구원들은 다양한 정도의 의지력을 드러내도록 투자자들의 외모를 설정했다. 피로가 자기 통제력을 떨어뜨린다는 널리 알려진 사실을 바탕으로, 연구원들은 피로와 과로를 드러내는 다양한 외형을 활용했다. 그 결과는 우리의 마음이 적어도 무의식적인 차원에서 자기 통제력을 신뢰성과 관련된 중요한 요소로 받아들인다는 사실을 보여주었다. 피실험자들은 피곤해 보이는 투자자들을 덜 신뢰했을 뿐만 아니라, 실제로 그들에게 더 적은 금액을 투자했다.[12]

통계 숫자로만 남고 싶어 하는 사람은 없다

우리가 살펴보고 있는 연구들의 세 번째 문제점은, 그 주장들에 '평균적'이라는 말이 자주 쓰인다는 사실이다. 나는 여러분이 누구인지 잘 모르지만 하나의 통계 수치로 대하고 싶지는 않다. 상대를 신뢰하고 협력하려는 선택이 평균적으로 더 나은 전략이라면, 모두에게 좋은 전략은 아니라는 의미이기도 하다. 어디서 누군가는 분명히 손해를 보고 있는 것이다. 이는 우리 삶의 근본 원리다. 누군가 크게 땄다면, 다른 누군가는 크게 잃는다. 그렇다면 수학적 모형과 죄수의 딜레마를 반복적으로 활용하여 어떤 전략이 성공적인 사람들의 특성을 정의하는지, 그리고 어떤 요인이 지속적으로 최고의 성과를 가져다주는지를 연구한 결과가 우리에게 많은 정보를 제공하더라도, 여러분이 지금 평생 모은 예금을 가로채려는 사기꾼과 마주하고 있다면 그 연구 결과는 아무 도움이 되지 않을 것이다. 그 순간에는 어느 전략이 평균적으로 최고의 성과를 가져다주는지보다 어떤 선택을 해야 할지에 신경쓰게 된다.

앞서 설명했듯이, 신뢰에 관한 전통적 모형들은 이 딜레마를 두 가지 방법들 중 하나로 해결한다. 첫째, 과거의 교류나 평판을 통해 잠재적 파트너를 어느 정도 알고 있다면, 정보를 바탕으로 그가 신뢰성 있게 행동할 가능성을 계산하는 것이다. 둘째, 잠재적 파트너에 대해 전혀 모른다면, 앞으로 그 사람과 다시 만날 일이 없고 누구에게도 자신의 행동이 발각되지 않을 것이라는 절대적인 확신이 없는 이상, 일단 그를 신뢰하는 것이 최선의 선택이다.

첫 번째 방법이 논리적인 선택 같지만, 나는 과거의 행동이나 평판은 상대방이 미래의 특정 시점에 얼마나 신뢰성 있을지를 예측할 수 있는 타당한 지침이 아니라는 사실을 앞에서 언급했다. 나는 이 사실을 이 책 전체에서 계속 설명할 것이다. 여러분이 이 설명을 논리적인 주장으로 받아들인다면 두 번째 선택의 영역으로 들어서게 된다. 여러분은 잠재적 파트너에 대해 아무것도 모르는 상태에서 그를 그저 신뢰하려 한다. 하지만 이 접근 방식이 정말 최고의 선택이라면, 우리는 영업사원이나 새로운 비즈니스 파트너를 신뢰할 수 있을지 판단하며 두통을 겪지 않아도 될 것이다. 우리의 마음은 낯선 이를 일단 믿어보라고 우리 자신의 등을 떠밀 것이다. 그러나 우리는 실제로 이렇게 느끼지 않는다. 우리의 마음은 그런 방식으로 압박을 가하지 않는다. 어떤 사람, 특히 낯선 사람을 신뢰할지 판단해야 할 때 우리는 종종 예감, 즉 직관에 의존한다. 또한 우리는 잘 알고 있는 사람에게도 똑같은 방법을 쓴다. 그러나 우리의 예감은 종종 빗나가고, 결국 평판을 기준으로 한 의사 결정 방식으로 돌아온다. 이 방식도 우리에게 값비싼 대가를 치르게 하는 경우가 많다. 평판을 활용하는 의사 결정 방식은 때로는 성공적이지만 언제나 그러리라는 보장은 없다.

상대방의 신뢰성을 평가할 때 우리가 직관에 의존하는 이유는, 우리의 마음이 특정 시점에서 구할 수 있는 모든 정보를 동원하여 성과를 극대화하고자 애쓰기 때문이다. 그렇게 생각하면 정확성을 높이기 위한 우리의 시도는 충분히 의미가 있다. 평균보다 약간 성적이 좋더라도, 상대방의 신뢰성을 측정하는 능력은 우리에게 거대한 이익을 가져다줄 수 있다. 이 능력은 평판의 가변성에 따른 문제점을 제거하고, 특정 상황에서 성공 가능성을 높여 준다. 결론적으로는, 유리하게 조작한 주사위를 가지고 도박장에 들어서는 것과 같다.

사람들의 신뢰성을 정확히 평가할 수 있다고 기대하게 만드는 훌륭한 이론들은 이미 나와 있다. 하지만 그러한 주장을 뒷받침할 근거는 여전히 희박하다. 수십 년 동안 과학자들이 실마리를 찾아다녔지만 이렇다 할 성과는 없었다. 지능부터 몸짓을 통한 기만에 이르는 모든 신호들을 해독하는 방법을 알려 주겠다고 장담하는 책은 시중에 수없이 많다. 그러나 신뢰와 관련하여, 그리고 대부분의 동기와 감정에 관한 문제와 관련하여, 이런 책들은 아무리 봐도 가치가 의심스럽다.

현재 비언어적 신호들과 생리적 현상들로 감정과 동기를 확인하는 방법에 관한 과학적 접근 방식이 급속도로 새로이 정립되고 있다. 또한 신호를 가지고 감정과 신뢰, 기만을 평가할 수 있다고 주장하는 전통적인 방법들은 실제로는 쓸모없는 것으로 드러나고 있다.[13] 최근 미국 정부가 주도하여 비언어적 신호를 통해 위협 요인을 확인하기 위해 개발한 프로그램들조차 충분한 경험적 타당성을 확보하지 못하고 있다.[14]

사람들의 신뢰성을 평가하는 기술 수준은 아직 매우 낮다. 앞에서 언급했듯이 고등정보연구계획국은 2009년에 신뢰성 평가에 대한 획기적인 접근 방식을 도입하고자 새로운 예산 프로그램을 발표했다. 여기서 흥미로운 부분은 프로그램의 주요 목표가 행위자가 아니라 관찰자의 몸과 마음에서 드러나는 신뢰의 표식을 발견하는 연구를 후원한다는 것이다. 다시 말해, 이 프로그램은 지금 마주하고 있는 상대방을 신뢰할 수 있다고 믿는 사람들의 마음이 드러내는 미묘한 표식들을 확인하고 분명히 감지하도록 확대하기 위한 것이다. 여기서 핵심은, 우리의 마음이 다른 사람들의 신뢰성에 관한 신호를 감지할 수 있지만, 신호가 미약하기 때문에 잡음들로 가득한 환경에서는 발견하기가 어렵다는 사실을 기본 가정으로 하고 있다는 것이다. 이 프로그램의 목적은 잡음들 속에서 중요한 신호를 추출하는 방법을 발견하는 것이다.

여기서 우리가 던져야 할 질문은 이것이다. 왜 우리는 그 신호를 제대로 감지하지 못할까? 내 생각에는 두 가지 중요한 이유 때문이다. 첫째, 많은 신호들처럼 신뢰의 신호 역시 대단히 미묘하다. 사실 우리는 자신의 신뢰성을 뚜렷이 드러내서는 안 된다. 자신이 신뢰할 만한 사람이라는 사실을 드러내기 위해 이마에 표지판이라도 붙이고 다닌다면 아마도 모든 사기꾼들의 표적이 될 것이다. 그러므로 장기간의 역동적인 상호 교류 속에서 은밀하게 신뢰의 신호를 드러내야 한다고 가정할 수 있다. 둘째, 우리는 완전히 잘못된 방식으로 신호를 찾는다. 시선 회피나 가짜 미소처럼 신뢰성을 판단하기 위한 '황금 신호'는 존재하지 않는다. 의미 있는 신호는 다양한 개별적인 신호들로 구성되어 있기 때문에 우리는 이 신호들을 특정한 맥락에서만 올바로 해석할 수 있다. 하나하나의 단어들이 모여 전체 연설문을 이루는 것처럼, 신뢰성의 신호들은 호응을 이루는 다른 신호들과의 관계 속에서 다른 의미를 지닌다.

나의 직업에서 마음에 드는 점 하나는 출신 배경이 다양한 사람들과 교류할 기회가 많다는 것이다. 이들은 모두 자신의 전문 분야에 대한 지식이 해박하다는 공통점이 있다. 어느 여름날 오후, 나는 고등정보연구계획국의 프로그램 관리자이자 신뢰 프로그램을 이끌고 있는 애덤 러셀Adam Russell과 이야기를 나누었다. 애덤은 거대한 덩치만큼이나 매력이 넘치는 사람이다. 그는 문화인류학자이자 로즈 장학생(영국 옥스퍼드 대학이 매년 90명 정도의 우수한 유학생들에게 지급하는 로즈 장학금Rhodes scholarship을 받는 학생-옮긴이)이었으며 럭비 선수이기도 하다. 이 말은 그가 정신적으로나 육체적으로 나를 포함한 대부분의 사람들을 쉽게 압도할 수 있다는 뜻이다. 그날 우리는 신뢰에 대한 전통적인 연구 방식의 문제점에 관해 이야기를 나누었다.

그는 이렇게 말했다. "데이브, 당신이 지금 뇌종양에 걸렸다고 해봅시다. 저는 정말로 당신을 돕고 싶습니다. 당신은 제가 정직한 사람이고, 당신을 좋아한다는 사실을 알고 있어요. 저는 그 종양을 없애기 위해 최선을 다할 겁니다. 그렇다면 당신은 제게 메스를 맡길 건가요?" 물론 난 그러지 않을 것이다. 애덤은 의사가 아니다. 그에게는 의학에 관한 지식이 없다. 물론 나는 그가 나의 새로운 프로젝트에 관해 솔직히 피드백해 줄 것이라고 믿는다. 함께 길을 걷다 강도를 만나면 나와 함께 싸워 줄 것이라고 믿는다. 하지만 그가 내 두개골을 열도록 맡기지는 않을 것이다. 그것이 그의 요점이었다.

사람들 대부분은 신뢰에 관해 생각할 때 일반적으로 상대방의 의도에 초점을 맞춘다. 그들은 이렇게 묻는다. 이 사람은 끝까지 자신의 책임을 다할까? 물론 의도는 신뢰를 이루는 중요한 요소지만, 신뢰와 관련하여 우리가 주목해야 할 유일한 요소는 아니다. 능력 또한 신뢰를 구성하는 중요한 요소다. 목표를 달성할 능력이 없는 선한 의도는 결론적으로 쓸모가 없다.

나는 애덤의 이 기발한 사고 실험 덕분에 신뢰에 관한 연구들의 중요한 허점을 확인했다. 과학자들 대부분은 의도에만 초점을 맞추고, 의도만큼이나 실질적으로 중요한 다른 요소들을 간과한다. 다양한 요소들이 신뢰를 구성한다는 주장에는 일리가 있다. 누가 중요한 정보를 줄 수 있는 핵심 인물인지 평가하는 CIA 요원에게든, 혹은 대체 요법으로 치료할 수 있다는 의사의 조언을 믿어야 할지 고민하는 암 환자에게든, 능력은 분명히 신뢰를 구성하는 중요한 요소다. 그러나 사람들 대부분은 상대방의 신뢰성을 평가하는 과정에서 능력이란 요소를 쉽게 무시하는 경향이 있다. 과학자들도 이러한 모습을 종종 드러내는 이유 중 하나는 죄수의 딜레마와 같은 방법들의 활용과 관련 있다. 이러한 딜레마에서 능력은 아무런 의미가 없다. 거기서 사람들이 해야 할 일은 돈을 주고받는 것이다. 이것은 누구나 할 수 있는 일이고 특별한 기술도 필요없다. 그 결과 능력이란 요소는 우리의 방정식 안으로 들어오지 못한다. 그렇다고 해서 우리의 마음이 능력을 고려하지 않는 것은 아니다.

심리학자 제시카 트레이시Jessica Tracy의 연구는 지위와 권력, 그리고 리더십의 잠재력을 평가하려 하는 인간의 뚜렷한 성향을 잘 보여준다.[15] 트레이시는 실험실 안이나 전 세계의 다양한 문화들 속에서 인간의 마음이 능력과 관련된 신호들을 재빨리 암호화한다는 사실을 보여주었다. 우리의 마음은 지위를 나타내는 기존의 표식들과 관련하여 동시다발적으로 일어나는 일련의 신호, 예를 들어 어깨를 펴거나 숙인 자세, 고개의 각도, 팔의 위치 등을 활용하여 상대방의 사회적 지위나 전문적 능력을 순식간에 평가한다. 다시 살펴보겠지만, 이 신호들은 그것을 전달하는 사람에 대한 신뢰에 직접적인 영향을 미친다.

이러한 발견은 두 가지 중요한 이야기를 들려준다. 첫째는 신뢰를 연구하는 과정에서 우리는 의도와 능력이란 두 요소를 함께 고려해야 한다는 점이다. 둘째는 훨씬 더 중요한데, 우리의 마음이 의식적인 작용 없이 혹은 의식의 외부에서 신뢰성을 평가하는 경우가 많음을 깨달아야 한다는 점이다. 사실 이는 놀라운 발견이 아니다. 우리가 만나는 사람마다 신뢰성을 평가하기 위해 치밀하게 계산해야 한다면 다른 일을 할 시간이 별로 없을 것이다. '지하철 정류장에서 내게 길을 알려준 사람의 말을 믿어야 할까?' '충치가 생겼는데 치료할 수 있다는 치과의사의 설명을 믿어야 할까?' '여자 친구가 출장 간다는 말을 그대로 믿어야 할까?' '이 책의 이야기들을 모두 믿어야 할까?' 사회적 삶을 살아가는 과정에서 우리는 장기적이고 복잡한 협력 관계를 수없이 맺어야 한다. 사회적 계산에 통합적으로 관여하는 두뇌 영역인 전두피질이 지금처럼 커진 이유 중 하나는 사회적 상호 관계를 성공적으로 헤쳐 나갈 필요성이 그만큼 커졌기 때문이다.[16] 복잡성이 증가하면서 이를 처리하는 역량의 폭을 확대해야 할 필요성도 함께 높아졌다. 사회적 상호작용과 관련된 계산 능력은 우리 삶의 핵심적인 요소다.

안타깝지만 일반적으로 시스템이 복잡해질수록 문제점이 발생하게 된다. 즉, '버그'들이 나타난다. 신뢰성에 대한 우리 마음의 판단을 뒷받침하는 시스템도 비슷하다. 시스템이 복잡해질수록 다양한 결함들이 모습을 드러낸다. 그중 어떤 것은 상대적으로 무해하지만, 어떤 것은 쉽게 피해를 입힐 수 있다. 이러한 점에서 이 책의 목표는 일종의 사용자 설명서를 여러분에게 제시하는 것이다. 즉, 신뢰가 실질적으로 작동하는 방식은 물론 자신과 다른 사람의 신뢰성을 정확히 측정하는 방법을 설명하는 것이다.

● **이솝의 이야기는 옳았다.** 그 이야기는 선과 악의 대결이 아니라 개미와 베짱이의 대결이다. 대부분의 사람들이 원하는 것은 다른 이들에게 피해를 입히는 것이 아니다. 적어도 생물학적·진화적 차원에서 결과를 최적화한다는 말은 단기적인 편의와 장기적인 인내 중 무엇을 통해 더 많은 이익을 얻을 수 있을지 저울질한다는 의미다. 충동을 억제하고 오랫동안 이익을 쌓아 나가면 우리는 훨씬 많은 보상을 얻을 수 있다. 그러나 또 이야기하지만, 돈을 들고 도망가는 전략이 때로는 더 많은 보상을 가져다주기도 한다. 특히 발각될 위험이 없는 경우에는 더욱 그렇다. 이러한 생각들 모두 신뢰 문제의 기반을 이루는 계산들이다. 우리의 마음은 스스로 의식하지 못하는 상태에서 끊임없이 이러한 계산을 한다. 보다 현명하게 판단하려면 훗날의 보상이 정말로 덜 매력적인지 신중하게 생각해야 한다. 참고 기다려야 할 가치가 없는 것일까? 그렇다면 돈이나 사람에 대한 투자에서 얻을 수 있는 잠재적 이익을 계산해 보자. 육감으로만 가치를 평가할 것이 아니라, 여러분의 이성과 직관이 합의할 수 있는 해결책이 있는지 확인해 보자.

● **사람들은 스스로 인식하지 못하는 상태에서도 각자 가격을 매기고 있다.** 우리는 다른 사람들의 평판을 기준으로 상대방이 어떻게 행동할지 예측하고 싶어 하지만, 수십 년간의 연구 성과들은 그것이 불가능하다는 사실을 보여주고 있다. 일관적인 신뢰성은 안정된 상태, 즉 비용과 이익이 크게 변하지 않는 상황에서만 가능하다. 주요한 보상의 성격이 바뀌어 버리면 모든 내기는 무효가 된다. 더 나쁜 소식은, 일반적으로 사람들은 그런 일이 벌어질 것이라고 예상하지 못한다는 것이다. 감정 상태나 스트레스, 그리고 강력한 제안 같은 미묘한 요인들은 무의식적인 계산 과정을 완전히 바꾸고 신뢰의 저울을 한쪽으로 기울게 만든다. 여러분은 이 책을 읽는 동안 자신의 신뢰 계산 과정에 영향을 미치는 미묘한 요소들을 발견할 것이다. 그리고 이러한 깨달음을 바탕으로 외적인 요소들을 미리 예상하고 준비할 수 있을 것이다.

● **통계만 바라보지는 말자.** 수학적 모형은 분명 다른 사람을 항상 신뢰하면 평균적으로 더 나은 결과를 얻는다고 주장하지만, 평균적인 성공 가능성에 대한 기대가 항상 긍정적인 결과로 이어지지는 않는다. 우리의 마음은 언제나 가지고 있는 자원을 극대화하고자 하며, 이를 위해 항상 다음 두 가지를 확인한다. 잠재적 파트너를 신뢰할 것인가? 그리고 상대방을 다시 만나게 될 것인가? 이 두 질문에 대한 대답이 그 순간에 우리가 해야 할 행동을 결정한다. 이 점을 명심한다면, 상황적 맥락이 왜 중요한지, 그리고 왜 보편적인 법칙을 따라서는 성공할 수 없는지 이해하게 된다.

● **능력에 주목하라.** 선한 사람이라고 해서 해답을 갖고 있는 것은 아니다. 신뢰에는 두 가지 얼굴이 있다. 바로 의도와 능력이다. 여러분이 지금까지 만나 본 최고의 파트너나 교사가 세상에서 가장 마음이 따뜻한 사람은 아닐 것이다. 하지만 그들은 자신이 해야 할 일을 잘 알았다. 상대가 정직하게 행동하기를 바란다는 점에서 의도는 중요하지만, 전문적인 능력이 떨어질 때는 의도가 별 도움이 되지 않는다. 친구가 아무리 좋은 의도로 조언하더라도, 그에게 관련 기술이나 지식이 없다면 그 조언은 효과가 없을 것이다. 나중에 살펴보겠지만, 우리의 마음은 상대방의 의도뿐만 아니라 능력을 평가하는 기술도 갖추고 있다. 그러므로 상대가 선량한 영혼의 소유자라는 이유로 신뢰해야 한다는 유혹에 넘어가지 말자.

● **우리는 특별한 존재가 아니다.** 자신을 항상 믿을 수 있다고 확신한다면 생각을 달리 하자. 다른 사람의 신뢰성을 평가하는 기준과 메커니즘으로 여러분 자신의 신뢰성을 똑같이 평가해 보자. 지금 이 순간 우리는 절대 과소비나 과식, 도박을 하지 않을 거라고 확신하지만, 미래에도 정말로 그렇게 할지 생각하면 전망이 밝지는 않다. 미래의 자아가 현재의 자아와 똑같은 시선으로 세상을 바라볼 것이라고 장담할 근거는 어디에도 없다. 사실 우리의 머릿속에는 자신은 절대 변하지 않을 것이라고 외치는 심리적 편향이 있다. 이 문제를 어떻게 극복하느냐가 앞으로 우리가 다루어야 할 숙제다.

2

인간은 타인을 믿게끔 설계되었나

생물학이 말해 주는 것들

인간은 남을 신뢰하고

스스로 신뢰할 수 있게

행동하도록 태어난 존재인가?

그렇다.

인간은 불신하고 배신하도록 태어난 존재인가?

그렇다.

이 대답들은 모순적인 것 같지만

사실 그렇지 않다.

오히려 핵심을 놓치고 있는 것은

대답이 아니라 질문이다.

어느 아름다운 여름날 저녁, 나는 콜로라도 주 텔류라이드 외곽의 고지대 초원에서 땅거미가 지며 사시나무들이 황금빛 햇살에 물드는 광경을 보고 있었다. 나는 스탠퍼드 대학의 후원으로 열린 컨퍼런스에 참석하기 위해 콜로라도 주를 방문했다. 컨퍼런스 주제는 동정심의 과학이었다. 그날 저녁에는 발제자들 모두가 그곳에서 가장 멋진 레스토랑에 모여 만찬을 즐겼다. 음식은 좋았고, 경치는 더 좋았고, 사람들은 가장 좋았다. 그 모임에는 인간 행동의 도덕적 측면을 연구하는 세계적으로 유명한 수십 명의 과학자들이 참석했다.

컨퍼런스의 특성 때문이었는지, 아니면 해발 2.7킬로미터의 고지대여서 공기가 희박했기 때문이었는지는 모르겠지만 나는 그곳에서 공동체와 개방성 그리고 편안함을 분명히 느낄 수 있었다. 대단히 치밀하고 경쟁적인 학자들이 다양한 아이디어와 아직 발표하지 않은 연구 결과들을 나누었고, 모임과 어울리지 않게 가족에 관한 이야기들까지 주고받았다. 물론 새로운 아이디어와 연구 결과를 공개하는 일은 위험한 행동일 수도 있다. 뜻하지 않게 정보가 유출될 수 있는데, 과학자들은 그 상황을 가장 끔찍하게 여긴다. 그러나 거기에 모인 사람들 대부분을 한 번도 만난 적이 없었는데도, 나는 믿음직하고 오래된 친구들과 함께 있는 듯했다. 아마도 그곳에서 가장 흥미로웠던 사실은, 모든 사람이 편안하게 마음먹고 주위 사람들을 신뢰하자고 의식적으로 결정하지는 않았다는 점일 것이다. 그들은 그저 편안해하며 안심했는데, 그러한 느낌과 더불어 신뢰감이 자연스럽게 형성되었다.

그날 저녁 함께했던 사람들 중에는 스티븐 포지스Stephen Porges와 슈 카터Sue Carter도 있었다. 생물학이 어떻게 사회적 행동을 형성하는지를 이해하는 데 이 커플보다 크게 기여한 사람들은 없을 것이다. 스티븐은 유대감, 정서적 지지, 의사소통 등의 행동 양식과 인체생리학의 관계를 연구하는 최고의 전문가다. 슈는 여러 다양한 연구 성과 외에 옥시토신 호르몬이 포유류의 연대감과 신뢰에서 발휘하는 기능을 처음 규명한 인물이다.

그날 저녁 이야기를 나눈 우리는 신뢰에 대한 나의 관점에서 두 가지 핵심 주제에 주목했다. 첫째, 신뢰는 대부분의 사회적 상호작용처럼 의식적인 마음의 합리적 계산과 더불어 감정에 의해, 구체적으로 생리적 상태의 변화로부터 많은 영향을 받는다. 둘째, 인간은 배신보다 신뢰를 더 많이 하도록 타고난 존재는 아니라는 사실이다. 배신과 신뢰 모두 인간 본연의 특성이다. 적어도 생물학적 차원에서 인간의 목표는 특정 상황에서 어떤 선택이 최고의 이익을 가져다줄 것인가를 결정하는 것이다.

이러한 사실이 의미하는 바는 우리의 지각, 예컨대 속이 메스껍거나, 심장이 빨리 뛰거나, 다른 사람의 손길에 마음이 편안해지는 것 등이 누군가를 신뢰하거나 스스로 신뢰성 있게 행동하기로 결정할 때 각각의 역할을 한다는 것이다. 1장에서 살펴본 것처럼, 고마움을 느끼는 단순한 감정 변화가 상대방을 도울지 아니면 이용할지를 결정하는 과정에 큰 영향을 미친다. 하지만 중요한 사실은, 그러한 감정적 반응이 항상 주변 상황에 대한 의식적인 분석에서 비롯되는 것은 아니라는 점이다. 오히려 그러한 감정적 반응은 종종 우리 자신의 의도와 무관하게 자동적으로 일어난다. 우리는 누군가를 신뢰해야 할지 의식적으로 결정하고 이후 편안함이나 불안감을 느끼는 것이 아니다. 과정은 그 반대다. 우리는 먼저 느끼고, 나중에 신뢰를 결정한다. 이 장에서 살펴보겠지만, 인간의 몸과 마음속에는 이성적으로 상황을 분석하는 시스템이 등장하기 훨씬 전에 신뢰와 관계에 대해 조언하는 시스템이 존재했다. 이제 우리는 신뢰의 딜레마를 신중하게, 때로는 집요하게 고려하는 이성적 능력을 갖추었지만, 여전히 이처럼 더 오래된 시스템의 영향을 받고 있다.

스티븐과 슈와의 논의에서 확인한 사실 중 마지막 사항은 신뢰의 생물학을 이해하는 간단한 방법은 없다는 것이다. 우리가 예전에 들었거나 읽은 내용들과는 반대로 '도덕 분자moral molecule' 같은 물질은 없다. 지금까지는 이러한 두뇌 속 물질들이 우리를 관대한 성인으로 만들어 준다고 알려져 있었다. 그러나 인간의 생물학은 우리의 사회적 삶을 반영하며, 상호 경쟁하는 긴장들 사이에서 복잡한 균형을 유지하고 있다. 일부 과학자나 블로거, 작가 들은 옥시토신 같은 호르몬이 신뢰를 촉발하는 기본 물질이라고 열광하지만, 최근에 나온 증거들은 이른바

2. 인간은 타인을 믿게끔 설계되었나

도덕 분자라는 물질에도 어두운 측면이 있다는 이야기를 들려주고 있다. 신뢰와 마찬가지로 그 모든 이야기는 결국 맥락으로 귀결된다.

파충류에서 포유류로, 그리고 다시 파충류로

◆

우리가 다른 사람을 신뢰하고 스스로도 신뢰성 있게 행동하려는 의지에 인간의 생물학이 어떤 영향을 미치는지 이해하려면 다소 장황하더라도 진화의 역사를 살펴볼 필요가 있다. 가장 쉬운 방법은 우리의 기원에 대해 생각해 보는 것이다. 여러분도 알고 있겠지만 진화의 가장 기본적인 원리 중 하나는 돌연변이, 즉 유전자 코드에서 무작위로 발생하는 변형이 끊임없이 일어난다는 점이다. 돌연변이가 일으키는 변화들 대부분은 특별히 유용해 보이지 않는다. 사실 순전히 문제로 끝날 때가 많다. 수가 많아지거나 모양이 이상해진 손가락, 변형된 눈의 형태와 시야, 특정 조직에 추가로 연결되거나 사라진 동맥과 정맥 등등 돌연변이는 신체 모든 부분의 변형을 초래한다. 그러나 이러한 '변화'가 유용한 결과로 이어질 때가 있다. 즉, 생존과 번식의 능력을 강화하는 쪽으로 작용한다. 이러한 변화는 장기적 차원에서 의미 있으며, 각각의 세대에서 더 많은 자손들을 번식시키는 방향으로 이어진다. 간단히 말하면 이러한 변화는 진화적 발전을 추진하는 돌연변이다.

여기서 진화적 변화가 신체적으로는 물론 심리적으로도 일어난다는 데 주목할 필요가 있다. 폐활량과 손의 구조 같은 신체적 특성의 변화와 마찬가지로, 주변의 위협과 보상에 대해 생각하고, 계산하고, 자동적으로나 직관적으로 반응하는 능력도 생존과 번식의 차원에서 대단히 중요하다. 네 손가락과 마주보는 엄지손가락은 분명 중요한 변형이지만, 문제에 대한 새 해결책을 상상하고 과거의 실수를 기억하는 정신적 능력도 마찬가지로 중요하다. 그렇기 때문에 신뢰가 작동하는 방식을 알아내려면 몸과 마음에서 일어나는 변화를 함께 고려해야 한다. 앞으로 살펴보겠지만, 이 두 가지 변화는 서로를 쫓고 쫓는다.

과학자들은 무엇이 인체생리학을 특별하게 만드는지를 논의할 때 종종 인간을 이 행성의 평범하고 단순한 거주자들인 파충류와 거칠게 비교하곤 한다. 여러 측면에서 이 접근 방식은 일리가 있다. 인류를 비롯한 모든 포유동물은 단궁류synapsid라는 공동의 파충류 조상으로부터 진화했다. 그 결과 우리는 비늘로 덮인 선조들로부터 물려받은 몸과 두뇌의 태곳적 흔적들을 여전히 간직하고 있다. 내가 여기서 말하는 '파충류 뇌reptile brain'는 우리 마음속의 오래된 신경 회로를 가리킨다. 이러한 용어가 다소 지나친 단순화라는 사실은 인정하지만 이는 꽤 유용한 비유다. 앞으로도 그러한 의미로 이 용어를 쓰겠다.

파충류와 포유류의 차이를 생각하면 무척 다양하고 뚜렷한 특징들이 떠오른다. 파충류는 피가 차갑고, 포유류는 따뜻하다. 파충류는 비늘로 덮여 있고, 포유류는 모발이나 털로 덮여 있다. 하지만 신뢰의 관점에서 중요한 것은 신진대사의 구조에서 드러나는 차이가 아니다. 핵심적인 차이는 사회적 상호작용에서 나타난다. 일반적으로 파충류는 사회적 집단을 이루지 않는다. 파충류 어미들은 대부분 새끼 양육을 위해 희생하지 않는다. 새끼와 사회적 관계를 맺지도 않는다. 이들은 알을 낳은 후 떠나고, 새끼들이 스스로 살아가도록 내버려둔다. 파충류는 협력하거나 우정을 맺지도 않는다. 두 마리의 뱀이 서로의 몸을 다듬어 주거나 서로에게서 편안함을 느끼는 장면을 본 적이 있는가?

부모의 보살핌, 사회적 유대 관계, 친족이 아닌 개체들과의 협력 등은 포유류의 특징이며, 특히 영장류의 진화에서 두드러지게 나타난다. 인류의 생존은 아기가 엄마를 믿고, 연인이 서로를 믿고, 구성원들이 동료를 믿는 능력에 달려 있다. 1장에서 살펴봤듯이 인류가 번영하려면 타인에 대한 기본적인 신뢰가 필요하다. 이 필요성은 인류의 진화적 발전에 강한 압력을 행사한다. 간단히 말해서, 사회적 상호작용에 도움이 되는 돌연변이는 계속 이어진다.

진화가 어떻게 신뢰와 관련된 생리학을 형성해 왔는지 이해하려면 장기간에 걸친 돌연변이의 결과들을 비교하는 작업이 필요하다. 이에 관해 영향력 있는 이론으로 포지스의 '다미주신경 이론polyvagal theory, PVT'을 꼽을 수 있다. 이름에서 추측할 수 있듯이 다미주신경 이론은 인간의 몸에서 가장 중요한 뇌신경 중 하나인 미주신경vagus nerve의 형태와 기능에 주목한다. Vagus는 '돌아다니다'라는 의미의 라틴어 어근에서 나왔는데, 실제로 이 신경은 그러한 역할을 한다. 미주신경은 뇌간에서 시작되어 우리 몸의 내장 기관 곳곳으로 뻗어 있다. 미주신경은 심장과 폐, 위, 관련 기관들의 기능을 관찰하고 부분적으로 통제한다. 또한 이 장기들의 상태를 두뇌에 보고하고, 두뇌의 명령을 다시 장기로 전달한다. 즉, 미주신경은 우리의 몸과 마음을 연결하는 통로 같은 존재로, 서로 정보를 전달하고 영향을 미치도록 해준다. 이것이 다미주신경 이론에서 미주^{vagal}가 뜻하는 부분이다. 하지만 더 흥미로운 부분은 '다^{poly}'라는 표현에 있다.

접두사 'poly'는 '많다'는 뜻이다. 이 용어는 지금까지 이해되어 온 것보다 미주신경이 더 복잡하다는 사실을 내포한다. 포지스의 주장에 따르면, 포유류의 미주신경은 실질적으로 두 가지로 이루어져 있다. 미엘린^{myelin}이란 전기적 절연체로 덮여 있지 않은 원시적인 무수초^{unmyelinated} 신경, 그리고 진화적 관점에서 새롭게 등장한 미엘린으로 덮인 신경이다. 미주신경의 두 부분이 우리의 몸을 투쟁–도피^{fight-or-flight} 반응 상태로 만드는 교감신경계의 나머지 부분과 합쳐지면서, 척추동물의 신경계에서 뚜렷이 나타나는 세 가지 발전 단계로 이어진다. 그 시스템들의 기능을 살펴보면 사회성과 신뢰를 뒷받침하는 생물학적 기반을 들여다볼 수 있다.

원시적 혹은 무수초 미주신경으로 대표되는 첫 번째 시스템은 부동화 반응^{immobilization response}과 밀접하다. 이 시스템이 활성화하면 그 개체는 죽은 것처럼 꼼짝하지 않게 된다. 왜 그런 반응을 보일까? 포식자에게 잡아먹히려는 순간처럼 극단적으로 위험한 상황에 동물들이 선택할 수 있는 가장 간단하고 효과적인 전략들 중 하나는 죽은 척 연기하는 것이다. 썩은 고기를 먹는 종들을 제외한 대부분의 포식자들은 죽어 있는 먹이를 원치 않는다. 그러므로 기절하거나 죽은 척하는 연기는 포식자의 눈에 띄지 않거나, 발견되더라도 잡아먹히지 않는 효과

2. 인간은 타인을 믿게끔 설계되었나

적인 방법이다. 이러한 이유로 무수초 미주신경 회로는 위협에 대해 가장 오래되고도 단순한 반응을 만들어 낸다. 파충류와 포유류에서 공통적으로 발견되는 행동 양식이다.

두 번째 시스템도 첫 번째 시스템처럼 외부의 위협에 대응하지만 방식은 다르다. 포지스가 말하는 교감부신 시스템sympathetic adrenal system, SAS 은 위협에 대한 두 번째 단계의 반응에 해당한다. 이 시스템은 투쟁-도피 반응과 관련된 요소들을 지휘하며, 신체 장기들에 행동 준비를 명령한다. 가령 심장 박동과 호흡을 빠르게 하고, 팔, 다리, 근육으로 들어가는 혈류량을 증가시키고, 아드레날린과 스트레스 호르몬을 분비한다. 불안과 걱정 혹은 극심한 공포에 직면했을 때 우리는 이러한 신체적 반응을 느낄 수 있다. 감당하기 힘든 문제를 만났을 때 속이 메스껍고, 거짓말이 들통 나거나 모두가 자신의 부탁을 거절할 때 심장 박동수가 빨라지거나 손바닥에 땀이 나고, 혹은 자신에게 큰 피해를 미치고 결코 벗어날 수 없을 것 같은 상대를 때려눕히고 싶은 압도적인 충동을 느끼는 경우가 그렇다. 교감부신 시스템은 무수초 미주신경과 마찬가지로 대부분의 척추동물들에서 잘 드러난다. 하지만 포식자에게 잡아먹히는 것처럼 전적으로 외적인 위협과 달리 사회적 위협에 대한 민감한 반응은 인간 같은 사회적 종들에서만 나타난다.

세 번째 시스템인 유수초 미주신경 시스템은 포유류, 특히 사회적 차원에서 진화한 영장류와 인간에게서 나타난다. 유수초 미주신경 섬유는 다양한 기능을 한다. 이 논의와 관련하여 의미 있는 두 가지 기능은 심장과 스트레스 반응에 관한 것이다. 심장과 관련하여, 높아진 미주신경 톤increased vagal tone(증가한 미주신경 세포의 전기적 활성도)은 우리를 차분하게 만드는 기능을 한다. 즉, 심장 박동에서 브레이크 기능을 하여 심장 박동 수와 호흡을 느리게 만든다. 스트레스와 관련하여, 높아진 미주신경 톤은 시상하부 뇌하수체 축hypothalamic-pituitary axis의 활동성을 낮춘다. 스트레스 호르몬의 분비를 억제한다는 뜻이다.

유수초 미주신경의 가장 흥미로운 부분은 사회적 관계와 관련된 부분들, 즉 감정 표현에서 핵심적인 기능을 하는 안면 근육, 인간의 목소리에 해당하는 주파수를 가장 잘 듣도록 내이inner ear를 변화시키는 근육, 그리고 말에 억양을 싣는 발성 기관의 기능에 영향을 미치는 목 근육을 통제하는 신경들과 두뇌 속에서 연결되어 있다는 사실이다.[1] 이러한 사실들이 종합적으로 의미하는 바는 유수초 미주신경이 사회적 참여를 조율하는 역할을 한다는 뜻이다. 유수초 미주신경은 다른 사람들과 편안하게 상호작용할 수 있도록 우리의 몸을 차분한 상태로 만든다. 이러한 신체적 상태의 특징은 공유, 경청, 편안함, 신뢰를 강화하는 안전함과 고요함이다.

새로운 미주신경이 왜 이런 방식으로 포유류에서 작용할까? 간단히 설명하면, 생물학적 메커니즘이 이러한 역할을 담당해야 하기 때문이다. 많은 비사회적 동물과 달리 포유류, 특히 인간은 싸우거나 달아나거나 죽은 척하는 전략만으로는 성공하기 힘든 다양한 상황에 직면한다. 우리는 살아남기 위해 때로 함께 일하고 협력하고 신뢰해야 한다. 원하는 것을 얻기 위해 우리의 부모, 배우자, 친구들에게 의존해야 하는데, 그들로부터 도망치거나 공격하거나 혹은 기절하는 방법으로는 그렇게 할 수 없다. 미주신경 톤이 높아지면 우리의 신체는 의사소통, 공유, 사회적 지지 구축을 위한 건설적인 상태를 유지하게 된다. 이러한 상태에서만 우리는 다른 사람을 신뢰할 수 있다.

다미주신경 이론은 생소한 개념이지만, 미주신경 톤과 뛰어난 사회적 성과의 관계를 뒷받침하는 발견들이 계속해서 이어지고 있다. 예를 들어 아이들을 대상으로 한 연구 결과에 따르면 지속적으로 증가한 미주신경 톤이 부정적 감정 감소, 행동 문제 감소, 그리고 사회적 기술 개선과 상관관계가 있었다.[2] 성인들을 대상으로 한 연구 역시 결과가 같았다. 높아진 미주신경 톤은 사회적 관계 강화, 보다 높아진 행복, 그리고 타인의 고통에 대한 더 큰 동정심을 가리킨다.[3] 물론 모두 신뢰성을 강화하는 자질들이다. 차분함을 유지하거나 다른 사람과 연대감을 느낄 때 우리는 다른 사람을 신뢰함으로써 얻을 수 있는 장기적인 이익, 다시 말해 당장은 희생이 필요하지만 사회적 자본을 높이는 시도를 보다 가치 있게 여기게 된다.

사실 높아진 미주신경 톤은 우리의 도덕적 행동뿐만 아니라 인식의 정확성에도 영향을 미치는 것으로 드러나고 있다. 미주신경의 브레이크 기능을 통해 우리는 타인의 감정을 보다 정확히 파악할 수 있다.[4] 그렇다면 이 모두는 무엇을 위한 것인가? 다시 한 번 이야기하지만, 미주신경은 위협에 대한 신체적 반응을 차분하게 가라앉히고, 우리의 마음이 눈앞의 사회적 과제에 주목하도록 만든다. 사회적 과제들을 해결하려면 상대방의 감정을 파악하는 능력과 그에 따라 행동하려는 의지가 모두 필요하다.

그러나 유수초 미주신경이 모든 문제에 대한 해답인 것은 아니다. 신뢰와 공정함, 그리고 관계는 성공을 위한 핵심 요인이지만, 그것이 전부는 아니다. 그렇기 때문에 서로 다른 두 시스템이 여전히 우리 몸 안에 자리 잡고 있는 것이다. 신뢰와 협력은 때로 기대를 저버린다. 신뢰와 협력을 하려면 성공을 위해 상대방을 신뢰하고자 하는 올바른 동기를 지닌 쌍방이 필요하다. 그러나 그중 한쪽이 이러한 동기를 잃어버리면 관계는 허물어진다. 결론적으로 이 세 가지 시스템은 수직 체계를 이룬다. 우리의 마음은 최상위 시스템인 유수초 미주신경에서 출발한다. 그런데 문제가 해결되지 않으면 한 걸음 물러선다. 예를 들어 잠재적 파트너가 우리를 속이거나 공격하면서 신뢰 관계가 갑자기 허물어지면 미주신경의 브레이크 기능은 사라지고 우리는 다시 투쟁-도피 반응으로 돌아간다. 상대방을 신뢰하지 못할 때 우리에게는 두 가지 선택권이 있다. 그로부터 벗어나거나 혹은 그를 응징하는 것이다. 문제에 봉착하면 우리는 상대방의 도움을 더 바라게 된다. 하지만 도움을 기대하기 힘들어 보일 때, 특히 잠재적 파트너가 문제의 원인일 때 우리는 혼자서 해결하고자 한다.

　　하지만 위협의 수준이 압도적이어서 우리가 감당할 수 있는 정도를 넘어선다면 어떨까? 이 경우 우리의 신체는 가장 원시적인 반응 메커니즘인 유수초 미주신경으로 돌아간다. 신뢰와 관련하여 상대방이 불신이나 배신을 하면 우리는 관계를 끊거나 분노를 드러낸다. 그러나 극단적인 수준의 배신은 이와는 완전히 다른 경험을 만들어 낸다. 가령 치명적인 배신을 당할 때 우리는 세상이 무너져 내리는 느낌을 받는다. 이러한 충격적인 경험은 우리를 망연자실한 마비 상태로 만든다. 어떤 사람들은 이때 눈앞이 캄캄해지면서 의식을 잃기도 한다.

물론 각 단계를 구분하는 경계는 사람들마다 다르다. 대중 연설을 예로 들어보자. 어떤 사람들은 이를 관계 형성에 좋은 기회로 생각하며, 이 경우에는 미주신경 톤이 높아진다. 그러나 다른 사람들은 이 상황을 가능하면 피하고 싶어 하며, 땀을 흘리고 심장이 빨라지는 것을 느낀다. 또 다른 사람들은 대중의 집중적인 시선을 받는 상황을 너무나 두려워한 나머지 완전히 얼어 버리거나 넋이 나가기까지 한다. 이러한 현상은 신뢰에서도 마찬가지로 나타난다. 상대의 충실함과 속임수의 수준을 어떻게 평가하느냐에 따라 우리는 번영하는 사회적 영장류 시스템에서 위협을 느낀 거북이의 시스템에 이르는 생리학적 수직 체계를 오르내린다.

이 논의를 통해 여러분은 어쩌면 미주신경 톤을 신뢰를 위한 생물학적 만병통치약으로 받아들이게 되었을지도 모른다. 즉, 미주신경 톤이 높으면 높을수록 좋다고 생각할 수 있다. 이러한 생각은 나의 근본적인 원칙에 위배된다. 중요한 것은 균형이다. 아무리 좋은 것이라 해도 지나칠 수 있는데, 이는 미주신경 톤도 마찬가지다. 내가 소개하는 연구 사례들 중 대부분의 경우 '높아진 미주신경 톤'이란 활성화 정도가 지극히 낮은 수준으로부터 증가한 상태를 의미한다. 이 말을 지속적인 미주신경 톤 증가가 항상 더 좋은 결과로 이어질 것이라는 의미로 받아들여서는 곤란하다. 실제로 지나치게 높은 미주신경 톤이 항상 좋은 것만은 아니라는 사실이 드러나고 있다. 여러분도 짐작할 수 있듯이, 지나치게 사교적이거나 긍정적인 성격은 병리적인 수준으로까지 발전할 수 있다.

심리학자 준 그러버June Gruber의 연구 결과에 따르면 지나치게 높은 미주신경 활성도와 극단적으로 강한 자신감, 사회적 관계의 욕망은 상관관계가 뚜렷하다. 여기서 문제는 사회적 관계를 추구하는 끊임없는 욕망과 극단적인 자신감이 만나면 다른 사람들에게 쉽게 이용당할 뿐만 아니라 스스로 믿음직하고 신뢰감 있는 모습을 보여줄 수 없다는 것이다. 간단히 말하면, 모든 사람과 관계 맺고 그들을 만족시키기에는 우리의 몸이 모자라다는 말이다. 서로 다른 사람들에게 모순된 약속을 하면 그 약속들 모두를 지킬 수가 없다. 또한 언제 어디서나 평온과 안정감을 느낀다면, 어떤 사람에 대한 책임보다 다른 사람에 대한 약속이 더 중요하다는 사실을 상기시켜 주는 죄책감이나 걱정의 고통을 느끼지 못할 것이다. 그럼에도 모두가 자신을 좋아할 거라고 기대하고 있을 것이다.

흥미롭게도, 지나치게 높고 무차별적인 미주신경 톤은 조증mania과 관련이 깊은 듯하다. 조증을 앓는 사람들은 여러 다양한 이유 때문에 사람들의 신뢰를 얻지 못한다.[5] 우리는 이러한 증상을 직관적으로 파악할 수 있으므로, 미주신경 톤이 극단적으로 높은 사람들은 정상적인 사람들에 비해 사회적 파트너로서 신뢰감이 낮다고 즉각 판단하게 된다.[6] 비록 우리가 그 근거를 의식적으로는 인식하지 못하더라도 그 판단은 본질적으로 대단히 효과적이라는 사실이 드러나고 있다.

이 마지막 사실은 중요한 문제를 제기한다. 일반적으로 우리는 생리학적 반응을 통제하지 못한다. 반대로 생리학적 반응이 우리를 통제한다. 인간이 신뢰성을 철저하게 의식적으로 통제하지는 못한다는 설명이 다소 불편하게 들릴 수 있겠지만, 진화적 관점에서 보면 그 사실을 쉽게 이해할 수 있다. 분석하고, 계획을 세우고, 머릿속으로 시뮬레이션을 하려면 많은 노력이 필요하다. 신뢰의 역할과 중요성을 감안할 때, 우리의 마음이 보다 효과적이고 자율적으로 신뢰에 관해 계산하는 방법들을 개발했을 것이라는 생각은 대단히 타당한 추측이다. 우리의 영장류 사촌들 역시 인간처럼 계획하고 분석하는 복잡한 인식 능력을 갖추지는 못했지만 그래도 생존을 위해 서로에게 의존하고 있다. 이러한 사실만으로도 전략적인 계획과 분석만이 신뢰성을 판단하고 그에 따라 행동하기 위한 유일한 방법은 아닐 것이라고 추측할 수 있다. 뭔가 다른 방법이 반드시 있어야 한다.

나는 이 책의 많은 지면에서 그 방법을 살펴봤다. 여기서 논의하고 있는 직관적 메커니즘의 개념을 설명하기 위해 많은 용어를 사용했는데, 대표적으로 포지스가 제안한 뉴로셉션neuroception을 꼽을 수 있다. 뉴로셉션의 기본적인 아이디어는 우리의 마음이 주변 환경 속에서 안전이나 위협에 관한 신호들을 끊임없이 검색하며, 그 과정에서 얻은 정보에 따라 생리적 기능을 변화시킨다는 것이다. 이러한 생리적 변화는 결과적으로 우리의 행동에 영향을 미친다. 이에 관한 몇몇 사례들은 1장에서 논의한 고마움과 스트레스에 관한 연구에서 살펴보았다. 미묘한 감정 변화는 상대방이 얼마나 공정하고, 협조적이고, 신뢰성 있는 인물인지에 대한 우리의 판단에 직접적인 영향을 미친다.

여러분의 삶에서도 비슷한 사례들을 발견할 수 있을 것이다. 예컨대 스스로 깜짝 놀랄 정도로 자발적으로 반응한 경험이 있을 것이다. 앞서 내가 소개한 텔류라이드 저녁 만찬 자리의 편안한 분위기는 당시 참석했던 신중한 과학자들이 전반적으로 느낀 신뢰와 공동체 인식을 뚜렷이 보여주었다. 그래서 과학자들은 다른 이들이 자신의 이야기를 이용하지 않을 것이라고 믿고, 자신의 연구에 관한 정보들을 자유롭게 공유했다.

여기서 내가 소개한 모든 일화나 실험 그리고 사례들은 근본적인 결함을 내포하고 있다. 모두 인간과 관련되어 있기 때문이다. 신뢰와 협력이 생물학에 얼마나 깊이 뿌리 내리고 있는지 확인하려면 우리는 진화의 사다리를 몇 단계 더 내려가야 할 것이다.

원숭이들의 경제학

◆

모든 개체가 신뢰를 하고자 할 때 갖춰야 할 첫 번째 요소는 자신이 언제 속았는지 알 수 있는 능력이다. 간단히 말해서, 누가 언제 자신을 이용하거나 배신하는지 인식하지 못하면 계속 그런 일을 당할 것이다. 그 상태로는 어느 인간이나 동물도 생존할 수 없다. 사실 인간은 자신이 이용당하고 있다는 느낌을 극단적으로 싫어해서 때로는 잘 이해되지 않는 방식으로 대응하기도 한다. 인간의 마음이 계산기처럼 작동한다고 단순하게 가정하는 학자들과 달리 인간의 행동을 실질적 차원에서 연구하는 행동경제학자들은 사람들이 많은 비용을 치르면서까지 불공정한 제안을 거절한다는 연구 결과를 계속해서 발표하고 있다. 이에 관한 전형적인 실험은 최후통첩 게임을 활용했다. 실험자는 두 사람을 한 팀으로 구성하고, 그중 한 사람에게 10달러를 준다. 그러면 돈을 받은 사람은 상대방에게 금액의 일부를 제안한다. 상대방에겐 두 가지 선택권이 있다. 제안을 받아들여 돈을 받거나, 아니면 거절해서 한 푼도 받지 않는 것이다. 더 이상 협상의 여지는 없다. 그래서 이름이 최후통첩 게임이다.

일반적인 결과는 어떻게 나타날까? 많은 사람이 상대방에게 절반의 액수를 제안하고, 두 사람 모두 만족하며 앞으로 서로를 신뢰하기로 마음먹는다. 그러나 이러한 현상은 경제학자들을 미치게 만든다. 경제학자들의 기본 가정에 따르면 인간은 합리적인 방식으로 이익을 극대화하는 존재다. 돈을 나눠 갖지 않아도 되고, 그로 인해 처벌받지 않아도 되는 상황에서 대체 왜 나누어 갖는단 말인가? 자신의 이익만 줄어들 뿐이다. 그러나 심리학자들의 입장을 수용한다면 실험 결과는 충분히 이해할 만하다. 사람들은 나누어 가짐으로써 장기적인 차원에서 관계를 형성하고자 한다. 이러한 점에서 인간의 마음은 공정성에 대한 인식을 강조하는 메커니즘을 갖추고 있다.

그러나 모든 사람이 다 공정하지는 않다. 기억하자. 나는 '모든' 사람이 아니라 '많은' 사람이 최후통첩 게임에서 똑같은 금액을 나누어 가졌다고 말했다. 이 실험에서 더욱 흥미로운 점은 불공정한 제안을 했을 때 벌어지는 상황이다. 가령 한 사람이 상대방에게 1달러를 제안하고 자신이 9달러를 갖겠다고 하면 무슨 일이 벌어질까? 대부분이 경멸을 표하며 제안을 거절했다. 그들은 이 제안이 지나치게 이기적이고 부당하다며 받아들이지 않았다. 그러나 여기서도 경제학자들은 다시 한 번 고개를 젓는다. 어쨌든 제안을 받아들이면 1달러를 받을 수 있다. 그렇다면 거절은 말도 안 되는 선택이다. 그럼에도 불구하고 분할 비율이 80 대 20을 넘어설 경우 다양한 문화에 걸쳐 거절하는 경향이 나타났다.[7] 사람들은 상대방이 자신을 속이고 있으며, 타인의 희생으로 더 많은 이익을 차지하려 든다고 생각했다.

한편 우리 인간의 경우 이러한 반응이 의식적인 차원에서 나타난다고 주장할 수 있다. 타당한 주장이다. 나는 동의하지 않지만, 얼마든지 제기할 수 있는 주장이라고 생각한다. 하지만 그 주장이 사실이 아니며 뉴로셉션이라는 개념이 논리적으로 타당하다는 사실을 확인하기 위해, 우리는 인류의 가까운 친척들로 시선을 돌릴 필요가 있다. 여기서 주목해야 할 학자는 세라 브로스넌Sarah Brosnan일 것이다. 오랫동안 다양한 영장류들을 연구한 브로스넌은 공정성과 신뢰, 협력의 진화적 기원을 밝혀 내고자 했다. 그의 연구 성과는 전에는 상상할 수 없었던 방식으로 그 기원의 비밀을 조금씩 드러내고 있다.

브로스넌의 발견들 중 가장 돋보이는 것은 다양한 종류의 원숭이들이 사촌인 인간들처럼 불평등을 회피하는 성향을 뚜렷하게 드러낸다는 사실이다. 여러분은 아마도 브로스넌이 그 사실을 어떻게 확인했는지 궁금할 것이다. 원숭이들이 일반적인 최후통첩 게임에 참여하도록 만들기는 쉽지 않았을 것이기 때문이다. 그러나 영장류 동물학자들은 참으로 기발한 사람들이다. 그들은 최후통첩 게임을 원숭이들의 경제에 맞게 변형했다. 형태는 다양하지만, 기본적인 방식은 이렇다. 원숭이 두 마리를 서로 가까운 우리에 집어넣고, 상대가 무슨 행동을 하는지 쉽게 볼 수 있도록 한다. 실험자는 두 원숭이가 간단한 과제를 수행하고 먹이를 먹도록 훈련시킨다. 예를 들어 원숭이들은 실험자에게 토큰 하나를 건네주고 약간의 먹이를 얻어먹는 방법을 배운다. 원숭이들은 아주 빠르게 배운다. 원숭이들이 과제에 익숙해지면 실험의 핵심 부분이 시작된다. 한 원숭이는 토큰을 건네고 똑같은 음식을 계속 받아먹는다. 그러나 다른 쪽 원숭이는 똑같은 행동에도 불구하고 포도나 다양한 과일 등의 멋진 먹이를 갑자기 훨씬 많이 받아먹는다. 원숭이들은 돈에는 관심이 없지만 맛있는 먹이에는 열광한다. 또한 조련사가 자신을 부당하게 대우하고 있다는 사실을 바로 인식한다. 상대 원숭이가 똑같은 노력에 대해서 자신보다 훨씬 많은 '보상'을 받고 있다는 사실을 이해한다.

이러한 실험들을 살펴보고 있노라면 종종 웃음이 나온다. 부당한 대우에 대한 원숭이들의 반응이 재미있어서가 아니라, 이 연구들은 인간이 다른 영장류들과 얼마나 공통점이 많은지를 분명히 보여주기 때문이다. 브로스넌을 포함한 많은 학자들의 연구는 침팬지나 흰목꼬리 감기원숭이가 자신이 부당한 대우를 받고 있다는 사실을 분명히 인식할 뿐만 아니라, 이에 대해 짜증을 내고 분노를 터뜨린다는 사실을 보여주었다.[8] 불평등을 의미하는 몇 차례의 상황을 경험한 원숭이들은 즉각 행동을 개시했다. 학습에 대한 참여를 거부하거나, 별로 좋아하지 않는 먹이를 실험자에게 집어 던지거나, 현재 상황에 대한 불만을 그대로 드러냈다. 예상할 수 있듯이, 연구자들은 다양한 통제 조건들을 설계하여 그러한 행동이 정말로 불평등한 상황에서 비롯된다는 사실을 확인했다. 예를 들어 원숭이들은 자신들이 가질 수 없는 선망하는 먹이를 보는 것만으로, 혹은 실험자가 실수로 먹이를 떨어뜨리는 장면을 보는 것만으로는 화를 내지 않았다. 다만 다른 원숭이가 똑같은 노력으로 더 좋은 대접을 받을 때 짜증을 냈다.

이 연구를 포함한 다양한 연구의 성과들이 들려주는 이야기는 원숭이들이 부당하게 대우받는다는 사실을 인식하는 능력이 있다는 사실이다. 침팬지의 경우는 명시적으로 분석할 수 있다고 추측된다. 침팬지의 의식은 인간 수준까지는 아니더라도 부분적인 사고 능력이 있기 때문이다. 흰목꼬리감기원숭이는 분명히 다르다. 이들의 사고 능력은 침팬지보다 훨씬 제한적이다. 그럼에도 불구하고 흰목꼬리감기원숭이들은 침팬지들처럼 부당한 대우를 싫어했다. 이 말은 공정함에 대한 인식의 기원이 의식적 사고가 아닐 수도 있다는 뜻이다.

만약 불평등을 회피하는 성향이 직관적인 계산의 반대쪽에 있는 사고 능력에서 비롯된다면, 흰목꼬리감기원숭이는 그러한 성향을 드러내지 않고, 침팬지와 비슷한 수준의 인지 능력을 갖춘 영장류들만 뚜렷한 성향을 드러낼 것이다. 하지만 흥미롭게도 인간을 제외하면 가장 똑똑하고 인지적으로 가장 유능한 영장류 중 하나인 오랑우탄은 그러한 성향을 드러내지 않는다. 이들은 불평등한 대우에 직면해도 화를 내지 않는다. 그 이유는 이들의 정신적 영민함이 아니라, 자동적인 반응 메커니즘을 형성한 진화적 압력과 관련 있을 것이다. 침팬지나 흰목꼬리감기원숭이와 달리 오랑우탄은 야생 환경에서 매우 독립적으로 살아간다. 그래서 다른 영장류처럼 협력에 관여하거나 신뢰 문제에 민감하게 반응해야 할 필요가 없다. 오랑우탄의 생리적 기능은 본질적으로 이러한 과제에 최적화되어 있지 않으며, 그래서 불평등한 상황에서도 반사적으로 분노를 표출하지 않는다.[9]

불평등과 속임수에 대한 반응이 의식적 분석에서 비롯되지 않는다면 흰목꼬리감기원숭이와 침팬지의 머릿속에서는 무슨 일이 벌어질까? 이 영장류들의 마음은 불공정한 행위를 인간처럼 자동적으로 인식한다. 인간에 대한 수십 년간의 연구는, 우리가 상황이 어떻게 돌아가는지 이성적으로 분석하기 전에 직관이 먼저 판단을 내린다는 사실을 반복적으로 확인해 주고 있다. 인간은 큰 소리를 듣거나 뱀이 기어가는 것을 보면 의식이 주변 환경을 분석하기 전에 몸이 먼저 반응한다. 방금 들린 소리가 위험을 의미한다고 이해하기 전에 몸이 긴장을 한다. 땅 위를 기어가는 검은 물체가 뱀인지 고무호스인지 확인하기 전에 심장 박동이 빨라지는 것을 느낀다. 뉴로셉션은 신속하게 작동하며, 의식적 분석이 필요하지 않다. 물론 가끔 잘못된 대응으로 이어지기도 하지만, 대부분의 경우에 효과를 발휘한다. 그렇기 때문에 진화적 차원에서 아직까지 남아 있는 것이다.

인간이나 침팬지, 흰목꼬리감기원숭이 같은 사회적 종들의 경우 불공평한 대우에 대한 반응들 중 많은 부분이 상황을 분석할 시간 여유가 없을 때도 일어난다. 불공평한 대우 혹은 깨진 신뢰에 대한 반응인 치솟는 분노는 우리의 DNA에 잠재해 있다. 이러한 반응은 곧 우리의 일부다. 하지만 앞에서 언급한 것처럼, 신뢰의 문제는 배신과 신뢰에 대한 우리의 반응뿐만 아니라, 스스로 신뢰성을 드러내고 다른 사람들의 신뢰성을 정확히 예측하는 능력까지 포함한다. 영장류에 대한 깊이 있는 관찰은 신뢰를 이루는 다양한 요소들이 몸과 마음에 얼마나 깊이 각인되어 있는지를 잘 보여준다.

지금까지 우리는 부당한 대우를 받은 원숭이의 입장에서 상황을 바라보았다. 그런데 혜택을 받은 쪽은 어떨까? 부당한 방식으로 더 많은 이익을 얻는다고 해서 장기적인 차원에서 항상 유리한 것은 아니다. 더 많은 포도나 돈 같은 보상들이 순간적으로는 대단해 보이지만, 다른 사람을 희생시켜 이익을 챙기려 하면 장기적으로 그 행위자는 신뢰성 없는 사람으로 낙인찍힌다. 여기서 경제학자들의 예측과 반대로 사람들이 최후통첩 게임에서 종종 상대방에게 공정한 제안을 하는 이유를 이해할 수 있다. 다른 사람들이 자신을 공정하고 신뢰할 만한 상대로 봐주기를 원하기 때문이다. 흥미롭게도 다양한 사회적 영장류들역시 비슷한 행동을 한다. 침팬지는 동일한 행동에 대해 상대보다 더 많은 '보상'을 받는 상황을 정확하게 인식하며, 실제로 그런 일이 일어나면 좋아하는 먹이까지도 거부하곤 한다. 마찬가지로 흰목꼬리감기원숭이들도 불운한 동료들에게 더 많은 보상을 양보한다. 이러한 행동에 대해 유일하게 납득할 만한 설명은 흰목꼬리감기원숭이들이 스스로 도덕적 진실성을 드러내고자 한다는 것이다. 그들은 이러한 행동을

2. 인간은 타인을 믿게끔 설계되었나

통해 미래의 협력에서 자신이 공정하고 신뢰할 만한 파트너가 될 수 있다는 사실을 입증하고자 노력한다.[10]

물론 이 설명은 원숭이들이 실제로 다른 원숭이들의 행동을 인식하고 판단 과정에서 그 정보를 활용할 수 있을 때만 타당하다. 최근의 연구 결과에 따르면 원숭이들에게는 그럴 능력이 있다. 앨리시아 멜리스Alicia Melis와 막스 플랑크 연구소Max Planck Institute의 동료들은 침팬지들이 잠재적 파트너들을 선별하는 탁월한 능력이 있다는 사실을 보여주었다. 연구자들이 양쪽이 함께 신뢰성 있는 태도로 협력해야 해결할 수 있는 과제를 내주자 침팬지들은 과거에 스스로의 도덕성을 증명했던 파트너들을 선택했다.[11] 예를 들어 한 실험에서 침팬지들은 과거에 그들과 먹이를 평등하게 나눈 상대를 파트너로 선택했다. 또 다른 실험에서는 문제 해결 능력이 뛰어난 파트너를 선택했다. 기억하자. 상대방을 신뢰하기로 결정했다는 말은, 그가 자신을 공정하게 대할 뿐만 아니라 약속을 지킬 능력을 갖추었다고 판단했다는 사실을 의미한다.

불평등을 회피하는 성향과 마찬가지로, 부당한 보상을 거부하거나 신뢰성 있는 파트너를 선택하는 판단 과정에서 영장류들이 반드시 의식적 사고나 합리적 분석을 하는 것은 아니다. 생리적 반응이나 감정적 충동만으로도 충분하며, 이러한 메커니즘은 진화적 발전 과정에서 지금까지 이어져 내려왔다. 아무런 사전 학습이 없는 상태에서도 귀여운 아기나 강아지를 보고 생리적 변화를 일으키고 자동적으로 따뜻한 감정을 느끼는 것처럼, 우리는 다양한 영장류 사촌들처럼 신뢰가 중요한 역할을 하는 상황에서 불평등 혹은 공정함을 드러내는 상대방에게 의식적인 인식 없이 자동적으로 반응한다.

'도덕 분자'가
존재할까?

◆

신뢰의 생물학에 관심 있다면 신경전달 물질인 옥시토신의 마법에 관해 들어봤을 것이다. 이 물질이 신뢰와 사랑, 그리고 모닥불 주위에서 〈쿰바야Kumbaya〉(20세기 초 미국에서 나타난 흑인 영가의 제목으로 '여기 오소서come by here'라는 의미이다-옮긴이)를 합창하며 느낄 수 있는 모든 감정을 자극한다고 설명했던 초기 연구들에 따라 옥시토신은 종종 도덕 분자라고도 불린다.

하지만 최근 연구들은 인간의 상호작용에서 옥시토신이 하는 기능에 관한 새로운 해석을 내놓고 있다. 나는 신뢰와 배신이 단기적 이익과 장기적 이익 사이의 미묘한 균형 속에서 결정된다고 주장해왔는데, 옥시토신도 마찬가지 방식으로 기능한다. 그렇다. 옥시토신은 조화를 창조하지만 어두운 측면도 동시에 포함하고 있다. 이러한 사실을 이해하려면 우리의 최초의 순간인 출생의 시점으로 돌아갈 필요가 있다.

많은 엄마들은 의식하든 아니든 간에 옥시토신의 효과에 대단히 익숙하다. 옥시토신은 기본적으로 출생과 밀접하다. 옥시토신 없이는 출산도 없다. 이는 피토신Pitocin이라는 분만 유도제의 도움으로 아이를 낳은 모든 엄마들에게 해당된다. 이름이 다소 낯설지 모르지만, 피토신은 옥시토신의 합성물이다. 물론 출산의 고통 그 자체가 신뢰와 관계 있는 것은 아니다. 이야기는 여기서 끝이 아니다. 옥시토신은 수유와 양육 행동을 자극하는 기능을 한다. 이 호르몬은 새 생명을 위해 젖을 만들고, 엄마들이 밤새도록 아기를 안고 보살피도록 한다. 이 과정에서 신뢰와 사회적 관계가 모습을 드러낸다. 옥시토신에는 또 다른 비밀이 숨어 있다. 이 호르몬은 엄마와 아기의 감성적 유대를 강화하는 역할을 한다. 옥시토신이 신뢰의 만병통치약이 될 수 있다는 주장은 바로 이러한 사실에서 나왔다.

엄마와 아이의 관계에는 두 가지 측면이 있다. 일반적으로 엄마들은 아기를 무척 사랑하며, 그렇기 때문에 아이를 먹이기 위한 끝없는 노력은 당연하고 가치 있는 일이라고 확신한다. 다른 측면에서, 이러한 확신은 자신의 아이를 다른 아이들보다 더욱 완벽한 존재로 생각하게끔 만든다. 미국의 보수 정치인 세라 페일린Sarah Palin의 표현을 빌리면, 마마 그리즐리mama grizzly(엄마 회색곰. 세라 페일린이 자신과 같은 극우파 여성 후보자들을 지칭하여 사용한 용어-옮긴이)처럼 아이를 지키도록 만든다.

이 점을 신뢰 문제에 적용하면, 많은 사람이 처음부터 간과했던 옥시토신에 관한 흥미로운 예측을 할 수 있다. 그렇다. 옥시토신은 가까운 사람들을 신뢰하려는 애착과 의지를 강화하지만, 우리라는 범주에 속하지 않는 외부 사람들을 차별적으로 대하도록 만들 것이다. 옥시토신은 갓 부모가 된 사람들이 편향된 시선으로 세상을 바라보도록 만들 것이다. 특히 자신과 가까운 사람들을 더 많은 신뢰와 지지를 보낼 가치가 있는 존재로 여길 것이다.

이 장을 시작하면서 나는 여러분에게 슈 카터를 소개했다. 그의 초기 연구는 옥시토신의 효과가 출산과 수유의 범위를 넘어서 이어진다는 사실을 입증한 핵심적인 성과였다. 작은 사회적 포유류인 들쥐를 연구한 그는 옥시토신이 성별에 상관없이 사회적 유대 관계에서 중요한 역할을 한다는 사실을 거듭해서 입증했다.[12]

하지만 옥시토신이 인간에 대한 신뢰와 밀접함을 보여주는 주요 증거들은 행동경제학자 에른스트 페르와 그의 동료들이 2005년에 내놓은 혁신적인 논문에서 찾아볼 수 있다.[13] 이들은 포유류의 사회적 관계를 강화하는 기능을 하는 옥시토신이 인간에 대한 신뢰를 높이는 역할도 할 수 있을 것이라는 가정을 기반으로 연구를 시작했다. 단순하면서도 우아한 방식을 취한 그들의 실험은 많은 영향을 미쳤다. 그들은 우리가 1장에서 살펴본 신뢰 게임의 한 가지 형태에 피실험자들이 참여하도록 했다. 그들은 피실험자들(투자자)에게 돈을 지급하고 상대방(신탁자)에게 투자하도록 했다. 신탁자는 투자자로부터 받은 금액을 항상 3배로 불리게 된다. 여기서 중요한 점은 신탁자가 그 돈을 투자자에게 되돌려줄 의무가 없다는 사실이다. 즉, 신탁자는 3배로 불어난 자금 중 원하는 만큼을 가질 수 있다.

투자자는 이러한 규칙 때문에 딜레마에 빠지게 된다. 그는 원래의 소액을 그대로 지키거나, 아니면 그 돈을 투자자에게 맡겨 3배로 늘릴 수 있다. 상대방을 신뢰한다면 최대한 많은 금액을 투자하는 것이 올바른 선택일 것이다. 돈은 3배로 늘어날 것이며, 양쪽 모두 더 많은 이익을 나눌 수 있다. 그러나 상대가 이기적인 선택을 하면 투자자는 아무런 이익을 얻을 수 없다. 게임을 시작했을 때보다 더 불리한 상황에 처할 수 있다는 뜻이다.

연구원들은 옥시토신의 효과를 검증하기 위해 피실험자들 절반을 대상으로 코에 뿌리는 스프레이로 옥시토신을 흡입하도록 했다. 그 결과는 충격적이었다. 옥시토신을 흡입한 투자자들은 신탁자들에게 더 많은 돈을 맡겼다. 평균적으로 그들의 투자 금액은 20퍼센트나 증가했다. 중요한 사실은 이러한 행동이 다만 어리석음에서 비롯된 것은 아니라는 점이다. 옥시토신이 사람들을 멍청하게 만들거나 이성적 사고 능력을 흐리게 만든 것은 아니었다. 게임의 형태를 바꾸어 주사위 굴리기나 카드 뽑기처럼 도박의 요소를 추가했을 때는 옥시토신을 흡입한 사람들이 판돈의 액수를 높이지 않았다. 위험성이 상대방에 대한 신뢰와 관련된 경우일 때만 옥시토신은 효과를 드러냈다.

초기 연구에 이어, 페르와 그의 동료들은 증가한 옥시토신이 배신의 상황에 직면해서도 신뢰를 유지하게 만드는 기능을 한다는 사실을 입증했다.[14] 이번에도 그들은 똑같은 신뢰 게임을 활용했고, 신탁자의 행동을 조작했다. 신탁자는 어떤 때는 투자자와 수익을 공정하게 나누었지만, 다른 때에는 이기적으로 혼자서 이익을 챙겼다. 이때 옥시토신을 흡입하지 않은 투자자들은 한 번 배신했던 신탁자는 절대 믿지 말아야 한다고 즉각 판단했다. 그러나 옥시토신을 흡입한 사람들은 신뢰를 감소시키지 않았고, 몇 번의 게임에서 이기적인 선택을 한 신탁자들에게 계속 많은 금액을 투자했다. 이 사실들을 종합하면, 옥시토신은 일반적으로 사고 과정을 방해하지 않으며, 그 영향은 신뢰의 감정에만 집중적으로 작용하는 듯하다.

이 대목에서 왜 옥시토신이 병 안에 갇힌 신뢰처럼 보이는지를 쉽게 이해할 수 있다. 여러분이 누구이며, 어디 출신인지는 중요하지 않다. 옥시토신을 들이마시면, 여러분은 누구든 신뢰하게 된다. 하지만 이른바 도덕 분자라는 물질에 대한 연구가 진행되면서 그 이중적 특성이 정체를 드러내고 있다. 그렇다. 옥시토신은 신뢰와 유대감을 높이지만, 동시에 불신과 시기, 차별을 강화하는 역할도 한다. 결과는 상황에 달려 있으며, 그 상황은 곧 잠재적인 파트너의 특성을 의미한다. 앞서 언급했듯이, 옥시토신의 주요 기능 중 하나가 후손을 돌보도록 만드는 것이라는 사실을 감안하면, 이것이 모든 사람들에 대한 신뢰를 증가시킨다는 주장은 이치에 맞지 않는다. 가족과 친구에 대한 신뢰? 당연히 높여 줄 것이다. 이웃이나 민족 집단 혹은 지역 공동체 구성원들에 대한 신뢰? 그리 크게 높여 주지는 않을 것이다. 결론적으로 말해서, 옥시토신의 생물학은 자신의 조직에 속해 있는 사람들을 위해서만 자원을 지키고 제공하는 기능으로 요약된다.

이러한 견해를 뒷받침하는 새로운 연구들은 옥시토신이 인간의 또 다른 도덕성처럼 편향적인 특성을 드러낸다는 사실을 입증하고 있다. 지금까지 소개한 실험들 대부분은 피실험자와 상대방들의 사회적·문화적 출신이 같았다. 그래서 옥시토신의 효과로부터 이익을 볼 수 있었다. 하지만 카스텐 드 드류Carsten De Dreu의 연구에서 확인되듯이, 옥시토신의 어두운 측면을 보여주는 대단히 설득력 있는 많은 연구는 살짝 변형된 패러다임을 취하고 있다. 피실험자들이 사회적 집단 내부의 사람들 혹은 외부의 사람들과 관계를 맺는 경제적 의사 결정을 내리도록 함으로써, 드 드류와 그의 동료들은 옥시토신이 신뢰와 협력을 증가시키는 '동시에' 감소시킨다는 사실을 확인했다. 쉽게 추측할 수 있듯이, 그 주요한 결정 요인은 관계를 맺는 상대방의 정체성이었다. 피실험자들이 그들과 가까운 사람들, 즉 집단 내부의 구성원들에 관해 의사 결정을 하는 경우에는 옥시토신이 애초의 기대대로 기능했다. 즉, 자신의 이익을 희생함으로써 집단 전체의 이익을 높이는 의사 결정의 가능성을 높여 주었다. 반면 집단 외부의 사람들과 관계를 맺는 의사 결정 과정에서는 옥시토신이 포용적인 감정의 원천으로 작용하지 않았다. 오히려 반대였다. 옥시토신은 본질적으로 차별적인 방식으로, 즉 상대방의 이익보다 자신에게 유리한 쪽으로 의사 결정을 하게 만드는 편향된 측면을 드러냈다.[15]

드 드류와 그의 동료들이 도덕성의 문제를 검토했을 때도 결과는 똑같았다. 옥시토신은 피실험자들이 집단 외부의 사람들보다 내부 사람들에게 이익이 되는 의사 결정을 하도록 자극했다. 예를 들어 삶과 죽음이 달린 가상의 시나리오에서 피실험자들은 외국인보다 자신들의 동족을 구하려는 비대칭적 의지를 드러냈다. 기본적으로 옥시토신 증가는 민족 중심주의와 편협함의 강화로 이어졌다.[16]

옥시토신의 암울한 측면은 집단 내부와 외부를 차별하는 상호작용에 국한되지 않는다. 옥시토신은 일반적으로 신뢰를 높이지만, 그 강도는 상대방에 대한 호감도에 따라 가변적으로 나타난다. 예를 들어 피실험자가 항상 자신을 공격하고 불공정하게 대하는 파트너와 경제 게임을 하게 되자 옥시토신 증가는 시기심의 강화로 이어졌다. 그 결과 파트너가 게임에서 졌을 때 증가한 옥시토신은 파트너의 불행을 바라보는 피실험자의 쾌감을 높이는 쪽으로 작용했다.[17]

옥시토신은 초반의 변심이나 배반의 상황에 직면해서도 상대를 계속 신뢰하는 쪽으로 우리를 이끌 수 있지만, 그렇다고 해서 우리를 영원한 사랑의 좀비로 바꾸지는 않는다. 어느 정도 시간이 흐르면 사람들은 틀림없이 신뢰할 수 없는 상대방을 경멸하기 시작할 것이며, 더욱 흥미롭게도 더 많은 옥시토신이 혈관에 잔류할수록 그들은 상대를 더욱 강하게 혐오하고 그들의 고통에 더 환호하게 된다. 그리고 심지어 그들에게 더 많은 고통을 안겨주고자 노력한다.

진화의 조각칼

◆

인간은 남을 신뢰하고 스스로 신뢰할 수 있게 행동하도록 태어난 존재인가? 그렇다. 인간은 불신하고 배신하도록 태어난 존재인가? 그렇다. 이 대답들은 모순적인 것 같지만 사실 그렇지 않다. 오히려 핵심을 놓치고 있는 것은 대답이 아니라 질문이다. 사회적 삶에서 성공하기 위해 우리가 반드시 성자나 죄인이 되어야 하는 것은 아니라는 점에서 어느 한쪽에만 집중하는 질문들은 실질적인 의미가 없다. 진화적 조각칼은 선이나 악이 아니라 최적화가 특징이다. 사회적 상호 관계 속에서 성공하려면 도덕성의 양면이 모두 필요하다.

그렇다. 인간은 다른 사람들을 신뢰하고 스스로 신뢰할 수 있게 행동하고자 하는 생리적 메커니즘을 갖추고 있다. 동시에 그 반대의 기능을 하는 메커니즘도 가지고 있다. 앞서 살펴본 것처럼 우리에게는 신뢰할 만한 사람들 앞에서 스스로를 평온하게 만드는 시스템이 있다. 그 시스템은 상대방과 의사소통하고 지지하고 신뢰하도록 우리에게 동기를 부여한다. 또한 다른 영장류 사촌들처럼 상대방의 행동과 능력을 바탕으로 그를 신뢰할지를 자동적으로 판단하도록 만드는 시스템도 있다. 상대방을 신뢰하기 힘든 인물로 판단하는 경우 이 시스템들은 그를 외면하거나, 그의 희생으로 자신의 이익을 높이는 방식으로 행동하도록 부추긴다.

개미와 베짱이의 이야기로 돌아가자. 신뢰의 문제가 등장하는 모든 상황에서는 신뢰성에 대한 정확한 계산이 필요하다. 다른 사람을 신뢰하고, 스스로 신뢰할 수 있게 행동하는 과정에는 언제나 위험이 따른다. 여기서 위험이란 장기적으로 더 큰 이익을 얻기 위해 치러야 하는 단기적인 비용이다. 우리의 몸과 마음은 종종 의식적으로 인식하지 못하는 상태에서 이러한 문제를 해결하고 그 결과를 예측하기 위해 끊임없이 움직인다. 우리의 두뇌는 직관을 형성하고, 그에 따라 생리적 시스템을 변경한다. 이 시스템들은 서로 영향을 미치며, 같은 방식으로 우리의 마음은 다음 평가를 내리게 된다.

결론은 그리 간단하지 않다. 전체적으로 볼 때 생물학적 시스템은 신뢰를 증가시키거나 위축시키지 않는다. 그 반대로 적절한 상황에서는 관계를 형성하고, 그렇지 않은 상황에서는 이기적으로 행동하도록 만든다. 즉, 보상이 예상될 때 우리는 상대를 신뢰하고, 배신이 예상될 때는 상대를 이용하거나 차별한다.

물론 그렇다고 해서 우리가 이러한 자동적 반응의 온전한 지배를 받는 것은 아니다. 우리의 의식적인 마음은 생물학적 직관을 통제할 수 있다. 하지만 의식적 마음과 무의식적 마음이 일치하지 않으면 우리는 혼란을 느낀다. 우리의 의식적인 마음은 친구를 믿으라고 말하지만, 우리의 직감은 아니라고 말한다. 혹은 의식적인 마음은 거짓말만 일삼는 형제를 절대 믿지 말라고 이야기하지만, 무의식적인 마음은 한 번만 더 믿어 보자고 말한다. 이러한 상황에서 우리의 직관이 시작되는 지점을 이해하려는 노력이 필요하다. 그 지점을 이해하면 우리는 직관에 귀를 기울여야 할지 아니면 무시해야 할지를 올바로 판단할 수 있다. 대부분의 동물들과 달리 우리 인간은 몸과 마음의 작용의 완전한 지배를 받는 것이 아니라 이를 반추하고 그 정보를 활용하는 놀라운 적응력을 갖추고 있다. 우리는 상황이 어떻게 돌아가는지 분명하게 이해해야 한다. 나의 목표는 이 책을 읽는 여러분이 그것을 이해하고 효과적으로 활용하도록 돕는 것이다.

2. 인간은 타인을 믿게끔 설계되었나

● 양면성이 존재하는 이유가 있다. 현실에서 이익을 극대화하려면 유연성이 종종 필요하다. 우리는 도덕성의 문제를 떠나 타인을 신뢰하고 스스로 신뢰할 수 있는 모습을 보여줌으로써 많은 것을 얻을 수 있지만, 항상 그런 것은 아니다. 우리는 때로 부정직한 사람을 외면하거나 스스로 신뢰를 저버림으로써 이익을 얻을 수 있다. 물론 그러한 행동을 옹호하는 것은 아니지만, 생물학적 적응의 원동력은 도덕이 아니라 전반적인 성공이다. 그 결과 우리는 위험과 이익의 함수에 따라 신뢰하거나 배신하도록 만들어졌다. 이러한 사실을 이해하면 생물학적 차원에서 비롯된 충동과 타협할 수 있을 뿐만 아니라 적절하게 충동을 관리할 수 있다.

● 신뢰는 자연적인 요소다. 신뢰의 딜레마는 인간에게만 국한된 문제는 아니며, 이 문제를 해결하기 위한 심리적 메커니즘 역시 인간의 전유물이 아니다. 우리의 선조들은 단지 문명이 발전하는 과정에서 협력과 충실함을 학습했던 통제 불능의

야만인이 아니었다. 많은 영장류 사촌들이 행동으로 보여주듯이, 우리가 스스로 신뢰성을 관리하고 다른 사람의 신뢰성을 해석하는 메커니즘은 사회적 삶이 부여하는 모순적인 압력들로부터 만들어졌다.

· ·

● **신뢰는 차분하고 확실한 상태에서 존재한다.** 나는 내셔널지오그래픽의 TV 프로그램 <도그 위스퍼러^{Dog Whisperer}>의 진행자로 유명한 세사르 밀란^{Cesar Millan}의 주장에 동의한다. 인간을 포함한 사회적 포유류들은 사회적 불안이나 유대 및 수용에 대한 욕망으로부터 스트레스를 받지 않는 적절한 생리적 상태에 도달할 때까지 쉽게 신뢰하거나 관계를 맺지 못한다. 이는 미주신경 톤이 높은, 그러나 아주 높지는 않은 상태를 의미하며, 이 상태는 다른 사람들과 의사소통하고 공유를 허용하는 차분함과 확신으로 이어진다. 하지만 신뢰를 강화하는 차분하고 확고한 상태의 중요성은 우리에게 또 다른 경고의 깃발을 들어 보인다. 앞서 살펴보았듯이 어떤 상황에서 느꼈던 감정 때문에 우리는 다른 사람으로부터 피해를 입을 수 있으며, 그 감정은 그 사람에 대한 인식에 영향을 미친다. 분노하고 긴장하는 상황으로 접어들면, 우리의 의도와 달리 신뢰 능력은 위축된다. 일반적으로 다른 사람들을 잘 신뢰했더라도, 또한 그게 올바르다 하더라도, 감정의 찌꺼기는 새로운 상황에서 신뢰의 가능성을 떨어뜨린다. 마찬가지로 지나치게 차분한 상태에서 우리는 절대 믿지 말아야 할 상대를 신뢰하곤 한다. 이러한 위험성은 모두 상황에 대한 이해가 중요하다는 사실을 우리에게 말해 준다. 올바른 상대를 신뢰하고자 한다면, 새로운 상대방과 협상하기 전에 잠시 여유를 갖고 과거의 사건들로부터 비롯된 감정들을 떨쳐 버리자.

● 도덕 분자는 세상에 존재하지 않는다. 옥시토신은 우리를 성인군자로 만들어 주지 않는다. 다만 더 낫거나 혹은 더 나쁜 팀 구성원으로 만들 뿐이다. 옥시토신의 이중적 특성은 자신과 비슷한 사람들을 신뢰하고 지지하도록 만들 뿐만 아니라, 자신과 다른 사람들을 불신하고 이용하도록 만든다. 기본적으로 옥시토신은 신뢰가 아니라 양육과 관련된 화학물질이다. 그렇기 때문에 옥시토신은 애착을 기준으로 사람들에 대한 평가를 왜곡시킨다. 명심하자. 우리의 생물학은 도덕이 아니라 최적화를 추구한다.

3

아이들은 이미 알고 있다

신뢰를 학습하고, 학습을 신뢰하기

아이들의 마음은 태어날 때부터
어른들의 신뢰성에 점수를 매기기 시작한다.
아이들은 입을 떼기도 전에
여러분이 다른 사람들을 공정하게 대하는지 알고 있다.
그리고 유치원에 들어가기도 전에
여러분이 특정 분야에서 유능한 사람인지 파악하고 있다.
여러분은 아이들의 의식적인 마음을 향해
자신이 신뢰성 있는 사람이라고 말할 수 있지만,
아이들의 무의식은 이미 진실을 알고 있다.

"배움은 우리의 마음을 지치게 하지 않는다." 이 말을 한 레오나르도 다빈치에게는 어울리는 말인 듯하다. 그러나 내 제자들은 동의할 것 같지 않다. 특히 새벽 2시에 시험공부를 하고 있을 때라면 말이다. 실제로 계속 밤을 새우도록 우리에게 충분한 에너지를 공급하는 일 같은 것은 없다. 시험을 앞둔 벼락치기든, 논문을 쓰는 일이든, 혹은 새로운 고객을 위해 프로젝트를 마무리하는 일이든 학습은 우리의 정신적 에너지를 고갈시킨다. 우리는 삶의 많은 시간을 학습에 바친다. 계속 배우지 않으면 우리는 삶에서 작은 단기적 보상만 얻는다. 이 점에서 다빈치의 말은 옳았다. 우리의 두뇌는 학습을 위해 만들어졌다. 아침에 깨어나 밤에 잠들 때까지 우리의 마음은 필요한 지식을 흡수하기 위해 새로운 정보를 검색하고 분석하느라 언제나 분주하다.

하지만 배움에 대한 갈망의 정도가 항상 일정한 것은 아니다. 또한 지속적으로 학습을 해도 학습의 속도가 다른 문제로 떠오른다. 성공을 위한 배움의 필요성, 그리고 빠른 속도로 배워야 할 필요성이 가장 중요한 시기는 어린 시절이다. 아이들의 마음은 어른들의 마음보다 배움을 더욱 갈구한다. 아이들은 그래야만 한다. 반짝이는 새로운 두뇌들은 대부분 생존과 번영에 필요한 지식들을 충분히 갖추지 못했기 때문이다. 아이들의 마음은 배우는 '능력'과 특별한 도구들을 가지고 있다. 다만 의미 있는 내용물이 부족할 뿐이다. 그래서 내용물을 채우려는 아이들의 갈망은 뜨겁다.

모든 부모가 알고 있거나 혹은 앞으로 명심해야 하듯이, 아이들의 궁금증은 때로 참기 힘들다. 아이들은 끊임없이 질문을 한다. '남극에 사는 사람들은 왜 거꾸로 걸어 다니지 않아요?' '왜 동생과 나눠야 해요?' '화성인은 정말로 있나요?' 이러한 질문 공세에는 긍정적인 측면이 있다. 부모들 대부분은 어린 자녀들이 조언과 대답을 추구하는 모습에 흐뭇해한다. 물론 아이들의 끊임없는 질문 공세는 때로 인내심 많은 부모들조차 관심을 다른 곳으로 돌리기 위해 TV 리모컨을 찾게 만들기도 한다. 그러나 대부분의 경우 부모들은 아이들의 질문을 긍정적으로 느낀다. 나도 그 느낌을 잘 안다.

내 아이들이 지금보다 어렸을 때 나는 아이들이 나나 아내에게 마구 질문하는 모습을 좋아했다. 일출의 의미를 처음으로 이해하기 시작한 아이들은 우리 부부에게 태양이 밤에는 어디에 있느냐고 물었다. 박쥐가 조류가 아니라 포유류라는 말을 들은 아이들은 먼저 우리에게 달려왔다. 단어의 철자를 모를 때도 아이들은 가장 먼저 우리를 찾았다. 아이들의 마음속에 우리 부부는 세상의 모든 지식의 원천이었다. 하지만 아이들이 성장하면서 나는 그들의 질문에서 미묘한 차이를 느끼게 되었다. 아이들은 때로 우리 두 원천을 똑같이 대하지 않았다. 사촌의 생일에 무슨 선물을 사야 할지, 연주회를 앞두고 어떻게 긴장을 풀어야 할지, 여행 갈 때 뭘 챙겨야 할지 모를 때 아이들은 나를 지나쳐 곧장 엄마에게 달려갔다. 나는 도움을 주고 싶은 마음 때문에 먼저 아이들에게 대답을 해 주었지만, 아이들 표정은 썩 만족스럽지 못했다. 아이들은 다시 엄마를 찾았다.

처음에는 살짝 당황스러웠다. 왜 아이들은 내 이야기에 귀 기울이지 않을까? 우리 아이들은 분명히 엄마와 아빠 모두 똑같이 자신들을 사랑하고, 최대한 많은 정보를 알려줄 것이라는 사실을 알고 있다. 하지만 아이들은 다른 사실도 알고 있었다. 특정 분야의 문제는 특정한 한 사람의 대답이 더 신뢰할 만하다는 것이었다. 이쯤 해서 인정해야겠다. 예전에 짐 싸는 문제와 관련하여 아이들에게 내가 해 준 대답들은 그리 신통치 못했다. 코트 없이 추위에 떠는 아이의 모습을 떠올려 보자. 또한 독주회와 다섯 살 생일 파티에서 입을 옷에 관한 문제 역시 마찬가지였다. 과학만큼이나 사회적 교류와 여행 계획에도 밝은 내 아내와 달리 나의 전문 영역은 다소 제한적이었다. 그 결과 우리 아이들은 특정 질문에 대한 나의 대답은 신뢰하기 어렵다는 사실을 일찍이 깨우쳤다. 내가 신뢰성이 없어서가 아니었다. 그리고 아이들이 나를 믿지 못했던 것도 아니었다. 다만 나의 능력이 의심스러웠고, 아이들도 그 점을 알고 있었던 것이다.

3. 아이들은 이미 알고 있다

믿는 만큼
배우는 아이들

◆

신뢰의 문제와 관련하여 정직성과 능력은 우리 모두에게 중요하다. 바깥세상에는 우리를 속이거나 이용하려는 사람들이 많고, 이들과의 관계는 실패와 손해로 이어진다. 마찬가지로, 약속을 지키기 위해 성실하게 노력하지만 필요한 능력이나 자원이 부족한 사람과의 만남 역시 실패와 손해로 끝난다. 사기꾼과 능력이 부족한 사람에 대한 우리의 느낌은 크게 다르지만, 그들을 신뢰한 결과는 실패와 손해로 동일하다.

아이들의 경우는 능력 부족이 더 심각한 문제가 된다. 아이들이 학습하는 방법, 그리고 그 방법이 성인들의 경우와 어떻게 다른지 잠시 생각해 보자. 성인들은 뭔가 궁금하면 다양한 방법을 택할 수 있다. 우리는 도서관이나 자료 저장소에서 답을 찾아볼 수 있다. 그리고 어떤 아이디어를 검증하기 위해 직접 실험해 볼 수도 있다. 이러한 방법이 불가능하거나 현실적으로 어려우면 다른 사람에게 조언을 구할 수도 있다. 그 정보를 충분히 신뢰할 수도 있다.

성인과 달리 어린아이들이 선택할 수 있는 범위는 좁다. 7세 이하의 아이들이 쉽게 접근할 수 있는 조사 방법들은 많지 않다. 사고능력은 물론이거니와 통계 자료를 이해하고 분석하고, 기술적인 정보를 수집하고 해석하는 능력, 혹은 구글이나 위키피디아를 통해 효과적으로 검색할 어휘 능력도 부족하다. 아이들에게는 직접 실험하는 방법도 다분히 제한적이다. 관찰과 실행으로 과학적 기본 원리를 깨칠 수는 있지만 이렇게 얻을 수 있는 지식의 범위는 이용 가능한 자료가 부족하고 고차원적 사고에 필요한 논리를 아직 배우지 못했기 때문에 지극히 제한적이다. 아이들은 대부분 자신들이 배우고 싶어 하는 물건들조차 쉽게 사지 못한다.

천진난만한 과학자인 아이들이 직면하는 이러한 제약에 대한 좋은 사례는 심리학자 브루스 후드Bruce Hood의 연구에서 찾아볼 수 있다. 그의 연구는 전체 그림에서 신뢰가 어느 부분에 등장하는지 이해하는 데 중요한 사례다. 후드는 아이들이 중력에 관한 기본 개념들을 어떻게 배우고 생각하는지에 많은 관심이 있었다. 하지만 아이들이 어떻게 배우는지 직접 물어볼 수는 없었다. 아이들은 대부분 내적 성찰을 통해 자신의 학습 과정을 분석할 능력이 없기 때문이다. 그래서 후드는 대안을 시도하기로 했다. 그는 6개의 컵으로 단순한 2층 구조물을 만들었다. 아래에 3개의 컵이 열을 이루고 있고, 15센티미터 정도 위에 다른 3개의 컵이 놓여 있었다. 2층에 있는 컵들은 모두 바닥에 구멍이 나 있었고, 그 컵에 공을 넣으면 곧바로 아래에 있는 컵으로 떨어지도록 되어 있었다.

후드의 발상은 기발했다. 그는 아이들이 중력의 개념을 어떻게 학습하는지 알아내기 위해 다양한 예측이 필요한 사례들을 보여주고자 했다. 위쪽 컵에 집어넣은 공이 바로 아래쪽 컵으로 떨어지는 장면만 보았다면, 아이들은 아무런 새로운 사실을 깨닫지 못했을 것이다. 그래서 후드는 그 장치를 살짝 수정했다. 그는 불투명한 튜브와 투명한 튜브로 위쪽 컵과 아래쪽 컵을 대각선으로 연결했다. 그리고 위쪽 컵

3. 아이들은 이미 알고 있다

에 공을 집어넣으면 다른 곳에 위치한 아래쪽 컵으로 떨어지도록 만들었다.

이처럼 다양한 형태의 기구들로 실험한 목적은 아이들이 간단한 실험을 통해 학습할 수 있는지 확인하기 위해서였다. 후드가 두세 살 아이들을 대상으로 공이 떨어진 컵을 찾아보라고 했을 때, 정답을 맞힐 확률은 기구의 형태에 따라 매우 달랐다. 우선 튜브가 설치되지 않은 경우, 아이들은 쉽게 정답을 맞혔다. 공은 언제나 바로 아래 컵으로 떨어졌고, 아이들도 그렇게 대답했다. 투명한 튜브를 설치한 경우에는 결과가 비슷했다. 아이들은 공이 떨어지는 경로를 직접 눈으로 봤기 때문에 실수를 거의 하지 않았다. 공이 튜브를 따라 아래쪽 컵으로 굴러가는 동안 아이들은 공의 이동 경로를 쉽게 추적했다. 하지만 불투명한 튜브를 설치하자 이야기는 달라졌다. 대부분의 아이들은 바로 아래쪽 컵으로 공이 떨어졌다고 대답했다. 아이들은 불투명한 튜브가 투명한 튜브와 동일하게 공의 이동 방향을 바꿀 수 있다는 사실을 이해하지 못했다. 아이들은 이전의 경험을 바탕으로 중력이 공을 바로 아래쪽으로 잡아당긴다고 믿었다. 공의 경로 이동을 보지 못한 아이들은 직관적인 이론을 고집했다. 즉, 공은 반드시 아래쪽 컵으로 떨어져야 했다.[1]

이 실험에서 가장 흥미로운 대목은 아이들이 실수에서 배우지 못했다는 사실이다. 여러 번 실수를 반복했지만 아이들은 생각을 바꾸지 않았다. 실험을 통한 학습의 특징은 정보를 추적하여 예측이 맞는지 여부에 따라 지식을 갱신하는 것이다. 하지만 어린아이들은 새롭게 주어

진 정보를 무시했고, 중력의 작용에 관한 기본적인 가정을 고집했다.[2]

아이들이 실험과 관찰만 가지고는 학습을 할 수 없다는 사실을 입증할 증거가 필요하다면 이 실험이 증거가 되어 줄 것이다. 어떤 학습들은 순수한 과학자 놀이를 통해서도 가능하지만, 아이들의 의식 수준은 이미 각인된 가정을 떨쳐 버릴 수 있을 만큼 성숙하지 못했고, 이로 인해 지적 발전은 가로막혀 있었다.

이러한 문제점은 우리에게 분명한 질문을 제기한다. 정보의 보고를 통해 사실에 접근할 수 없고, 자기 눈으로 정보를 보고도 기존의 가정에서 벗어나지 못한다면, 아이들은 어떻게 개념을 학습할까? 답은 학습의 세 번째 길인 다른 사람들의 증언에 있다. 앞서 언급한 것처럼 성인들도 이 전략을 똑같이 활용한다. 가령 우리는 쿼크quark란 무엇인가? 천국은 존재하는가? 등의 고도로 전문적인 질문, 즉 우리 스스로 증거를 확인하거나 해석할 수 없는 질문에 대답하기 위해 종종 전문가들의 설명을 그대로 받아들인다. 그런데 아이들에게는 거의 모든 질문들이 고도로 전문적인 질문이다. 그래서 아이들은 성인들보다 다른 사람들의 말에 더 많이 의존할 수밖에 없다.

어릴 적 세상은 혼란스러운 공간이다. 지구가 둥글다는 사실을 처음으로 알았을 때 얼마나 흥미진진하고 반직관적인 느낌이 들었는지 떠올려 보자. 여러분과 나는 그 사실을 스스로 깨닫지 못하고 부모님이나 선생님의 설명을 통해 받아들였을 것이다. 아이들은 그런 방식으로 배운다. 후드의 실험에 등장한 아이들도 마찬가지다. 불투명 튜브 실험에서 아이들은 공이 최종적으로 떨어진 위치를 스스로 깨우치지 못했지만, 어른이 등장하여 작동 원리를 설명해 주자 실수를 즉각 바로잡았다.[3] 아이들은 실험자가 공을 떨어뜨린 컵 바로 아래에 공이 있을 것이라는 대답을 하지 않았다. 아이들은 어른의 조언을 재빨리 받아들여 직접 자신의 눈으로 불투명 튜브를 따라갔고, 실제로 공이 떨어진 컵을 쉽게 발견했다. 아이들은 보이는 대로 믿지 않는다. 여기서 차이를 만든 것은 어른의 설명이었다.

물론 다른 사람의 설명에서 배우는 방법은 효과적인 전략이지만, 완벽한 것은 아니다. 여기에는 한 가지 본질적인 문제가 있다. 정보의 원천에 대한 신뢰는 항상 위험성을 내포한다. 무언가에 대해 설명하는 사람이 자신이 무슨 말을 하는지 정확하게 알고 있다고 어떻게 확신할 수 있는가? 그를 신뢰할 수 있는지 어떻게 알 수 있는가? 어릴 적 우리의 일상은 받아들이기 힘든 사실들을 말해 주는 사람들로 가득했다. '수에는 음수도 있단다.' '돌고래는 물고기가 아니야.' '네스 호수에는 괴물이 살지 않는단다.' 여러분은 이 문제를 잘 알고 있다. 남에게 들은 이야기들을 무조건 믿으면 우리의 머릿속은 잘못된 정보들로 가득 찰 것이다. 이는 진화적 차원에서 절대적인 멸종을 의미한다. 극단적인 순진함은 생존을 위한 덕목이 아니다. 그래서 아이들은 우리 대부분이 생각하는 것만큼 그리 잘 속지는 않는다. 이 말은 아이들의 학습 방법뿐만 아니라 그들이 귀 기울이는 대상과 관련하여 중요한 의미를 담고 있다.

사람들 대부분은 교육 과정을 단순히 지식의 전달로 여긴다. 이 관점으로만 보면 우리는 의미 있는 차이를 놓친다. 학습과 관련하여 지식을 전달하는 방법은 지식의 내용만큼이나 중요하다. 인간의 마음은 정보만 따로 배우는 형태로 진화하지 않았다. 그 대신 '누군가'로부터 배우도록 진화했다. 그리고 바로 그 '누군가'가 학습에서 근본적인 차이를 만든다. 살아가는 동안, 특히 유년기에 우리 모두는 중대한 문제에 직면한다. 아이들은 누가 자신을 도와줄 것인지뿐만 아니라, 누가 실제로 그렇게 할 '능력'이 있는지를 판단해야 한다. 다시 말해 아이들은 최고의 이익을 줄 것이라고 신뢰하는 대상뿐만 아니라, 자신에게 정확한 정보를 알려 줄 것이라고 신뢰하는 대상을 선별하는 문제에 민감해야 한다. 학습과 관련해서는 후자가 더 중요하다.

어떤 선생님에게 질문할까?

◆

팝테크PopTech 컨퍼런스(매년 10월 미국 메인 주에서 열리며 신기술과 창의적인 아이디어 등을 소개한다-옮긴이)에서 함께 연설하며 알게 된 저자이자 저널리스트 어맨다 리플리Amanda Ripley는 2012년 『애틀랜틱』지에 당시 많은 관심을 받은 학교들에 대한 평가를 주제로 기사를 썼다.[4] 이 글에서 리플리는 간단하면서도 도발적인 질문을 던졌다. 교사들을 평가하고 싶다면 왜 그들의 소비자들인 아이들에게 물어보지 않는가?

교사와 학교를 평가하는 일반적인 방식의 기반은 수십 년에 걸쳐 표준화한 시험 성적이나 외부 전문가의 조언이다. 그러나 성적 시스템과 체계적인 관찰에 대한 많은 노력에도 불구하고, 이러한 접근 방식은 아이들이 수업 시간에 얼마나 많은 것을 배웠는지 평가할 수 있는 타당한 기준이 아니라고 드러났다. 쉽게 예상할 수 있듯이, 특정 학교의 평균적인 시험 성적은 학부모들의 수입이나 교육 수준 같은 요소들의 영향이 크다. 이는 학교에서 아이들을 가르치는 교사들의 실질적인 역량과는 무관한 요인들이다.

교사들을 평가하기 위해 외부 관찰자를 활용하면 이러한 어려움이 없지만, 여기에도 문제가 있다. 외부 관찰자들은 학교에 비교적 짧은 기간 동안만 머무른다. 시간 제약 때문에 평가자들은 자신의 판단을 뒷받침할 충분한 정보를 확보하기 어렵다. 그 때문에 객관적이고 타당한 의견을 내놓지 못한다. 수십 년에 걸친 심리학 연구들이 밝혀낸 바에 따르면, 교사들은 자신이 관찰당하고 있다는 사실을 알면 다르게 행동한다. 상식적인 교사들이라면 분명 평가 기간 동안에 최고의 성과를 기록하려고 애쓸 것이다. 그러나 1년 내내 똑같은 성과를 유지하지는 못할 것이다.

그렇다면 이 문제를 어떻게 해결할 것인가? 리플리는 하버드 교육대학원의 혁신 전문가들과 협의한 끝에 두 부분으로 이루어진 획기적인 해결책을 내놓았다. 첫 번째는 정보의 원천에 관한 것이다. 학교 행정관들은 외부 전문가들이 아니라 교사들을 가장 잘 알고 있는 사람들, 즉 학생들에게 질문을 던져야 한다. 두 번째는 첫 번째 질문과 관련된 것이다. 교사의 능력을 정확히 평가하려면 학생 평가자들에 대한 질문을 바꾸어야 한다. 하버드 교육대학원의 토머스 케인[Thomas Kane]과 그 동료들의 세부 연구를 접한 리플리는 학교 행정관들이 아이들에게 중요하다고 생각했던 질문들이 사실 적절하지 못하다는 사실을 확인했다. 특정 교사에 대해 아이들이 느끼는 호감도는 아이들이 그 교사로부터 실제로 얼마나 많은 것을 배울 수 있는가와는 거의 관련이 없었다. 중요한 것은 교사의 능력에 대한 아이들의 신뢰였다.

어떤 교사가 학생들에게 실수를 바로잡는 법을 보여주었는지, 정확한 정보를 제공했는지, 그리고 지도하고 통솔하는 과정에서 얼마나 유능한지 질문하면 아이들이 궁극적으로 얼마나 많이 배웠는지 측정할 수 있다. 학습과 관련하여 중요한 요소는 교사에 대한 아이들의 호감도가 아니라 교사의 능력에 대한 신뢰도였다. 여러 실험 결과들은 이러한 생각을 뒷받침했다. 학생들은 자신들이 능력을 신뢰하는 교사들의 수업 시간에 가장 많은 것을 학습했다.

물론 이 발견은 교육자들에 대한 평가 방식 개선에 대단히 중요한 의미가 있지만, 심리학적 관점에서 볼 때 그리 놀라운 것은 아니다. 이 연구들에 참여한 아이들은 나이대가 비슷했다. 우리는 매그닛 스쿨magnet school(다른 지역 학생들을 유치하기 위해 일부 교과목을 중심으로 특수반을 운영하는 대도시 학교-옮긴이)에서 수학과 과학을 공부하는 학생들이 반복된 상호작용을 바탕으로 교사들의 역량을 평가할 수 있을 것으로 기대했다. 그 결과 역시 신뢰가 학습의 핵심 요인이라는 나의 견해를 뒷받침해 주었다. 학습은 고등학교 이전부터 시작되므로, 나는 신뢰와 교육의 관계에 더 많은 호기심을 느꼈다. 그 관계는 얼마나 일찍 모습을 드러낼까? 나와 아내에게 서로 다른 질문들을 선별적으로 하는 우리 아이들의 행동을 바탕으로, 나는 그 시기가 대부분의 추측보다 훨씬 일찍 시작된다고 예상했다.

이 질문에 관해 곰곰이 생각하는 동안, 나는 동료이자 공동 연구자이며 토머스 케인처럼 하버드 대학 교육학 교수인 폴 해리스[Paul Harris]에게 눈길을 돌렸다. 해리스는 거시적 차원에서 학습과 학군의 역학 관계를 연구하는 방법 대신, 각각의 아이들이 정보를 얻고 처리하고 내재화하는 메커니즘에 주목했다. 그는 아마도 신뢰 문제가 얼마나 일찍, 그리고 얼마나 강하게 학습에 영향을 미치는지 밝혀내는 과정에서 가장 크게 공헌한 학자일 것이다. 그의 연구 결과는 신뢰가 중·고등학교 학생들에게만 해당하는 요소가 아니라는 사실을 입증했다. 초등학교 학생들에게만 해당하는 것도 아니었다. 그 영향력의 존재는 훨씬 어린 나이로 거슬러 올라간다. 신뢰는 이미 세 살짜리 아이의 학습에도 영향을 미치고 있었다.

해리스의 연구는 두 가지 기본적인 가정에 기반했다. 첫째, 아이들은 나약한 존재다. 둘째, 나약한 존재는 무차별적으로 조언을 받아들여서는 안 된다. 인류 역사를 통틀어 약하고 잘 속는 사람들을 이용하려는 이들은 언제나 있었다. 그 결과, 배움의 대상을 선별하는 과정에서 보다 까다로운 아이들이 생존과 성공의 가능성이 더 높았다. 그들은 누구의 정보를 신뢰해야 할지 안다. 이러한 역량은 다른 모든 적응적 특성처럼 인류의 생존과 관련하여 점차 우세를 점하게 되었다. 정보의 원천에 대한 판단은 아이들이 학습으로 익히는 능력이 아니다. 어떤 측면에서 그러한 판단은 자동적으로 일어난다.

이러한 사실을 증명하기 위한 첫 번째 단계로, 해리스와 그의 동료들은 어린이집 두 곳의 미취학 아이들을 대상으로 실험을 했다. 실험의 구조는 단순하면서도 우아했다. 우선 각 어린이집에서 한 명씩 선정된 두 명의 보육교사가 아이들에게 낯선 물건들을 보여준다. 아이들은 교사와 친숙하든 그렇지 않든 간에 낯선 물건의 이름과 용도를 물어볼 수 있다. 아이들이 어느 교사에게 질문했는지와는 상관없이, 혹은 모두에게 질문을 했다 하더라도 두 교사는 1~2분 후에 자발적으로 정보를 알려 준다. 이 실험에서 중요한 부분은, 두 교사가 낯선 물건들에 대해 서로 다른 이름과 용도를 알려 준다는 사실이다. 예를 들어 한 어린이집의 교사는 아이에게 A라는 물건의 이름이 '린즈'이며 별을 관찰하기 위해 사용한다고 설명한다. 다른 어린이집의 교사는 동일한 아이에게 A라는 물건은 '슬로드'이며 물속에서 숨쉬기 위해 사용한다고 설명한다.

두 보육교사 모두 비슷해 보였지만, 즉 아이들이 일반적으로 예상하는 옷차림을 하고 행동을 했지만, 아이들은 누구의 정보를 더 중요하게 여기는지에 관한 기호를 분명하게 드러냈다. 아이들은 물건에 대한 정보를 얻기 위해 보다 친숙한 교사에게 2배나 많이 질문했고, 그 교사의 대답을 친숙하지 않은 교사의 대답에 비해 2배나 많이 받아들였다.[5]

여기서 여러분은 아이들의 이러한 기호가 단지 습관에서 비롯됐을 거라고 생각할 것이다. 지금까지 아이들이 스미스 선생님에게 질문을 했다면, 아마 앞으로도 계속 그 교사를 선택하지 않겠는가? 충분히

3. 아이들은 이미 알고 있다

일리 있는 지적이다. 그래서 해리스와 그의 동료들은 두 가지 흥미로운 요소를 추가한 두 번째 실험에 착수했다.

첫 번째 요소는 아이들의 엄마들이 친숙한 교사 역할을 하도록 한 것이었다. 일반적으로 엄마들은 아이들에게 가장 친숙한 존재일 뿐만 아니라, 아이들이 습관적으로 가장 많은 질문을 하는 대상이다. 두 번째 요소는 이 실험에 참여한 네 살짜리 아이들 모두 생후 15개월 시점에 애착 유형attachment style에 관한 검사를 받았다는 사실이다.

존 볼비John Bowlby와 매리 에인스워스Mary Ainsworth의 연구를 통해 널리 알려진 애착 유형 개념은, 주요 인물들과의 관계 구조에 대한 아이들의 생각의 기반을 이루는 심리적 모형을 가리킨다. 아이들은 자신을 돌보는 주요 인물과의 초기 상호 관계를 바탕으로 세 가지 애착 유형 중 하나를 나타낸다. 애착 관계가 충분히 형성된 아이들은 자신을 돌봐주는 엄마나 주요 인물의 지지에 대한 믿음이 있다. 이 아이들은 엄마가 항상 자신의 곁에 있고, 자신을 소중하게 여기고, 최선을 다해 양육해 줄 것이라는 믿음이 있다. 간단히 말하면 이 아이들은 엄마를 신뢰한다. 회피적인 성향의 아이들은 그 반대다. 그 아이들은 무시받은 경험을 통해 엄마를 신뢰할 수 없다는 사실을 깨닫는다. 이들은 엄마가 자신의 욕구에 항상 무관심하다고 느낀다. 쉽게 예측할 수 있듯이, 이 두 가지 측면을 모두 갖춘 중간 유형이 있다. 이 유형의 아이들의 엄마들은 자녀의 욕구에 주의를 기울이고 그럴 능력도 있지만, 아이들은 종종 더 많은 관심을 요구한다.

애착 유형에서 드러나는 이러한 차이를 통해, 신뢰가 어떻게 아이들을 학습으로 이끄는지를 정확히 예측할 수 있다. 확고한 애착 관계를 형성한 아이들은 엄마를 신뢰하므로 엄마로부터 우선적으로 정보를 얻으려 한다. 물론 이 유형의 아이들은 엄마의 한계를 넘어서서 주변 환경을 탐험하려는 적극적인 의지를 드러내지만(과학 논문에서 일반적으로 인정받고 있는 사실), 그래도 뭔가에 대해 알고 싶을 때 가장 먼저 엄마를 찾는다. 다음으로 중간 유형은 대체로 비슷한 양상을 보인다. 그들의 엄마들은 능력이 있지만, 자녀들의 일에 관여하고 그들의 욕구를 충족시키려면 좀 더 많은 노력이 필요하다. 반면 회피적인 유형의 아이들은 완전히 다르다. 아이들은 엄마를 신뢰하지 않는다. 엄마들은 아이들의 욕구를 충족시켜 줄 것이라는 믿음을 주지 못했다. 회피적인 유형의 아이들에게 엄마는 낯선 이들보다는 친숙하지만 더 신뢰할 만한 존재는 아니다.

아이들을 대상으로 실험을 한 해리스와 그의 동료들은 애착 유형 검사 후 2년 반이 지났는데도 불구하고 아이들의 학습 성향을 결정하는 것은 친숙함뿐만 아니라 신뢰라는 사실을 발견했다. 애착 관계가 확실한 아이들은 낯선 보육 교사보다 엄마에게 낯선 사물에 대해 2배나 더 많이 질문하고 대답을 받아들였다. 중간 유형의 아이들은 초점이 엄마로부터 살짝 멀어져 있는 양상을 보이기는 했으나 그래도 전반적으로 성향이 비슷했다. 반면 회피적인 유형의 경우 신뢰 결핍의 효과는 극단적으로 분명히 드러났다. 아이들은 자신의 엄마에 대해 신뢰와 관련된 기호를 드러내지 않았고, 낯선 사람과 마찬가지 수준으로 질문하고 대답을 받아들였다.[6] 결국 학습에서 중요한 것은 친밀함이나 습관 자체가 아니라 신뢰였다.

물론 3~5세 아이들도 새로운 사람들과 교류하며 학습하는 경우가 많다. 그 대상이 대체 교사든 새로운 과목의 선생님이든 혹은 새로운 친구의 부모든 간에 아이들은 장기적 관계를 맺지 않은 새로운 인물들로부터도 종종 정보를 얻어야 한다. 이러한 필요성은 잠재적 교사에 대한 친밀함이 아직 형성되지 않은 경우 신뢰가 얼마나 학습에 영향을 미치느냐는 질문을 제기한다. 이때 실행 가능한 대안은 상대의 능력을 재빨리 평가하는 것이다. 간단히 말해서, 기존의 관계를 바탕으로 상대를 선택하지 못할 때는 전에 좋은 성과를 보인 사람을 선택하는 편이 나을 것이다.

해리스와 그의 동료들은 이러한 가정을 확인하기 위해 다시 한 번 두 사람이 새로운 사물에 대해 서로 다른 이름과 설명을 제시하는 실험을 했다. 이번에는 정보를 제공하는 두 사람 모두 아이들에게 낯선 인물이었고, 단 10분 동안 아이들에게 이들을 알 수 있는 시간을 주었다. 바로 이 10분 사이에 중요한 일이 벌어졌다. 아이들은 영상을 통해 두 사람이 익숙한 물건들의 이름을 말하는 모습을 지켜보았다. 여기서 한 사람은 물건들의 이름을 항상 올바르게 말했다. 가령 망치를 망치라고 불렀다. 그러나 다른 사람은 잘못된 이름을 말했다. 망치를 포크라고 불렀다. 실험의 2부가 시작되면서 3~5세 아이들이 두 사람 앞에서 낯선 물건들에 관해 배우는 시간이 오자, 아이들은 무작위로 질문하지 않았다. 그들은 무능해 보이는 사람보다 '똑똑한' 사람에게 3배나 많은 질문을 했다.

교사 선택에서 드러나는 아이들의 이러한 성향은 그들이 낯선 사람들 중 누구를 신뢰할 것인지의 기준을 마음속에 담아 두고 있다는 사실을 말해준다. 아이들은 이 기준을 새로운 학습 환경에 곧바로 적용한다. 세 살짜리 꼬마들 역시 마찬가지였다. 더 놀라운 사실은 이러한 효과가 지속적으로 나타났다는 점이다. 일주일 후 아이들을 다시 데려와서 낯선 물건을 보여주었는데, 아이들은 여전히 전에 유능하다고 판단한 사람으로부터 정보를 얻으려 했다.[7]

그렇지만 학습에 가장 큰 영향을 미치는 것은 올바른 정보를 얻기 위해 상대를 선택하는 일이 아니라 지식 자체에 관한 실제 능력일 것이다. 최근 연구는 아이들이 신뢰하기 힘든 사람보다 신뢰할 수 있는 사람에게 정보(동일한 정보)를 들었을 때 더 잘 기억한다는 사실을 확인해주고 있다.[8] 대단히 중요한 결과다. 예를 들어 시험 성적과 관련하여 중요한 것은 얼마나 열심히 공부했느냐는 물론 교사들을 얼마나 신뢰했느냐에 달려 있다는 말이다.

이처럼 친숙함과 능력은 우리가 누구의 정보를 신뢰할지 결정하는 과정에서 모두 중요한 요소다. 그런데 두 가지 변수가 상호 모순적이라면? 여러분이 잘 알고 좋아하며 마음이 따뜻하고 돈독한 관계를 맺고 있는 교사가 새로 온 교사만큼 충분한 지식을 갖추지 못한 것 같다면? 이 경우 다른 대안이 없을 때 능력을 파악하는 행위는 단지 친구를 신뢰하는 것보다 더 중요한 과제가 된다. 결국 그 친구가 틀리면 두 사람 모두 곤경에 빠질 테니 말이다.

다시 한 번 폴 해리스는 연구를 통해 증거를 제시했다. 그는 동료들과 함께 친숙한 교사와 친숙하지 않은 교사의 실험에 능력 차이를 추가하여 기존의 실험 과정을 개선했다. 아이들은 새 물건의 이름과 용도와 관련하여 다시 한 번 두 명의 보육교사, 즉 기존의 교사와 새로 온 교사 중 한 사람을 선택할 수 있다. 예전 실험에서 아이들은 기존의 친숙한 교사를 압도적으로 많이 선택했다. 이번에는 친숙한 교사와 낯선 교사로부터 새로운 물건에 관해 배우기 전에, 기존 교사가 실험자들의 지시로 아이들 앞에서 잘 알려진 물건들의 이름과 용도를 잘못 설명하는 장면을 연출했다. 즉, 아이들은 기존의 교사가 반복해서 실수하는 모습을 지켜보았다. 이후 무슨 일이 벌어졌을까? 세 살 아이들의 경우에는 큰 변화가 없었다. 아이들은 교사의 능력과는 무관하게 친숙한 기존 교사를 그대로 선호했다. 하지만 4~5살 아이들의 경우는 완전히 달랐다. 그들은 기존 교사로부터 정보를 얻으려는 시도를 곧바로 포기하고, 능력을 신뢰할 수 있는 새로운 교사 쪽으로 눈길을 돌렸다.[9] 아이들은 기존 교사를 더 좋아했지만, 학습할 때는 그를 외면했다. 어맨다 리플리가 십대들을 대상으로 한 실험과 마찬가지로, 네 살짜리 아이들 역시 관심을 친숙한 대상이 아니라 능력 있는 대상으로 돌렸다.

신뢰에 관한 문제에서 능력은 기본적인 친숙함을 능가했다. 그런데 능력을 평가할 기회가 주어지지 않은 경우는 어떨까? 판단을 내리기 위한 근거가 없는 상황에서 신뢰의 대상을 결정해야 할 때는 무슨 일이 일어날까? 여기서는 학습 과정에서 인간의 심리가 얼마나 사회적으로 작동하는지 확인할 수 있다. 다음 상황을 상상해 보자. 여러분 앞에 서로 다른 억양으로 영어를 구사하는 두 사람이 있다. 한 사람은

'표준' 영어를 구사하고, 다른 사람은 스페인 억양이 섞인 영어로 말한다. 두 사람은 여러분에게 생소한 물건의 사용법에 관해 서로 다른 설명을 한다. 사람들은 누구를 믿을까? 표준 영어를 사용하는 네 살짜리 꼬마라면 답은 분명하다. 아이는 자신과 억양이 비슷한 사람을 선택할 것이다. 스페인 억양이 섞인 영어를 쓰는 꼬마라면 후자를 선택할 것이다. 상대에게 선의가 있다는 사실 외에 다른 정보가 전무한 상황에서는 억양 같은 미묘한 차이가 학습 의지에 많은 영향을 미친다. 아이들은 정보를 얻을 대상을 선택해야 하는 상황에서 의식적으로 인식하지 못하더라도 '더 안전한' 사람으로부터 배우려고 한다. 즉, 자신과 더 비슷하고, 관계를 형성할 가능성이 높아 보이는 쪽을 택한다.[10]

이러한 발견들은 순수한 과학적 관점에서는 흥미로운 사실에 불과하지만, 한 걸음 물러서서 보면 학습의 차원에서 기존의 오래된 가정들을 뒤흔들 중요한 의미를 내포하고 있다. 교사들 스스로 통제할 수 있는 요소인 기술적 수준뿐만 아니라, 교사들 대부분의 관심 영역 밖에 있는 미묘한 요소들도 아이들의 학습 과정에 영향을 미친다는 사실이 밝혀지고 있다. 미취학 아동이 어느 과목에서 다른 아이들보다 성적이 높다면, 그 이유는 어쩌면 커리큘럼이 더 훌륭했거나 교사가 수업을 더 잘 진행했기 때문이 아닐지도 모른다. 그 대신 교사의 외모와 말투가 아이들과 더 비슷하기 때문일 수도 있다. 특정 과목에서 몇몇 아이들이 다른 아이들보다 성적이 더 좋은 이유는 그들이 원래 더 똑똑해서가 아니라 교사에 대한 신뢰도가 다르기 때문일 수도 있다. 학습은 근본적으로 우리가 듣는 이야기에 대한 신뢰에 달렸다. 세 살

무렵의 아이들조차 부모를 포함한 다양한 정보의 원천들을 신뢰할 수 있는 쪽과 그렇지 않은 쪽으로 구분하고 있다.

　　교실에서의 학습을 개선한다는 차원에서, 이 연구 결과들은 교육자들에게 수업 과정의 사회적 측면에 신경 써야 한다는 사실을 말해준다. 학과 과정 개선도 중요하지만, 수업 시간에 학생들이 접하는 교사들의 사회적 인격 형성을 도움으로써 추가적인 효과를 거둘 수 있다. 다시 말해, 교육자들은 앞으로 개인의 능력과 학문적 수준을 높이기 위해 노력해야 할 뿐만 아니라 어린 학생들과의 관계 정립에도 관심을 쏟아야 할 것이다. 물론 교사가 새로운 제자들과 똑같은 억양으로 말해야 하는 것은 아니다. 그렇지만 학생들과 같은 동네에 살거나, 같은 반려동물을 기르고 있거나, 학창 시절에 제자들과 비슷한 문제로 고민을 했다면, 이러한 사실을 강조함으로써 학생들과의 연결 고리를 만들 수 있다. 학생들은 교사의 억양에서만 유사성을 발견하지는 않는다. 공통점을 떠올리게 만드는 모든 요소가 유사함에 관한 느낌을 전할 수 있다. 이처럼 연결 고리를 발견하고 강조하는 방법은 교사들의 도구함에서 중요한 요소로 자리 잡을 것이다. 이러한 도구를 적극 활용하면 교사들은 학생들이 신뢰와 성적 향상을 위해 나아가는 과정을 실질적으로 도울 수 있다.

협력을 선택하는
메커니즘

◆

지금까지 신뢰가 학습에 어떤 영향을 미치는지 살펴보았다. 그러나 신뢰가 발달 과정에 있는 인간의 마음과 어떻게 상호작용하는지를 제대로 이해하려면 우리는 질문을 거꾸로 뒤집어 어떻게 아이들이 애초에 신뢰하는 방법을 배우는지를 질문해야 한다. 앞서 나는 아이들이 아주 어릴 적부터 능력에 민감하게 반응한다는 사실을 입증하는 증거들을 제시했다. 그렇다면 신뢰 방정식의 또 다른 측면, 즉 공정함과 도덕성은 어떤가? 아이들은 우리 대부분이 상상하는 것보다 어린 나이에 누구를 신뢰할지뿐만 아니라 스스로 신뢰성 있는 태도로 행동할 것인지를 판단한다.

후자의 경우부터 이야기해 보자. 양육에 관한 책들, 특히 수십 년 전에 나온 책들을 꼼꼼히 읽었다면 그 책들이 종종 미묘하거나 약간 노골적으로 아기들이 이기적으로 행동한다는 사실을 강조하고 있음을 눈치 챘을 것이다. 아기들은 뭔가가 필요해서가 아니라 부모를 못살게 굴기 위해 운다. 그리고 행복해서 웃는 게 아니라 뭔가가 필요해서 웃는다. 물론 이제 우리는 아기 시절로 돌아갈 수 없다. 우리는 혼자서 많은 일을 처리하지 못하므로 다른 사람들에게 의존해야 한다. 아기들이 온갖 마법의 기술을 가지고 세상에 태어난다는 말은 그리 놀라운 주장은 아니다. 2장에서 살펴봤듯이, 아기들은 부모의 두뇌에서 옥시토신을 분비하도록 자극함으로써 유대 관계를 강화한다. 아기들은 커다란 눈과 아름답고 둥근 머리를 갖고 태어나는데, 이는 사람들의 보살펴주고픈 욕구를 자극하는 특성이다. 그렇다고 해서 아기들이 지친 부모들을 의도적으로 이용하고 속이려는 것은 아니다. 아기들 역시 우리와 마찬가지로 균형을 유지해야 하므로 마음속에는 스스로 신뢰성 있게 행동하고 남을 돕도록 자극하는 장치가 마련되어 있다.

아기들의 마음을 이해하는 연구에는 한 가지 중대한 문제가 있다. 직접 질문을 할 수가 없다는 사실이다. 아기들은 자신의 생각을 직접적으로 말하지 못한다. 또한 누구를 신뢰하는지는 물론 그 사람과 협력할 의사가 있는지 말하지도 못한다. 잠재적 파트너를 이해하기 위한 정보도 이해하지 못한다. 아기들의 마음을 연구하는 학자들은 이러한 제약을 해결해야 하므로 대단히 창조적이어야 한다. 따라서 특정한 주제에 대한 아기들의 생각이나 언어적 반응에 의존하지 않고, 아기들이 필요로 하는 모든 정보를 보여주고 수집할 수 있는 도구들을 개발해야 한다. 그래서 과학자들은 겉으로 드러나는 모든 현상을 관찰하여 필요한 정보를 수집하는 전략을 택할 수밖에 없다. 아기들과 연구원들은 눈으로 관찰한 것만으로 필요한 모든 정보를 얻어야 한다.

이러한 전략을 바탕으로 남을 돕고자 하는 아이들의 동기를 연구하는 오늘날의 흐름은 하버드 대학의 심리학자 펠릭스 바르네켄[Felix Warneken]과 그의 동료들로부터 시작되었다. 바르네켄의 연구는 다음과 같은 기본적인 질문에서 출발했다. 어린아이들은 원래 친사회적인가? 특별한 지시 없이도 아이들이 기꺼이 남을 도울 것인가? 그는 답을 밝혀내기 위해 18개월 된 아이들을 한 번에 한 명씩 자리에 앉혀 놓고 여러 배우들이 다양한 힘든 상황에 직면하는 장면들을 목격하도록 했다. 이 상황에서 아이들은 마음만 먹는다면 쉽게 상대를 도울 수 있다. 이 실험에서 중요한 질문은 아이들이 자신의 도움이 필요한 상황인지 인식할 수 있느냐, 그리고 그렇게 느낀 경우 실제로 도움이 될 만한 행동을 할 수 있느냐였다. 예를 들어 실험에서 한 배우가 펜을 떨어뜨리고는 이렇게 말한다. "오, 이런. 내 펜!" 배우는 반대로 일부러 펜을 떨어뜨린다. 또 다른 장면에서 배우는 실수로 상자에 난 작은 구멍 속으로 숟가락을 떨어뜨리고는 당황한 표정을 짓는다. 혹은 차분한 표정으로 구멍 안에 숟가락을 일부러 떨어뜨린다. 각 상황에서 기본적인 행동은 똑같지만 감정적인 표현은 달랐다.

실험 결과는 충격적이었다. 아이들 대부분은 도움이 필요한 상황에서 즉각 행동을 취했다. 아이들은 펜을 떨어뜨리고 당황해하는 배우가 펜을 찾을 수 있도록 도왔다. 그들은 보이지 않는 상자의 덮개를 들어 보였고(실험자들은 아이들에게 먼저 덮개의 존재를 보여주었다), 그래서 배우들이 숟가락을 찾지 못하고 있을 때 꺼낼 수 있도록 도왔다. 의도하지 않은 실수를 발견하자마자 아기들은 자신의 책임을 다했다. 그들은 어른들을 도와주었고, 이를 통해 스스로 신뢰할 만한 존재라는 사실을 보여주었다. 태어난 지 1년하고 6개월 정도여서 대부분 단어 두 개쯤 연결할 능력만 있는데도 다른 사람을 돕고 협력하려는 본능은 이미 활성화되어 있었다.[11]

그렇다고 해서 아이들이 어른들보다 더 선하다고 말할 수는 없다. 성인들과 마찬가지로 아이들 역시 이중적인 측면이 있으며, 신뢰를 더 중요하거나 덜 중요하게 느끼게 만드는 충동도 경험한다. 실제로 아이들은 자신에게 아무런 실질적인 손해가 없을 때 다른 사람들을 돕는다. 하지만 동시에 이기적으로 이익을 취할 기회가 있으면 행동이 좀 복잡한 양상을 띠게 된다.

세 살 무렵의 아이들은 이미 이러한 유형의 문제, 즉 자신과 상대방의 관계에 대해 고민하기 시작한다. 바르네켄과 그의 동료들은 아이들의 고민을 직접 확인하기 위해 또 다른 실험을 했다. 여기서 아이들의 과제는 어른이 조종하는 꼭두각시 인형과 함께 동전을 줍는 일이었다. 아이는 인형과 함께 낚싯대처럼 생긴 장비를 가지고 물통 속에 들어 있는 동전을 낚는다. 재미있지만 쉽지 않은 과제다. 실험자들이 아이들에게 알려 주지 않은 사실은, 아이들이 2개 혹은 4개의 동전을 건질 수 있도록 과정을 미리 조작했다는 것이다. 아이가 동전 2개를 건지면, 인형이 4개를 건진다. 그리고 아이가 4개를 건지면, 인형이 2개를 건진다. 이처럼 공동 과제에서 어느 때는 아이들이 인형을 이기고, 다른 때에는 인형이 아이를 이긴다. 동전 낚기 과제가 모두 끝나면 연구원들은 아이들에게 아주 값진 보상인 6개의 스티커를 주고, 함께 과제를 완수한 보상으로 인형과 나누도록 한다.

여기서 신뢰성 있는 파트너가 되려면 성과를 기반으로 스티커를 분배해야 한다. 이는 기본적인 법칙이다. 더 많이 일한 사람이 더 많은 보상을 받아야 한다. 그 규칙을 명시적으로 언급하지는 않았지만, 그래도 세 살 아이들은 이미 그 법칙을 어느 정도 이해했다. 인형의 성과가 더 좋았을 때, 즉 4개의 동전을 건졌을 때 아이들은 인형에게 비교적 많은 스티커를 주었다. 평균적으로 6개 중 3개였다. 그러나 인형의 성과가 낮은 경우 아이들은 인형에게 평균적으로 2개의 스티커를 주었다. 얼핏 보면 분배 방식에는 문제가 없다. 여기서 인형 입장에서는 스스로 더 좋은 성과를 올렸을 때 파트너가 더 많은 경제적 보상을 할 것이라고 신뢰할 수 있다.(물론 그럴 수 있다면.) 하지만 우리는 이 방식에 약간의 문제가 있음을 눈치 챌 수 있다. 인형은 인간 파트너와 다른 대우를 받았다. 인형이 성과가 좋았을 때는 보상이 평등했다. 아이들은 인형에게 6개 중 3개를 주었다. 그러나 아이들의 성과가 더 좋았을 때는 차이가 있었다. 아이들은 자신이 4개를 갖고 인형에게는 2개만 주었다.

여기서 우리가 목격하는 것은 세 살짜리 아이들이 신뢰성 있게 행동하도록 동기를 부여하는 심리적 메커니즘, 그리고 아이들이 이기적으로 행동하도록 부추기는 또 다른 메커니즘들 사이의 근본적인 갈등이다. 아이들은 상대방이 더 좋은 성과를 거두자 그들에게 더 많은 보상, 즉 2개보다 많은 3개의 스티커를 제시했다. 하지만 자신보다 더 많이 주지는 않았다! 이는 대단히 교묘한 계산법이다. 다섯 살 아이들도 동일한 패턴을 나타냈다.[12] 그러나 아이들은 성장하면서 이런 방식으로 보상을 나누면 장기적으로 자신이 곤란해질 수 있다는 사실을 배운다. 실제로 여덟 살 아이들은 이러한 위험을 성인들만큼이나 잘 인식했고, 적어도 공식적인 자리에서는 불평등에 대해 강한 반감을 드러냈다. 이 아이들은 자신이 더 많이 갖는 불공평한 단기적 이익이 장기적으로 더 큰 손실로 이어질 수 있다는 사실을 인지했다. 그래서 이 연령

대의 아이들은 분배 방식을 잘 알고 있는[13] 잠재적 파트너들보다 더 많은 보상을 차지하는 불공정한 방식을 거부했다.

물론 이러한 사실은 좀 더 성숙한 아이들이 평소에 신뢰성 있는 행동만 할 것이라는 의미는 아니다. 단기적인 이기심에 주목하는 메커니즘은 여전히 아이들의 마음속에 남아 있으며, 적절한 상황에서는 적절하게 이기적인 이익을 추구하도록 만든다. 예를 들어 상황을 잘 알고 있는 상대방과 평등하게 보상을 나눠 가지려 했던 5~6세 아이들은 상대에게 정보가 없을 거라고 확신할 때에는 앞서 언급했듯 적절한 방식으로 이기적인 보상을 챙기려 했다.[14]

지금까지 소개한 연구 성과들은 신뢰성의 씨앗이 저절로 싹을 틔운다는 생각을 뒷받침한다. 아이들은 배우지 않고서도 공정하고 예의 바르게 선한 행동을 한다. 도덕성의 동기는 아이들 본성의 일부다. 분명 아이들은 때로 신뢰를 저버리고 이기적인 욕망을 따르겠지만, 때로는 어른들과 마찬가지로 유혹에 직면해서도 믿음과 책임을 끝까지 지키려 할 것이다. 신뢰와 협력, 그리고 이와는 상반된 가치를 뒷받침하는 메커니즘들은 이미 아이들의 마음속에 자리 잡고 있으며, 두뇌의 다양한 기능들과 마찬가지로 자율적인 일정에 따라 꽃을 피운다. 아이들은 이기적인 악동 혹은 순수한 백지 상태로 세상에 태어나지 않는다. 어른들과 마찬가지로, 우리 대부분의 예상보다 좀 더 복잡한 초보적 단계의 도덕성을 갖고 태어난다.

그러나 아이들의 마음속에 도덕적 메커니즘이 존재한다는 이유만으로 도덕 교육이 필요 없다거나 별 도움이 되지 않는다는 생각은 잘못이다. 1장에서 언급했듯이, 신뢰는 다른 모든 도덕적 행동들처럼 의식과 무의식의 조합으로 이루어진다. 우리는 자녀든 교실의 학생이든 아이들에게 약속을 지키려는 노력의 중요성을 가르침으로써 아이들이 더 자주 신뢰성 있게 행동하도록 격려할 수 있다. 특히 아이들이 여러분을 '신뢰'할 때 그렇다. 이러한 가치를 내재화하도록 하면 아이들로부터 큰 의식적 반응을 이끌어 낼 수 있다. 하지만 그것만이 중요한 것은 아니다. 세상의 모든 아이들이 왜 자신이 약속한 것보다 여동생의 사탕을 더 많이 먹는지 이해하고자 한다면 반드시 명심해야 할 부분이다. 계속 살펴보겠지만, 의식의 수면 아래에서는 차원이 다른 도덕적 계산이 진행되고 있다.

공정하고 신뢰성 있게 행동하려는 성향은 신뢰에 대한 학습과 관련하여 그림의 절반만 보여주고 있다. 한 아이가 상대를 속일지를 고민하는 동안, 다른 아이는 그를 신뢰해야 할지 고민하고 있다. 아이가 어른을 신뢰해야 할지 고민하고 있다면 그 잠재적 중요성은 더욱 높아질 것이다. 아이들은 특히 특유의 나약함 때문에 누구를 신뢰할 것인지를 일찍 그리고 재빨리 판단해야 한다. '나쁜' 사람이 접근할 때 아이들이 할 수 있는 일은 그저 울음을 터뜨리는 것뿐이지만, 그것만으로도 충분히 자신의 생명을 지킬 수 있다. 엄마와 아빠는 아이가 심하게 짜증을 내는 사람에게 아이를 맡기려 하지는 않을 것이다. 이처럼 어린 시절의 불확실한 측면은 아이들이 다른 사람의 신뢰성을 적극 판단하도록 만든다. 그렇다면 그러한 판단 능력은 얼마나 일찍 발현될까?

그 해답을 발견하기 위해 나는 친구인 폴 블룸[Paul Bloom]의 연구에 주목했다. 폴과 그의 아내 캐런 윈Karen Wynn은 세계적으로 유명한 아동발달 연구소를 운영하고 있다. 아기들의 심리를 탐구하는 분야에서 두 사람은 세계 최고의 팀일 것이다. 예일 대학에서 이들이 추진한 연구들은 언어 발달 이전 단계의 사회적 사고 및 판단에 관한 흥미진진한 발견들을 보여주었다. 운이 좋게도 나는 오랫동안 폴과 여러 번 이야기를 나눌 기회가 있었다. 나는 폴과 캐런, 그리고 그들의 학생들이 아이들의 도덕적 사고를 관찰하기 위해 고안한 창조적인 방법들에 종종 놀라곤 했다. 그들의 연구는 시간을 거슬러 올라가 도덕적 판단이 모습을 드러내는 최초의 시점을 관찰했다. 블룸과 윈은 아이들의 마음이 세상이 어떻게 돌아가는지를 배우기 위해 바쁜 것만은 아니라는 사실을 계속 보여주었다. 아이들은 또한 세상을 살아가는 사람들이 어떻게 행동하는지 이해하려고 노력한다.

앞서 언급했듯이, 어린아이들을 대상으로 하는 실험에서는 피실험자들의 생각을 직접적으로 묻지 못한다. 블룸과 윈이 이 어려움을 해결하기 위해 고안한 방법은 '예측 위반violation of expectancy'이란 것이다. 이름에서 짐작할 수 있듯이, 예측 위반은 아기들을 놀라게 만드는 다양한 사건을 활용하는 방식이다. 우리는 아기들이 놀랐는지 어떻게 알 수 있을까? 간단하다. 아기들이 어떤 대상을 바라보는 시간으로 알 수 있다. 아기들이 자신의 예상과 어긋나는 대상이나 장면을 더 오래 바라본다는 것은 잘 알려진 사실이다. 예를 들어 상자 안에 빨간 공을 집어넣고 바로 상자를 들어 올려 노란 공으로 바뀐 장면을 보여주면, 아기들은 공이 빨간색일 때보다 훨씬 오랫동안 바라본다. 아기들은 상자를 들어 올렸을 때 당연히 빨간 공이 나올 것으로 예상했다고 말로 표현하지는 못하지만, 우리는 이들이 시선을 집중하는 모습을 통해 이들이 놀랐다는 사실을 확인할 수 있다.

블룸과 윈은 천재성을 발휘하여, 응시하는 시간에 관한 연구 방법을 물건이 아니라 특정한 사회적 상황에 대한 아기들의 판단에 적용했다. 그들은 어떻게 신뢰에 관한 상황을 아기들이 쉽게 이해하도록 했을까? 그들은 나무로 만든 기하학적 모양의 작은 꼭두각시 인형으로 눈을 돌렸다.

다음 상황을 떠올려 보자. 작은 무대가 있고, 푸른 하늘 아래로 가파른 언덕이 펼쳐져 있다. 무대 오른쪽에서 눈이 튀어나온 조그마한 원 모양의 빨간색 나무 인형이 등장한다. 사람이 몰래 숨어서 조종하는 '등반가'란 이 인형은 무대를 이리저리 돌아다니다 가파른 언덕에 이른다. 빨간 인형은 동화책『할 수 있다고 생각하는 꼬마 기차Little Engine That Could』에 등장하는 주인공처럼 용감하게 언덕을 오르지만 성공하지 못한다. 언덕 꼭대기에 오르기 위한 두 번의 도전이 실패로 끝나고 다시 세 번째 도전을 할 때 갑자기 다른 인형이 무대에 등장한다. 마찬가지로 눈이 튀어나오고 기하학적 모양을 한 그 인형은 두 가지 배역 중 하나를 수행한다. '조력자' 역할을 맡은 경우 그 인형은 언덕 중간에 멈춰 서서 기대의 눈빛으로 자신을 바라보고 있는 등반가 인형에게 다가간다. 그러고는 정상까지 그를 밀어서 결국 어려운 목표를 달성하도록 한다. 다음으로 '방해자' 역할을 맡은 경우 이름에서 짐작할 수 있듯이 이전과는 정반대의 상황이 벌어진다. 방해자는 등반가가 도전에 성공하지 못하도록 언덕 아래로 밀어 버린다. 10개월 된 아기들은 조력자와 방해자가 똑같은 횟수로 등장하고 비슷한 방식으로 이야기가 펼쳐지는 이 '연극'을 여러 차례 보게 된다.

성인들은 그 이야기를 쉽게 해석할 것이다. 등반가는 조력자를 신뢰해야 하지만, 방해자는 아니다. 그렇다면 아기들의 판단은 어땠을까? 도덕성이나 신뢰성의 의미를 아직 깨닫지 못한 아기들 역시 그렇게 상황을 해석했을까? 이 질문에 대한 대답을 확인하기 위해, 블룸과 윈은 그 연극을 본 아기들을 다시 무대 앞에 앉혔다. 그리고 이번에는 세 인형 모두를 무대에 등장시켰다. 무대 중간에 등반가가 서고, 양쪽에 조력자와 방해자가 선다. 여기서 중요한 질문은 이것이다. 이 상황에서 등반가는 어느 쪽 인형에게 다가갈까? 여러분이라면 대답이 어렵지 않다. 틀림없이 등반가 쪽으로 갈 거라고 예상할 것이다. 실제로 등반가는 그렇게 했다. 등반가가 조력자 쪽으로 통통 튀어 갔을 때, 아기들은 그 장면을 그리 오래 쳐다보지 않았다. 모든 것이 예상했던 대로였다. 충분히 이해할 수 있는 상황이었다. 그런데 등반가가 복수해야 할 방해자 인형 쪽으로 튀어 가도록 하자, 아기들은 그 광경을 오랫동안 쳐다봤다. 도저히 못 믿겠다는 듯 아기들의 시선은 새롭게 맺어진 두 인형에 고정되어 있었다.

발달 단계의 시계를 좀 더 뒤로 돌려, 블룸과 윈은 생후 6개월 된 아기들을 대상으로 똑같은 실험을 반복했다. 혼자서 제대로 앉아 있기도 힘든 이 아기들도 어떤 인형이 신뢰할 만하고 친하게 지낼 자격이 있는지 구분했다. 조력자 인형과 방해자 인형 중 하나를 끌어안도록 하자 모든 아기가 조력자 쪽으로 손을 뻗었다. 인형의 색상이나 모양은 전혀 중요하지 않았다. 연구원들은 두 인형의 외형적 특성들을 바꿔 가며 실험했다. 어느 아기도 곤경에 빠진 친구를 돕지 않았던 인형과 친해지기를 원치 않았다.[15]

걱정 가득한 아이, 여행 떠나는 아이

◆

세상에 태어나는 아기들은 특정한 사회적 지평에 직면한다. 그 지평에서는 보물이나 함정으로 이어지는 갈림길들이 매일 앞에 펼쳐진다. 행복하게 살려면 당연히 막다른 불행의 골목이 아니라 머나먼 여정으로 자신을 안내할 길을 따라가야 한다. 모든 부모는 자녀들이 그렇게 살아가길 원하고, 그러한 욕망도 아이들의 마음속에 암묵적으로 투영되어 있다. 삶의 갈림길에 이를 때마다 아이들은 어느 쪽을 택할지 결정해야 한다. 결정 과정에 인간적인 관계가 수반될 때 신뢰는 종종 대단히 중요한 주제로 떠오른다. 누가 자신에게 깨달음을 줄 것이라고 신뢰할 수 있을까? 누가 자신을 보살펴 주고, 자신과 자원을 평등하게 나눠 가지려 할 것인가? 나는 신뢰성 있는 태도를 보여야 할까? 다른 사람들을 공정하게 대해야 할까? 그들을 도울 것인가 아니면 외면할 것인가? 이러한 질문에 대한 모든 대답은 결국 아이들의 여정에서 최종 목적지를 결정하는 요인이 된다. 이와 관련하여 아이들이 직면하는 문제가 있다. 어디에도 지도가 없다는 사실이다.

어떤 길이나 선택지를 결정할 때 도와주는 확실한 안내서나 은유적인 지도가 없다는 사실이 우려만큼 상황을 힘들게 만들지는 않는다. 앞서 살펴봤듯이, 아이들은 누군가를 신뢰하거나 신뢰를 저버리는 문제를 동전 던지기로 결정하지 않는다. 아이들은 무작위로 결정하지 않는다. 진화적 관점에서도 있을 수 없는 일이다. 그것은 생존을 확률에 맡기는 일이며, 진화의 과정을 심하게 모욕하는 저주다. 결론적으로 말해서, 아이들의 마음속에는 신뢰와 관련된 일종의 소프트웨어가 이미 탑재되어 있다. 인지과학자 스티븐 핑커의 표현을 빌리자면, 아이들의 마음은 절대 백지 상태가 아니다. 인류는 두 발로 일어서기 전부터 누구를 신뢰해야 하는지 판단하기 위해 노력했다. 실제로 인간은 말을 배우기 전에 공정함과 협력의 중요성을 깨닫는다. 그리고 초등학교에 입학하기 전부터 누구에게 가르침을 얻어야 할지 까다롭게 선택한다.

물론 이른 나이에 발현되는 이러한 내적 역량은 고정되어 있지 않다. 이 능력은 나이가 들면서 함께 성장한다. 다른 사람들을 바라보는 아이들의 직관은 어릴 적 보육교사나 선생님들과의 관계를 통해 꾸준히 발전한다. 새로운 상대를 신뢰할지를 판단하는 아이들의 미성숙한 직감, 즉 우리 모두 가지고 태어나는 본능은 매일 정교하게 다듬어진다. 어릴 적 경험들은 아이들의 기대 수준에 영향을 미치고, 이에 따라 형성된 애착 유형은 어느 정도 성숙한 아이들이 왜 다른 사람들로부터 이용이나 무시를 당할 때 별로 놀라지 않는지를 부분적으로 설명해 준다. 이러한 학습된 기대는 죄수의 딜레마를 활용한 시뮬레이션에서 다양하게 드러나는 기본적인 협력의 비율로서 기능한다. 학습된 기대는 한 개인이 상대방을 신뢰하고, 스스로 신뢰성 있게 행동하려는 판단에 영향을 미치고, 이러한 판단은 다시 이후의 관계 기반을 형성한다.

그러나 학습의 경우는 그 효과가 도덕성의 범위를 넘어 능력의 문제로 확대된다. 아이들이 유능한 선생님을 정확하게 구분할 줄 안다면 더 많이 배우게 될 것이고, 미래에 다른 아이들을 위한 유능한 교사가 될 수 있을 것이다. 그는 다른 아이들이 올바른 정보를 가르쳐 줄 거라고 신뢰하는 인물이 될 수 있을 것이다. 그리고 다른 사람들이 기꺼이 협력하고자 하는 파트너가 될 것이다.

아이들이 잘못된 교사를 선택하는 일은 스스로에게 배신자의 운명을 지우는 것과 같다. 잘못된 선택 때문에 아이는 많은 것을 배우지 못할 것이며, 잠재적 파트너나 지식의 원천으로서 다른 사람들의 선택을 받기 힘들 것이다. 결국 능력 부족은 배신과 기능적으로 동일하다. 그 '문제'가 악한 의도이든 능력의 결함이든 간에 결과는 모두 협력의 실패로 이어질 것이다.

이제 여러분도 분명히 이해했듯이, 신뢰는 의도와 능력에 관한 문제다. 즉, 올바르게 행동하기를 원하는 것과, 그렇게 할 수 있는 역량에 관한 문제다. 아이들이 지적 잠재력을 완전히 개발하도록 도우려면 아이들이 신뢰할 수 있는 유형의 교사들, 즉 학습을 위해 진화한 두뇌를 지닌 교사들이 필요하다. 이 말은 또한 신뢰와 관련하여 가장 중요한 요소들에 대한 아이들의 관심 변화에 우리가 주목해야 한다는 것을 의미한다. 아기들의 두뇌는 자신들과 비슷하고 편안한, 가령 엄마나 아빠

같은 사람들로부터 학습하는 데 집중한다. 그러나 초등학교 저학년 과정을 거치는 동안 편안함과 유사성에 대한 아이들의 관심은 능력과 전문성 쪽을 향하게 된다. 아이들의 학습 잠재력을 극대화하려면, 부모와 교육자들은 이러한 변화를 따라가야 한다. 선하지만 무능한 사람이라고 아이들로부터 무시당하지 않으려면 자신의 전문적인 지식을 드러내야 한다. 그리고 아이들의 신뢰를 얻어야 하고, 이를 위해 다양한 방법을 활용하는 법을 배워야 한다. 연구 결과들은 학교에서 뛰어난 성적을 얻기 위해 아이들이 원하고 필요로 하는 것들이 무엇인지를 보여주고 있다. 우리는 하나의 사회로서 이러한 연구 결과에 주목할 필요가 있다.

● **내 말을 믿으란 이야기는 아이들에게 통하지 않는다.** 아이들의 마음은 태어날 때부터 어른들의 신뢰성에 점수를 매기기 시작한다. 아이들은 입을 떼기도 전에 여러분이 다른 사람들을 공정하게 대하는지 알고 있다. 그리고 유치원에 들어가기도 전에 여러분이 특정 분야에서 유능한 사람인지 파악하고 있다. 여러분은 아이들의 의식적인 마음을 향해 자신이 신뢰성 있는 사람이라고 말할 수 있지만, 아이들의 무의식은 이미 진실을 알고 있다. 물론 과거의 행동은 미래의 행동을 장담하지 못한다. 즉, 평판은 완벽하지 않은 기준이다. 그럼에도 여러분이 예전에 아이들을 실망시킨 적이 있다면, 이를 극복하기 위해 더 많은 노력을 기울여야 할 것이다.

● **교사는 친구가 아니라 스승이 되어야 한다.** 훌륭한 스승은 여러분이 열심히 노력하고 살아가면서 직면하는 문제들을 헤쳐 나가도록 지침을 제공할 능력이 있

는 사람이다. 또한 여러분을 지지하고, 당장에는 듣기 좋은 말이 아닐지라도 실질적인 조언을 해 줄 거라고 여러분이 믿는 사람이다. 아이들은 존경하고 좋아할 수 있는 스승을 발견하고 싶어 한다. 그러나 두 가지 조건을 모두 만족시키는 스승을 발견하지 못할 경우 아이들은 존경의 자질을 더욱 중요시하는 경향이 있다. 앞서 살펴본 것처럼, 다섯 살 무렵의 아이들은 선량한 사람보다 전문가라고 생각되는 사람으로부터 정보를 얻기를 직관적으로 원한다. 또한 아이들은 그러한 스승으로부터 얻은 정보를 더 많이 기억한다. 이 말은 곧 시험 성적에서 중대한 차이를 만들 수 있다는 뜻이다.

● **신뢰성과 관련하여 아이들은 어른들만큼이나 복잡하다.** 사람들은 종종 아이들이 단순하게 행동을 결정한다고 생각한다. 아이들은 일단 남의 쿠키를 먹고 나서 나중에 그 일을 걱정한다. 그러나 아이들의 마음 역시 적어도 직관적인 차원에서 어른들과 동일한 경쟁 메커니즘의 지배를 받는다. 아이들은 자신의 이익을 극대화하길 원하면서도 불평등의 개념을 인식한다. 다른 사람들이 자신을 착한 아이로 봐 주길 원하면서 동시에 익명성의 기회도 인식한다. 그래서 친구가 보고 있을 때는 똑같이 쿠키를 나눠 갖지만, 친구가 보고 있지 않거나 들키지 않는다는 확신이 들 경우 더 많은 쿠키를 차지하려 든다. 아이들의 마음은 어른들과 마찬가지로 즉각적인 보상과 장기적인 보상 사이에서 적절한 균형을 찾기 위해 노력한다. 그러나 성인들과 달리 아이들은 직관적인 충동을 극복하는 과정에서 더 많은 어려움을 겪는다. 그래서 어느 아이가 자신이 왜 지난번에 약속을 어겼는지 모르겠다고 말할 때, 그 아이는 진실을 말하고 있는 것이다.

4

사랑하면 신뢰할까?
주고받기의 균형점 찾기

신뢰는 비용과 이익을

자세히 추적할 필요성을 제거하는

인지적 지름길로 작용하여

사람들의 마음에서 계산의 부담을 덜어준다.

사랑하는 관계에 신뢰가 자리 잡기 위해 가장 중요한 부분은,

서로 상대의 기대를 충족시켜줌으로써

계속 상대의 행동을 확인해야 할 필요성을

느끼지 못하도록 만드는 노력이다.

우정이나 비즈니스 협력, 팀 조직 등 성인들의 모든 관계 유형은 성공을 위해 상호 의존이 어느 정도 필요하지만 그 영향의 범위는 그리 넓지 않다. 다시 말해, 신뢰를 저버린 상대방의 행동이 환영할 만한 일은 아니라 하더라도 우리 자신을 대단히 위태롭게 만들지는 않는다. 하지만 중요한 예외가 있다. 바로 사랑하는 관계다. 서로 사랑하는 성인들 대부분은 독립적인 능력을 일시적으로 망각한 듯한 모습을 보인다. 물론 마비되거나 정신적으로 무력해진다는 뜻은 아니다. 사랑하는 관계 속에서도 우리는 똑같이 생각하고 연구하고 분석할 수 있다. 또한 똑같이 일하고 요리하고 은퇴 계획을 짤 수도 있다. 다만 여기서 우리가 할 수 없는 것은 상대방과 더욱 가까워지려는 타오르는 욕망, 즉 공유하고 함께하고 의존하고 자신의 영혼을 상대에게 그대로 드러내려는 욕망의 불꽃을 제어하는 일이다.

이러한 욕망 때문에, 소중한 사람과의 관계가 실패로 돌아가면 이를 '극복하기'란 극단적으로 어려운 일이 되고 만다. 아무리 노력해도 사랑하는 사람과의 기억을 쓰레기 더미로 던져 버리는 일은 결코 쉽지 않다. 믿었던 배우자나 소중한 파트너의 변심만큼 감정적 혼란과 가슴

4. 사랑하면 신뢰할까?

아픈 고통을 가져다주는 사건은 거의 없다. 사랑하는 사람이 떠나기로 결심했다는, 혹은 적어도 떠나고 싶어 한다는 사실을 알게 되면서 느끼는 실질적·감정적 상실감은 다른 상처들을 사소해 보이게 만든다.

이러한 감정적 혼란은 사랑하는 관계에 따른 비용과 이익의 크기에서 비롯된다. 사랑은 두 사람 사이에 긴밀한 관계를 구축하는데, 성인들의 경우 관계의 주요 목적은 인식하든 아니든 간에 자녀를 낳고 양육하는 일이다. 역사적 관점으로 보면 아기를 낳기 위해서는 두 사람이 필요하고, 아기를 잘 돌보기 위해서도 두 사람이 필요하다. 진화적 차원에서 부부 간의 신뢰는 다른 유형의 신뢰보다 개인의 성공에 더 많은 영향을 미친다. 배우자의 부정은 자신의 유전자를 후손에게 성공적으로 물려줄 수 있는 가능성이 줄어든다는 의미다.

그러나 사랑과 충실함이 우리에게 가져다주는 혜택은 자녀를 낳고 양육하는 것만으로 끝나지는 않는다. 많은 연구들은 장기적으로 만족스런 관계를 유지하는 사람들이 독신자들에 비해 육체적, 심리적으로 더 건강하다는 결과를 끊임없이 보여준다. 장기적인 관계를 유지하고 있다는 사실은 경제적, 사회적, 심리적 등 모든 기준에서 긍정적인 요인으로 작용한다. 우리는 장기적인 관계를 통해 지속적인 협력자, 즉 삶의 다양한 분야에서 진정으로 지지해 줄 사람과 함께한다. 이러한 점에서 긍정적인 관계는 스트레스, 재정, 사회적 문제, 그리고 미래를 암울하게 만드는 모든 문제들에 맞서기 위한 완충 장치 역할을 한다.

결론적으로 말해서, 비즈니스 파트너의 배신 역시 분명히 부정적인 경험이지만 배우자의 변심과 같은 수준으로 삶에 부정적인 영향을 미치지는 않는다. 이 단순한 사실은 일반적인 관계의 신뢰 문제를 다루기 위해 우리의 마음이 활용하는 메커니즘의 복잡성이 왜 사랑하는 관계의 신뢰 문제를 위해 설계된 메커니즘의 복잡성과 완전히 다른지 설명해 준다. 신뢰의 작동 방식에 대한 이런 관점도 여전히 수수께끼의 한 조각을 설명하지 못하고 있다. 왜 처음 만난 사람에게 거절당하는 경험도 우리에게 가슴 아픈 고통을 가져다주는 것일까? 사람들은 왜 지난주에 열린 스피드 데이트(독신 남녀들이 애인을 찾을 수 있도록 여러 사람을 돌아가며 잠깐씩 만나도록 하는 행사-옮긴이)에서 만난 한 사람이 다른 이성을 더 마음에 들어 할까 봐 노심초사하는가? 이 장의 뒷부분에서 살펴보고 있듯이, 사랑하는 관계의 맥락이 신뢰의 기능에 몇 가지 수정을 더한다 하더라도 짧은 만남 역시 미래에 대해 민감하게 반응하는 공통 요소를 가지고 있기 때문이다. 커플 사이의 신뢰는 현재의 비용과 이익뿐 아니라 미래의 비용과 이익에 대해서도 민감하다. 결국, 당신이 스피드 데이트 행사에서 만난 한 남자가 미래에 당신의 세 자녀의 아빠가 될 수도 있기 때문이다.

머릿속 계산기가 멈출 때

◆

모든 사랑하는 관계의 본질은 주고받기다. 좋은 관계와 나쁜 관계를 구분하는 기준은 주고받기에서 상대적 균형이다. 수십 년간의 연구와 수백 년간의 상식은 양쪽의 비용과 이익이 대략 평등한 관계들이 가장 만족스럽고 오래 간다는 사실을 말해 주고 있다. 사실 비용과 이익을 구분하는 정확한 기준은 그리 중요하지 않다. 한쪽이 돈을 벌고, 다른 한쪽이 가사를 돌볼 수 있다. 한쪽이 감성적 측면을 맡고, 다른 쪽이 경제적 측면을 맡을 수 있다. 다만 관계가 계속 유지되기 위한 핵심은 각자 가치 있게 생각하는 부분들을 서로 채워 주는 것이다. 주고받은 이익과 비용이 주관적인 차원에서 평등하다면 그 관계는 지속적으로 유지될 수 있다.

물론 사랑의 기쁨에 대한 이런 설명이 다소 차갑고 건조하게 들릴 수 있다는 사실을 나는 잘 안다. 하지만 가장 근본적인 차원에서 사랑하는 관계는 그렇게 움직인다. 그렇다고 해서 사랑하는 관계가 때로는 마술처럼 느껴진다는 사실까지 배제하고 싶지는 않다. 그러나 심장은 우리가 얻을 이익 때문에 두근거릴 수도 있다. 우리가 현재의 관계를 즐기고 있으며 앞으로 계속 관계를 유지하겠다는 결심은, 따스한 감정을 느끼는 경험을 지속하기 위해 스스로 많은 노력을 하겠다는 의지에 달렸다. 아무것도 받지 않고 계속 퍼줄 수 있는 사람은 없다. 이러한 점에서 사랑하는 관계를 유지하는 일은 이용당할 위험으로부터 스스로를 보호하고, 친밀한 사회적 관계를 장기적으로 강화하여 이익을 얻는 것 사이에서 균형을 잡는 과제라고 요약할 수 있다.

이러한 균형을 유지하는 가장 기본적인 방법은 누가 누구를 위해 무엇을 했는지, 혹은 무엇을 할 것인지를 끊임없이 '확인'하는 것이다. 피터는 매일 야근하는 올리비아를 위해 일찍 집에 와서 저녁을 준비하기로 한다. '확인.' 대신 올리비아는 저녁 늦게까지 일해서 두 사람의 재정적 문제를 해결한다. '확인.' 피터는 아침 일찍 일어나 집안일을 시작한다. '확인.' 이러한 방식으로 두 사람은 각자의 심리적 점수 용지에 항목들을 작성하고, 상대가 임무를 수행하면 체크한다. 표면적으로는 쉬워 보인다. 이러한 확인 작업을 통해 비용과 이익이 한쪽으로 편중되지 않도록 관리할 수도 있다. 그러나 실제로 이 방식을 계속 유지하려면 많은 노력이 필요할 뿐만 아니라 언젠가 균형이 허물어질 위험이 있다.

사랑하는 사람들이 서로를 위해 하루에 얼마나 많은 약속과 호의, 협력을 실천하고 베푸는지 잠시 생각해 보자. 그들은 가사를 하고, 아이와 반려 동물을 돌보고, 입출금을 관리하고, 퇴직연금을 붓고, 휴가 계획을 세우고, 식료품을 고르는 등의 일을 상대방에게 의존한다. 그러나 서로 맡은 역할의 성공과 실패를 놓고 정확하게 누적 점수를 기록하는 일은 현실적으로 불가능하다. 게다가 협력이 필요한 많은 일이 장기간에 걸쳐 진행된다는 사실을 감안하면 더욱 힘든 일이다. 엑셀 같은 스프레드시트 프로그램으로 상대의 신뢰성을 실시간으로 추적하지 않는 이상 누가 세탁물을 찾아왔는지, 누가 월세 내는 일을 깜빡했는지 확인하는 과정에서 혼란이 일어나기 마련이다. 혹은 '중대한 사안', 즉 정말 중요한 과제들만 추적하여 상황을 해결할 수도 있을 것이다. 여기서 문제는 한 사람에게 중요한 일이 다른 사람에게는 그렇지 않을 수 있다는 사실이다. 가령 올리비아는 직장 상사에 대한 불만을 털어놓았을 때 피터가 충분한 감정적 위로를 해 주지 않은 것에 화가 나 있다. 그러나 피터에게 그 일은 중요한 문제가 아니다. 오히려 피터는 스포츠 경기를 보려 했던 저녁 시간에 올리비아가 친구를 초대한 것에 화가 나 있다.

바로 이 대목에서 신뢰의 역할이 등장한다. 장기적 관계에서 신뢰는 비용과 이익을 자세히 추적할 필요성을 제거하는 인지적 지름길로 작용하여 사람들의 마음에서 계산의 부담을 덜어 준다. 우리가 배우자를 신뢰하고 그 신뢰가 적절하면, 우리는 상대방이 신뢰성 있게 행동할 거라고 기대한다. 상대가 관계에서 자신의 역할에 충실할 거라고 믿는다. 상대가 가사를 분담하고, 비용을 나누고, 공동의 관심사를 함께 논의하고, 자신에게 필요한 심리적 위로를 해 줄 거라고 기대한다. 물론 이 노력의 균형이 정확하게 50 대 50일 필요는 없다. 그 비율은 관계를 유지하고 있는 두 사람에게 달렸다. 어떤 커플은 60 대 40 혹은 더 편중된 비율로도 만족할 것이다. 사랑하는 관계에 신뢰가 자리 잡기 위해 가장 중요한 부분은, 서로 상대의 기대를 충족시켜 줌으로써 계속 상대의 행동을 확인해야 할 필요성을 느끼지 못하도록 만드는 노력이다.

관계에서 신뢰가 모습을 드러내는 순간은 종종 편안한 분위기 속에서 관계가 새롭고 보다 지속 가능한 국면으로 접어들고 있음을 나타낸다. 나의 예일대 동료 마거릿 클라크Margaret Clark는 이러한 변화를 '교환 기반exchange-based'에서 '공동communal' 관계 유형으로의 전환이라고 말한다. 명칭에서 짐작할 수 있듯이, 교환 기반 관계의 특성은 비용과 이익이 발생할 때마다 양쪽이 이를 명시적으로 추적한다는 것이다. 대부분의 사람들에게 이 기간은 상대방을 넌지시 떠보는 초기 단계를 의미한다. '오늘은 내가 저녁을 샀으니 내일은 그가 사겠지? 아니면 또 얻어 먹으려 할까?' '이번 주에 그녀가 울 때 내가 곁에 있어 주었으니, 이제 그녀는 직장을 잃은 나를 위해 이야기를 들어 주고 위로해 주겠지?' 이러한 초기 단계를 지나는 동안 사람들은 서로의 점수를 기록한다. 그 목적은 당연히 상대방을 신뢰할 것인지 결정하기 위해서다.

어느 정도 시간이 흐른 뒤(그 기간은 두 사람에게 달려 있다) 많은 관계들은 공동 관계의 단계로 넘어간다. 이 단계에 이르면, 사람들은 점수를 기록하고 '내가 이만큼 했으니 그녀는 저만큼 하겠지'라는 식으로 계산하기를 멈춘다. 이제 두 사람은 스스로 역할을 다 하고 상대방 역시 그럴 것이라고 기대하며, 그동안 교환을 확인하기 위해 부담했던 심리적 짐에서 해방된다. 실제로 많은 연구 결과가 이러한 사실을 증명하고 있다. 특히 내가 마음에 들어 하는 사례는 클라크의 초기 연구에서 찾을 수 있다. 그의 실험은 이러한 현상을 최대한 직접적인 방식으로 보여준다.

클라크는 실험에서 공동 관계 혹은 교환 기반 관계인 사람들을 대상으로 함께 과제를 수행하도록 했다. 그는 커플 중 한 사람에게 돈을 지급하고, 각자 완성한 분량을 기준으로 돈을 나누어 가지라고 일러두었다. 여기서 한 가지 주의할 사항이 있다. 두 사람은 각자 다른 방에서 문제를 풀게 된다. 그리고 몇 분 후 서로 과제를 바꿔서 상대방이 해결하지 못한 문제를 풀어야 한다. 간단해 보이지만, 주목해야 할 세부 사항이 있다. 바로 볼펜의 색깔이다.

피실험자들 앞의 책상 위에는 두 개의 펜이 있고, 그들은 이 펜으로 답변 문항에 표시할 수 있다. 하나는 붉은색 잉크가 들어 있고, 다른 하나는 검은색 잉크가 들어 있다. 얼핏 보기에 별 의미 없는 듯하지만, 색상이 두 가지인 펜의 존재는 흥미로운 선택을 가능하게 해 준다. 상대의 펜과 색상이 같은 펜으로 문항에 동그라미를 하면 개인이 과제에 기여한 증거는 사라진다. 반면 색이 다른 펜을 사용하면 누가 특정 문제를 풀었는지에 관한 객관적인 기록이 남게 된다. 쉽게 예상할 수 있듯이, 피실험자들은 펜의 색상을 무작위적으로 선택하지 않았다. 공동 관계에 해당하는 커플들은 약 75퍼센트가 상대방과 색이 같은 펜을 사용했다. 그러나 교환 기반 관계에 해당하는 커플들은 정반대 양상을 보였다. 90퍼센트 이상이 상대방과 색이 다른 펜을 택했다.[1] 이들은 각자의 기여도에 대해 분명하고 객관적인 기록을 남기고자 했다. 상대를 신뢰하면서도 동시에 확인을 하고자 했다. 객관적인 기록은 속임수의 위험을 제거하므로, 이들 대부분은 이러한 방법으로 확인하는 쪽을 택했다.

관계 유형에 따라 드러나는 이러한 차이가 펜 선택 같은 사소한 행동에 영향을 미친다면, 비용과 이익이 상당히 큰 상황에서 사람들이 상대의 점수를 기록하기 위해 얼마나 많은 노력을 기울일지 상상해 보자. 여기서 신뢰는 문제 해결의 열쇠다. 신뢰는 상대를 확인하고자 하는 동기와 필요성을 제거할 뿐만 아니라, 확인이 불가능한 상황에서도 기꺼이 협력하도록 만든다. 신뢰는 관계를 가로막는 장애물에 직면해서도 관계를 더욱 발전하도록 만든다. 공동 관계의 단계에 있는 사람들은 상대가 자신에게 합당한 보상을 나눠 줄 것이라는 믿음이 있었다. 그들은 객관적인 증거나 점수 기록에 신경을 쓰지 않았고, 그래서 색이 같은 펜을 사용했다. 그들은 상대방이 올바르게 행동할 것이라고 신뢰했던 것이다.

연인들이 얻는 이익

◆

정신적 피로를 줄일 수 있다는 사실은 분명 바람직한 이익이지만, 그것이 상대를 신뢰하여 얻는 유일한 혜택이라면 오래 전에 회계 도구들이 사랑을 대체했을 것이다. 인류가 금융 거래를 추적하기 위해 개발한 수많은 도구를 떠올려 보자. 사랑하는 사람과의 거래를 위해서도 우리는 똑같은 도구를 개발할 수 있었을 것이다. 물론 그런 시스템을 개발하는 것은 쉬운 일이 아니겠지만, 신뢰가 주는 이익이 장부를 기록하는 숙제로부터의 해방에 불과했다면 어떻게든 방법을 찾아냈을 것이다. 인류가 그러지 않았다는 사실은 신뢰에 그 밖의 혜택이 있어야 한다는 사실을 말해 준다. 그 혜택은 무엇일까?

미네소타 대학의 심리학자 제프리 심슨Jeffry Simpson은 이 질문에 대한 대답을 제시했다. 수십 년 동안 그는 친밀한 관계에서 신뢰가 차지하는 역할에 관해 연구했다. 그 과정에서 그는 신뢰가 어떻게 형성되며, 어떻게 강한 상호 유대 관계를 유지하게 만드는지에 대한 영향력 있는 주장을 내놓았다. 그의 이론이 인정받은 이유 중 하나는 그의 방법론이 사랑하는 관계를 연구하는 과정에서 충분히 활용할 수 있을 정도로 정확하고 효과적이었기 때문이다. 심슨은 스트레인 테스트strain test(압력을 가했을 때 변형되는 정도를 확인하는 테스트-옮긴이) 패러다임에 관한 일반적인 의견들을 강하게 지지하고 있다. 여러분은 아마도 그 이름에서 심슨의 실험을 짐작할 수 있을 것이다. 그는 커플들을 실험실에 데려다 놓고 실제로 그들의 관계에 압박을 가했을 때 무슨 일이 벌어지는지 살펴보았다.

다음 상황을 상상해 보자. 여러분은 사랑하는 사람과 함께 실험실에 도착한 후 안락한 느낌이 드는 방으로 안내받는다. 그전에 두 사람 모두 신뢰에 관한 온라인 검사를 마쳤다. 두 사람이 들어간 방에는 멋진 의자와 화사한 조명, 그리고 눈에 거슬리는 비디오카메라들이 놓여 있다. 실험자들과 잠시 이야기 나누는 동안 카메라에 대한 부담은 조금씩 줄어든다. 이 시점에서 실험자들은 간단한 부탁을 한다. 두 사람 각각에게 자신이 원하지만 상대방의 큰 희생이 필요한 일들을 말해 보도록 한다. 그러고는 7분 동안 상대방과 함께 그 일들에 관해 의논하고, 역할을 바꿔 다시 논의하도록 한다. 두 사람 모두 자신의 차례가 되었을 때 논의 내용과 상대방에 대한 생각을 묻는 설문지를 작성하게 된다. 그 과정은 재미있어 보이지 않지만, 우리를 이를 통해 관계의 역학 구조에 대해 타당한 통찰력을 얻을 수 있다. 그 논의가 현실적인 상호작용을 그대로 반영하고 있다는 사실을 보여주듯이, 이 실험에서 가장 공통적으로 거론된 항목들은 대부분의 기성 부부들이 겪고 있는 갈등의 주제와 비슷했다. 커플들은 경력을 쌓기 위한 이직, 직장을 그만

두고 공부를 시작하기, 직업을 바꾸기, 값비싼 물건을 구매하기, 혹은 상대가 싫어하는 지역으로 여행을 떠나는 것 등을 언급했다.

신뢰의 작동 방식에 대한 제프리 심슨의 주장은 사랑하는 관계의 바퀴에 기름칠을 하는 기능에 집중하고 있다. 그 기능은 자신의 행동뿐 아니라 상대의 행동을 편향적으로 해석함으로써 관계를 강화하는 능력을 말한다. 여기서 신뢰는 본질적으로 관계의 완충 장치로 작동한다. 즉, 거친 부분을 부드럽게 만들어 주는 것이다. 이를 사랑의 묘약쯤으로 생각해도 좋다. 스트레스 상황을 극복하기 위해 우리가 복용하는 다양한 약물처럼, 신뢰는 순간적인 적대감을 낮추고, 과거의 사건들을 긍정적으로 기억하도록 만들고, 문제가 될 가능성이 있는 사건들을 사소한 일처럼 보이게 함으로써 사람들의 행동에 실질적인 영향을 미친다.

앞서 설명한 것처럼, 심슨의 실험들에서 그러한 신뢰의 혜택이 지속적으로 드러났다. 커플들이 이야기 나누는 모습을 담은 비디오 영상 자료는 일관적인 패턴을 보여주었다. 신뢰 수준이 높은 커플들은 논의 과정에서 수용하고 협력하는 모습을 뚜렷이 보여주었다. 상대방의 이야기에 귀를 기울이고 진지하게 받아들였을 뿐만 아니라, 두 사람 모두 동의할 수 있는 해결책을 발견하기 위해 더 많은 노력을 했다. 그러나 신뢰도가 높은 피실험자 커플들이 논의한 주제가 그렇지 않은 커플들의 주제에 비해 스트레스 정도가 낮은 것은 아니었다. 두 집단 모두 비슷하게 중요한 문제들에 관해 이야기를 나누었다. 그렇다면 긴장 완화와 이에 따른 성공적인 협상은 신뢰 자체의 미묘한 효과로부터 비롯된 것이었다.

4. 사랑하면 신뢰할까?

대화에서 중요한 시점, 다시 말해 자신의 이익을 관철하기 위해 긴장 관계를 높일 것인지를 결정해야 하는 시점에서, 신뢰는 직관적인 차원에서 긴장을 완화하고 타협하는 방향으로 분위기를 전환했다. 간단히 말해서, 신뢰는 의식의 수면 아래에서 움직이는 심리적 계산 흐름을 바꾸어 놓았다. 신뢰는 단기적 이익을 추구함으로써 관계에 피해가 미칠 경우 장기적으로 발생할 손실에 관해 생각하게끔 유도한다. 다음 달에 배우자와 디즈니월드에 가고 싶지 않다는 이유만으로, 장기적으로 즐거움과 위안을 가져다줄 지금의 관계를 손상시키거나 잠재적으로 끝낼 수 있을까? 그 대답은 '아니오'일 것이다. 신뢰는 이렇게 장기적 이익보다 단기적 이익을 선호하는 일반적인 욕망에 맞서 싸운다. 신뢰는 의식의 수면 아래에서 움직이며 우리가 장기적 이익을 더 소중하게 생각하도록 자극하고, 지금 더 큰 희생을 받아들이고 협력하도록 동기를 부여한다.

성공적인 해결책에 합의하더라도 갈등은 마음의 상처를 남길 수 있다. 긴장감 어린 논의는 상대방을 바라보는 시선을 부정적인 색깔로 물들일 수 있다. 결국 협력하기로 하더라도, 협상 과정에서 드러난 태도가 상대에 대한 여러분의 느낌에 영향을 미칠 수 있다. '휴, 생각보다 힘들군. 그녀는 예상보다 더 이기적이야.' 혹은 '그가 X를 그렇게 중요하게 생각하는 줄 몰랐군.' 다르게 말하면, 경쟁하는 동기와 목표의 정체를 드러낸다는 점에서 협상은 본질적으로 관계의 건강성과 방향에 질문을 제기할 위험이 있다. 여기서도 심슨은 신뢰를 만병통치약으로 보고 있다.

협상 과정에서 발생할 수 있는 잠재적 피해를 예방하는 한 방법은, 협상이 남긴 부정적인 이미지를 사후에 제거하는 것이다. 심슨의 연구는 이러한 과정을 정확하게 보여주고 있다. 상대방을 깊이 신뢰하는 상태에서 실험 속 논의에 들어간 커플들은 상대방의 양보를 일반적으로 과대평가했다. 예컨대 아내가 직장을 그만두고 다시 공부하기 위해 남편에게 일주일에 10시간 더 근무하도록 부탁하고 남편이 아내의 요청을 받아들인 경우, 협상 이전에 남편에 대한 아내의 신뢰 수준이 대단히 높으면 아내는 남편의 양보에 더욱 높은 주관적 가치를 부여했다. 사람들은 상대를 더 많이 신뢰할수록 상대의 양해를 더 고귀한 희생으로 바라본다.

여기서 우리는 이러한 흐름이 거꾸로도 가능할 것이라고 예측할 수 있다. 즉, 상대방의 양보에 많은 가치를 부여하는 태도는 다시 상대방에 대한 더 높은 신뢰로 이어질 수 있을 것이다. 예측은 사실로 드러났다. 이처럼 편향된 신뢰의 궁극적인 결과는 이것이다. 상대방이 완전히 이기적인 사람은 아니며 어떤 문제든 협력할 것이라고 기대하게 함으로써 신뢰가 자가 발전하도록 만든다. 심슨의 연구 성과가 확인해주듯이, 실험 속 논의 당시 상대방을 신뢰했던 사람들은 이전에도 비슷한 수준으로 꾸준히 이해받았더라도, 실험이 끝나고 더 높은 수준으로 상대방을 신뢰하게 되었다.[2]

이 대목에서 여러분은 뭔가 석연치 않다고 느낄지도 모른다. 편향들은 모두 문제가 있는 것 아닌가? 결국 이 연구 결과는 신뢰가 상대방에 대한 긍정적인 편향을 강화함으로써 실제보다 더 신뢰할 만한 사람이라고 믿게 만든다는 사실을 말해 준다. 그러나 신뢰의 작동 방식과 관련하여 이 책을 시작하며 제시한 주장으로 돌아가면, 편향이 왜 존재하느냐는 질문에서 편향이 가져다주는 혜택을 고려하는 방향으로 초점이 이동하게 된다. 상대방의 신뢰성에 대한 과대평가가 자칫 부정적인 결과로 이어질 수도 있겠지만, 그러한 편향에는 분명 이익이 있다. 이는 사회적 네트워크인 협력 시스템에 왜 '잡음'이 존재하는지 이해하기 위한 핵심적인 깨달음이다.

제프리 심슨이 확인한, 신뢰가 신뢰를 낳는 선순환 고리는 관계에 닥칠 위험과 맞서는 역할을 한다. 그러한 위험 역시 편향으로부터 비롯된 것일 수 있다.

노왁의 시뮬레이션 실험에서 맞대응 전략이 최고의 승자는 아니었다는 사실을 떠올려 보자. 맞대응 전략은 좋은 성과를 거두었지만 근본적인 결함도 있었다. 이 전략은 실수로 인한 배신, 즉 신뢰성 있게 행동하고자 했지만 그러지 못했던 배신에 유연하게 대응하지 못했다. 맞대응 전략은 상대가 배신의 기미를 조금이라도 보이면 이들을 가차 없이 거부했다. 이로 인해 협력 관계는 불신의 소용돌이로 추락하고, 결국 거기서 빠져나오지 못했다.

관대한 맞대응 전략은 이러한 위험을 극복할 수 있다. 관대한 맞대응은 신뢰를 저버린 행동을 분명하게 인식한다. 그럼에도 용서하고, 상대방의 객관적인 행동보다 그가 더 신뢰할 만한 가치가 있다고 추측한다. 관대한 맞대응은 기존 관계든 새롭게 형성된 관계든 간에 단번에 끝내지 않고 개선을 위한 여지의 문을 열어 놓는다. 그러한 개선 가능성과 더불어 지속적인 협력과 지지가 따라 나온다. 바로 여기에 편향의 혜택이 존재한다. 충분히 이해하고 넘어갈 수 있는 실수 때문에 관계를 끝내는 것보다 사랑하는 사람과의 소중한 관계를 유지함으로써 우리는 장기적으로 더 많은 이익을 얻을 수 있다.

생각해 보자. 스트레스나 나쁜 기분 혹은 단순한 착각 때문에 우리는 사람들에게 가끔 옹졸한 모습을 보이곤 한다. 그러한 사례는 우리의 일반적인 모습과 거리가 멀다. 다분히 예외적이고 이유를 알 수 없는 일이더라도 상대방은 있는 그대로 받아들일 가능성이 있다. 상대가 시간과 노력을 투자하여 우리의 진정한 의도를 알아내려 하지 않는 한 단지 이기심의 표출로만 해석할 것이다. 게다가 인간 심리의 또 다른 본능적 편향인 근본적 귀인 오류fundamental attribution error에 따라 우리는 한 사람의 특정 행동이 상황적 요인 때문이 아니라 그의 본질적인 특성 때문이라고 생각한다.[3] 그렇기 때문에 관계에서 나타나는 '잡음'은 건강한 관계를 의도하지 않은 죽음의 소용돌이로 밀어 넣을 위험이 있다.

신뢰의 편향적 위력, 다시 말해 우리가 협상 과정을 실제보다 더 신뢰성 있게 바라보도록 만드는 힘은 관용적 맞대응 전략과 비슷한 기능을 한다. 판단 과정에서 상대방의 협력과 신뢰성을 과대평가하게 만드는 비대칭적 실수를 유발함으로써, 스스로 인식하지 못하는 상태에서 상대방의 이기적인 행동을 보다 쉽게 용서하도록 만든다. 때로는 의식적 차원에서 자신이 신뢰하는 상대방의 우발적인 이기심을 이해하기 위한 노력도 필요하지만, 우리를 그렇게 움직이게 만드는 동기 역시 필요하다. 제프리 심슨이 발견한 이러한 편향은 지속적이고 자동적으로 무의식적 차원에서 작동하므로 더 효과적이다. 이 편향은 상대방에 대한 우리의 기대와 느낌을 긍정적인 색깔로 물들이고, 직관적인 차원에서 우리가 더 높은 수준에서 신뢰를 유지하도록 만든다. 이는 상대방의 이기적 행동을 직접적으로 용서하도록 만들기 때문이 아니라, 상대방이 얼마나 이기적이었는지에 대한 우리의 기억을 왜곡하기 때문에 가능하다. 그래도 어쨌든 결과는 기능적으로 동일하다. 다시 말해, 관계를 더 부드럽게 만든다. 실제로 심슨은 지속적으로 유지되는 높은 신뢰는 관계 만족도를 높일 뿐 아니라 관계의 위험성을 낮춘다는 점을 보여주었다. 이러한 신뢰의 완충 기능 덕분에, 신뢰도를 높게 유지하는 사람들은 객관적인 시선과는 달리 상대와의 관계가 보다 순조롭다고 인식한다. 지금 이 순간, 그리고 기억 속에서 신뢰는 심각한 문제를 하찮게 보이도록 만든다.[4]

지나친 걱정은 하지 말자. 그렇다고 해서 신뢰가 우리의 눈을 완전히 멀게 하지는 않을 테니 말이다. 상대방이 극단적으로 비열하게 행동하면 아무리 강한 편향도 쓸모가 없다. 당연한 현상이다. 상대방의 의도적인 악의나 철저한 무시는 우리의 신뢰가 적절하지 못했다는 사실을 말해 준다. 우리는 이를 기존 관계가 지속적인 손실로 이어질 것이라는 신호로 받아들여야 한다. 이러한 방식으로 편향은 적정한 범위 내에서 올바로 기능한다.

두개의 머리
: 직관과 이성

◆

관계 속에서 뭔가 잘못되고 있다는 찜찜함을 지우기 힘들 때가 있다. 자신이 사랑하는 사람이 이상하게 행동한다. 여러분이라면 위험을 감수하더라도 그 사람 앞에서 자신의 의혹을 드러낼 것인가? 혹은 그가 조심해서 처신하도록 유도할 것인가? 아니면 자신이 너무 민감하게 반응한다고 생각하고 그 느낌을 애써 무시할 것인가? 대부분 한 번쯤은 이러한 고민으로 괴로워했을 것이다. 이 고민은 우리가 머리를 믿을지 아니면 가슴을 믿을지 선택하도록 강요한다. 하지만 올바른 선택은 결코 쉽지 않다. 무조건 직감으로 밀고 나가거나 혹은 근거 있는 분석을 들이대는 것만으로 해결될 간단한 문제가 아니다. 이 책을 시작하며 언급한 것처럼, 신뢰 문제에서는 신중한 계산이나 직관적인 계산 모두 언제나 최고의 대답을 들려주지는 않는다. 둘 다 문제 해결이 목표지만 어느 것도 완벽하지 않다. 최고의 선택을 하려면 두 시스템이 어떻게 작동하는지 이해해야 한다.

충동적 신뢰라고도 하는 직관적 신뢰는 우리의 의식 밖에서 상대의 신뢰성을 평가하는 것을 의미한다. 이러한 신뢰는 포지스가 언급한 뉴로셉션의 결과물로 생각할 수 있다. 즉, 자동적이고 지속적으로 갱신되는 계산에서 비롯된 상대의 신뢰성에 대한 인식이다. 그 자세한 계산 과정은 다음 장들에서 면밀히 들여다볼 것이다. 여기서는 우리의 마음이 그러한 계산에서 나온 정보를 활용한다는 사실만 이해하고 넘어가자.

직관적 신뢰의 반대편에는 근거를 바탕으로 하는 이성적 신뢰가 있다. 이성적 신뢰는 치밀한 분석에 기반한 평가를 의미한다. 이는 종종 '~라면?'이라는 질문을 제기한다. 가령 '파티에 함께 가자는 나의 제안을 거절한 것이 그가 나에 대한 흥미를 잃었다는 사실을 의미한다면?' 혹은 '아내의 잦은 야근이 불륜을 저지르고 있다는 사실을 의미하는 것이라면?' 등이다.

우리의 마음이 이러한 질문과 고민(관계가 시작되는 순간부터 생겼다 하더라도)을 다루는 방식은 관계의 성공에 중대한 영향을 미친다. 실질적인 배신은 분명 관계를 끝낼 수 있지만, 잘못된 분석에서 시작된 억측도 같은 결과로 이어질 수 있다. 여기서는 신뢰가 완전히 사라진 실질적인 부정이나 관련 사건에 대한 사람들의 반응에 대한 문제는 접어두고, 애매모호한 상황에서 직관적인 시스템과 이성적인 시스템이 함께 작동하면서 사랑하는 사람에 대한 반응을 결정하는 과정을 들여다보자.

사랑의 영역에서 신뢰에 대한 문제는 일반적으로 '음…'이라는 탄식으로 시작된다. 바로 우리가 어떤 의심스런 행동의 의미를 고민할 때 내는 한숨이다. 상대가 자주 야근을 하거나 미래의 계획을 주저하는 모습을 보이는 것은 예전만큼 애정이 깊지 않다는 뜻일까? 이 질문에 대한 대답을 얻기 위해 우리는 종종 이성적 신뢰에 의문을 던진다. 우리는 현재의 관계를 다시 한 번 생각하며 상대방이 앞으로 신뢰성 있는 모습을 보여줄지 예상한다. 결국 신뢰는 위험을 안고 있다. 그렇기 때문에 상대가 앞으로 협조적이지 않을 것으로 예상되는 경우 상처받지 않는 한 가지 방법은 상대에 대한 신뢰 수준을 낮추는 것이다. 어떻게 반응해야 할지 결정하기 위해, 우리 대부분은 상대방의 행동을 분석함으로써(때로는 집착적으로) 진실을 확인하려 한다. 얼핏 보기에 합리적인 듯하지만, 사실 이러한 전략에는 많은 제약이 따른다. 한 가지 사례로, 과거 행동들의 원인에 대해 우리가 내린 결론은 틀릴 때가 많다. 물론 그러한 분석 과정이 객관적이더라도 그 결과만으로 상대가 앞으로 어떻게 행동할지를 완벽하게 판단할 수는 없다. 기억하자. 상대의 신뢰성에 대한 판단은 두 가지 차원에서 이루어진다. 골치 아픈 '음…'이 신뢰에 대한 실질적인 재계산으로 이어질 것인지 여부는 의식적 분석만큼 무의식적인 분석에도 크게 의존한다.

이 두 시스템의 상호작용을 이해하는 방법 중 하나를 심리학자 산드라 머레이Sandra Murray의 연구에서 발견할 수 있다. 머레이는 우리가 지금 논의하고 있는 '음…'의 문제 유형에 집중함으로써, 커플들이 어떻게 신뢰 문제를 의식적 차원과 무의식적 차원에서 헤쳐 나가는지 오랫동안 관찰했다. 예를 들어 올리비아는 피터에게 함께 저녁 먹고 영화 보러 가기 위해 일찍 집으로 오라고 부탁하지만, 피터는 거절한다. 이미 사무실 동료들과 스포츠 경기를 보러 가기로 약속했다는 것이다. '음…' 이 경우가 처음이 아니라면 올리비아의 머릿속에서는 경보음이 울리기 시작할 것이다. '그를 믿어도 될까? 정말로 경기를 보러 갔을까? 술집이나 클럽에 간 건 아닐까?' 그녀는 궁금하다. 머레이의 설명에 따르면, 이러한 궁금증이 드는 순간 우리의 머릿속에서는 두 가지

4. 사랑하면 신뢰할까?

평행적인 과정이 시작된다.

우선 의식적 차원에서 올리비아는 피터의 행동들을 분석하기 시작한다. 얼마나 자주 외출하는지, 그의 동료들은 어떤 사람들인지, 그리고 자신에 대한 관심이 시들고 있음을 보여주는 다른 조짐은 없는지. 간단히 말해서, 올리비아는 피터에 대한 자신의 이성적 신뢰의 수준을 다시 계산하고 있다. 그녀 스스로는 인식하지 못하지만, 비슷한 과정이 무의식적 차원에서도 동시에 일어난다. 그녀의 무의식은 피터에 대한 신뢰와 관련하여 확증은 없는 예감 같은 최신 정보들을 다시 끌어모으고 있다.

이 두 과정이 제시하는 최종적인 결과, 그리고 두 과정이 함께 내놓은 합의가 올리비아의 반응을 결정한다. 두 평가 모두 피터가 여전히 신뢰할 만한 사람이라고, 즉 직관적으로 그냥 그를 믿고, 그가 자신이 말한 곳에 있을 것이라고 생각하도록 결론을 내렸다면, 올리비아는 그를 계속 신뢰하고 더 가까운 관계를 위해 노력할 것이다. 반대로 두 평가 모두 그가 신뢰하기 힘든 사람이라고 결론을 내린다면, 즉 오늘 TV에서 중계하는 경기는 하나도 없기 때문에 그의 말을 도저히 믿을 수 없고, 이제 한계에 다다랐다고 생각하면 관계는 파국으로 이어질 것이다.

보다 흥미로운 사례들은 신뢰성에 대한 의식적 평가와 무의식적 평가가 일치하지 않을 때 나타난다. 많은 사람들의 경우 의식적인 평가가 우위를 점한다. 올리비아의 합리적 분석이 피터를 신뢰해야 할 근거를 제시하면 올리비아는 이를 받아들일 것이다. 그렇다고 해서 뭔가 잘못되고 있다는 석연치 않은 느낌을 쉽게 떨치지는 못한다. 아마도 그녀는 다른 사람들처럼 그런 느낌은 잊어 버리는 게 좋다고 생각할 것이다. 물론 예감에 대한 의존도는 사람들마다 다르다. 예감을 중요시하는 사람들의 경우는 신뢰하기 힘들다는 예감이 의식적인 분석을 이길 것이며, 이로 인해 상대를 멀리하게 될 것이다. 하지만 상대에 대한 평가의 유형을 자신의 의지대로 선택할 수 있다고 확신하면 실수가 벌어진다. 자신에게 선택권이 주어지는 경우도 있지만 이는 매우 드문 사례다. 많은 경우 우리는 그러한 사치를 누리지 못한다.

심리학 분야에서 지난 20년에 걸쳐 밝혀진 일반 원리 중 하나는, 의식적인 마음이 직관적인 반응을 지배하려는 의지나 능력이 없으면 직관적인 반응이 행동을 지시하게 된다는 것이다. 이러한 현상은 설계상의 오류가 아니라 일종의 합목적적인 특성이다. 이성적인 사고는 시간과 자원의 차원에서 많은 비용이 드는 활동이다. 일상적으로 등장하는 모든 이익과 비용의 사이에서 끊임없이 판단해야 한다면, 우리의 정신은 점심시간이 오기도 전에 녹초가 될 것이다. 반대로 직관적인 의사 결정은 신속하고 자동적으로 움직이는 장점이 있다. 때로 우리에게는 세부적인 모든 사항을 고려할 선택권이 주어지지 않는다. 포괄적으로 분석하고 싶지만 필요한 시간이나 전문 지식이 부족할 수 있다. 이 경우 아무런 판단을 하지 못한 채 우왕좌왕하는 것보다는 직관적인 판단이라도 하는 편이 낫다.

이러한 시스템들의 상호작용이 신뢰에 어떤 영향을 미치는지 확인하기 위해서, 머레이는 함께 살고 있는 100쌍의 커플을 대상으로 장기 연구 프로젝트를 계획했다. 커플들은 대부분 결혼한 상태였다. 머레이는 먼저 서로 간의 직관적인 신뢰 수준을 측정하기 위해 암묵적 연상 검사implicit association test, IAT라는 인지 과제를 개인별로 실시했다. 이 검사에서 점수를 측정하는 방식은 상당히 복잡하지만 과제 자체는 단순하다. 여러 가지 단어와 이미지들이 컴퓨터 모니터에 등장했다가 금방 사라지고, 피실험자들은 그것들을 분류한다. 여기서 단어들은 '좋은', '정직한', '끔찍한' 등 신뢰성에 관한 긍정적인 느낌과 부정적인 느낌을 나타내고, 이미지는 성과 이름 등 상대방을 연상시키는 텍스트나 상대방의 사진으로 구성된다. 연구원들은 피실험자들이 서로 다른 순서로 이어지는 항목들을 분류하는 속도를 기준으로 그들의 마음이 무의식적 차원에서 상대방과 신뢰성을 어떻게 연결하는지 확인했다. 암묵적 연상 검사와 더불어 머레이는 피실험자들의 수행통제executive control 능력을 평가하기 위해 다른 인지 과제를 실시했다. 수행통제란 직관적인 반응의 억제와 의식적인 분석에 얼마나 능숙한지를 뜻한다. 수행통제 능력이 높으면 주변 환경의 방해나 시간 압박에 상관없이 사고 과정을 수행할 수 있으며, 이는 곧 직관적인 반응을 보다 강하게 억제할 수 있다는 의미다.

머레이는 피실험자들이 다시 '험난한' 일상으로 돌아가 2주일 동안 매일 신뢰와 관계에 관한 설문지를 작성하도록 했다. 머레이가 예측한 대로 신뢰가 작동한다면, 직관적인 신뢰가 관계에 미친 영향은 수행통제 능력의 차이에 따라 다르게 나타날 것이다. 다시 말해 수행통제 능력이 낮을수록 이후 상대방에 대한 태도와 행동이 직관적인 반응의 영향을 더 많이 받을 것이다.

예상처럼 많은 커플 사이에서 경고음을 울리는 사례들이 2주일 동안 다소 일반적인 형태로 나타났다. 어떤 커플들은 하고 싶은 일이나 목표에서 갈등을 빚었고, 다른 일부는 약속한 일을 하지 않았다. 그 사건들과 관련하여 머레이의 예측은 맞아떨어졌다. 수행통제 능력이 높은 사람들, 즉 상대의 행동에 대한 의식적 분석에 많은 정신적 에너지를 투자할 수 있는 사람들은 상대방을 대하는 태도가 주로 이성적 신뢰의 영향을 받았다. 정보를 모두 고려하고 배우자를 의심할 충분한 근거가 없다고 결론을 내린 그들은 계속 상대를 신뢰하고 더 가까운 관계를 만들고자 했다. 그러나 다른 한편으로 분석 결과가 붉은 깃발을 들어 올리며 초반의 의혹을 더욱 강화하자 그들은 상대를 불신하고 관계로부터 멀어지려 했다.

다음으로 수행통제 능력이 낮은 사람들, 즉 분석 작업을 별로 좋아하지 않거나, 그러기에는 삶이 너무 피곤하고 바쁜 사람들에게서는 완전히 다른 이야기가 나타났다. 이들의 직관은 실질적인 반응을 이끌었다. 예컨대 아내가 왜 매력적인 헬스클럽 트레이너와 따로 만날 약속을 하는지를 궁금해하는 남편의 경우, 이 궁금증이 지속적인 신뢰 관계의 후퇴를 의미하는지의 여부는 남편의 근본적인 직관에 달려 있었다. 직관의 차원에서 남편이 아내에 대해 깊고 오랜 믿음이 있다면 그는 의혹들은 무시하고 아내에 대한 신뢰를 이어 나갈 것이다. 반면 남편의 직감이 아내에 대한 의심을 받아들이면, 정확한 이유도 모르고 일반적으로 합리적 분석이 그 결론으로 나아가지 않더라도 남편은 아내가 부정을 저지르고 있다고 단정할 것이다. 관계에 미치는 최종적인 영향은 우리가 쉽게 예상할 수 있는 방식으로 드러났다. 직관적인 차원에서 신뢰했던 사람들은 관계를 강화한 반면, 직관적으로 불신했던 사람들은 더욱 소원해졌다.[5]

이 발견의 의미는 매우 분명하다. 여러분이 마음에 들어 하든 아니든 간에, 상대의 신뢰성에 대한 여러분의 직관이 여러분의 시선을 완전히 물들이는 시점이 언젠가 올 것이다. 수행통제 능력이 높은 사람들조차 때로는 정신적 역량이 과도한 부담을 떠안는 시점, 즉 감정적 동요나 인지적 피로 혹은 술 취한 상태에 이른다. 그 시점에 어떤 사건이 상대방에 대한 여러분의 신뢰에 의문을 품게 만든다면, 여러분의 무의식은 걱정을 떨치든 혹은 신뢰를 거두든 자유롭게 판단을 내릴 것이다.

앞서 나는 직관적인 반응이 우리 마음의 적응적인 측면이라고 설명했다. 전반적으로 아무 판단이 없는 것보다 빠르고 간편한 판단이라도 하는 것이 낫다는 의미이다. 하지만 여러분은 이러한 견해가 앞서 언급한 발견들에 비추어 봤을 때 과연 일리 있는지 궁금할 것이다. 신뢰와 관련된 의사 결정은 물건이나 휴가 장소, 저녁 메뉴를 결정하는 경우와 달리 항상 어느 정도 위험을 수반한다. 여기서 직관적 시스템이 때로 우위를 점하도록 하는 것이 과연 적응적인 방식일까? 직관적 시스템은 왜 관대한 맞대응 전략이나 비슷한 관용 전략을 취하지 않을까? 합리적인 분석은 신뢰를 보장한다고 하는데, 왜 직관적인 불신이 나서서 좋은 관계를 망치는 걸까?

이 질문에 대답하기 전에 직관적 시스템에 대한 일반적인 오해를 이해할 필요가 있다. 직관적 시스템은 일반적으로 빠르고 간편한 방식으로 언급되는데, 신뢰성을 판단하는 과정에서 '간편한'이란 표현은 오해의 소지가 있다. 신뢰성 판단을 다룬 다음 장에서 자세히 살펴보겠지만, 직관적인 과정은 이성적인 과정보다 더 정확한 정보를 제공할 수 있다. 어떤 메커니즘도 완벽하지는 않지만, 둘의 조합은 종종 최고의 결과물을 만들어 낸다. 두 개의 머리(여기서는 두 개의 마음)는 언제나 하나보다 나은 법이다. 그러나 두 시스템 모두를 활용할 수 없는 상황이라면 신뢰성을 평가하는 과정에서 직관에 의존하는 쪽이 더 나은 선택이 될 수도 있다.

'녹색 눈의 괴물'
질투의 목적

◆

지금까지 신뢰의 비용과 이익, 그리고 마음이 어떻게 판단을 수행하는지를 알아봤다. 사랑하는 관계에서는 고려해야 하는 중요한 측면이 있다. 사랑하는 사람이 여러분을 배신하거나 다른 사람에게 갈 것이라는 강한 의심이 들 때, 혹은 더욱 나쁜 경우지만 확실한 증거를 포착했을 때 무슨 일이 벌어질까? 연인이 상대를 속일 때 어떤 일이 일어나는가? 대답은 한 단어로 요약된다. 바로 '질투'다.

어떤 이들은 내 말에 동의하지 않을지 모른다. 그들은 상대가 다른 사람에게 관심을 보이면 그냥 차 버리면 그만이라고 생각한다. '좋았어. 이제 완전히 끝이야.' 그러나 솔직히 생각해 보면 관계는 일반적으로 그렇게 쉽게 정리되지 않는다. 아무런 감정적 동요 없이 관계를 끝낼 수 있다면, 여러분은 애초에 그런 관계에 관여하지 않았을 것이다. 관계를 끝내는 것이 올바른 선택임을 알고 있더라도, 조금이라도 상대방을 소중하게 생각했다면 대부분은 큰 고통을 겪기 마련이다. 실제로 그런 상황에서 느끼는 배신감은 피하기 힘든 감정이어서, 다양한 감정의 병리적 측면을 발견한 것으로 유명한 지그문트 프로이트^{Sigmund Freud}조차 질투를 느끼지 못하는 것은 병리적 현상이라고 주장했다.[6] 다른 말로, 여러분이 그 상황에서 질투심을 느끼지 않는다면 감정을 억압하고 있다는 뜻이다.

질투는 익숙하지만 설명하기 쉽지 않은 감정이다. 그 감정은 영혼을 잠식하는 두려움과 분노, 슬픔의 조합으로 자주 설명된다. 신뢰의 렌즈로 질투를 들여다보면 질투가 기본적인 감정들로 구성되었다는 설명이 일리 있음을 알 수 있다. 두려움은 파트너를 잃는 데 따른 사회적·경제적 손실에 대한 걱정에서 비롯된다. 그리고 분노는 상대가 나를 속이고 약속을 저버렸다는 생각으로부터 온다. 다음으로 슬픔은 여러분이 한때 소중하게 생각했던 사람이 내가 아닌 다른 사람을 더 원한다는 사실에 대한 깨달음에서 온다.

질투라는 여러 감정의 덩어리는 고통스럽지만, 그것이 단지 우리를 괴롭히기 위해 존재하는 것은 아니라는 깨달음에서 위안을 얻을 수 있다. 질투가 우리에게 가져다주는 고통에는 목적이 있다. 우리를 움직이게 만드는 것이다.

질투의 목적이 무엇이고, 그 감정이 왜 쓸모 있는지 이해하려면 두 단계를 살펴봐야 한다. 첫째, 질투는 섹스와는 무관하다는 사실을 깨달아야 한다. 질투는 때로 섹스와 밀접해 보인다. 언론들이 질투와 성적인 부정에 관한 이야기들을 탐욕스럽게 다루어 왔기 때문이다. 계산대에 꽂힌 잡지나 연예인들의 가십을 다루는 TV 프로그램들은 누가 누구랑 잤는지에 집착하며 주목한다. 또한 많은 사람이 자신이 지금 질투를 느끼고 있다는 사실을 기꺼이 인정하면서, 그 고통의 궁극적 원인이 상대가 다른 사람과 잤을 것이라는 생각이라고 털어놓는다. 하지만 사실은 착각에 불과하다. 질투는 그런 감정이 아니다. 질투는 섹스가 아니라 신뢰와 관련된 감정이다. 독신주의를 고집하는 사람이라도 그 자신의 주장과 달리 상대가 자신을 버리고 다른 사람에게 가면 틀림없이 질투를 느낄 것이다. 기존의 관계와 이익의 상실을 막기 위함이든, 미래의 관계에서 신뢰를 더욱 높이기 위함이든 간에, 근본적으로 질투의 목적은 상대방이 신뢰성 있게 행동할 확률을 높이는 것이다. 섹스는 단지 관계에 따른 이익 중 하나일 뿐이다. 그러나 질투는 모든 이익에 민감하다. 내 말을 믿기 어렵다면 잠시만 기다려 달라. 곧 경험적인 증거를 여러분에게 보여주겠다.

증거를 확인하기 전에 질투의 특별한 기능을 이해하기 위해 두 번째 단계를 살펴보자. 사랑하는 관계에서 배신은 아주 다양한 형태로 나타난다. 가령 도박 중독 때문에 배우자와 함께 부었던 퇴직연금을 몰래 빼돌릴 수 있다. 혹은 약혼자의 태도가 갑자기 냉랭해지기도 한다. 아니면 애인이 비밀로 간직해야 할 이야기를 다른 사람들에게 아무 생각 없이 떠벌리기도 한다. 이러한 사건들 자체가 질투를 유발하지는 못한다. 분명히 분노의 감정을 불러일으킨다고 해도 질투는 아니다. 그 이유는 질투심이 등장하려면 반드시 삼각관계가 존재해야 하기 때문이다. 신뢰 관계에는 두 사람이 필요하지만, 질투에는 세 사람이 필요하다. 믿었던 의사가 오진을 하거나 소중한 비즈니스 파트너가 속임수를 쓰고 돈을 빼돌리면 여러분은 틀림없이 화가 날 것이다. 그렇다고 해서 끔직한 질투의 고통으로 밤을 새지는 않을 것이다. 반면 상대방이 다른 누군가, 즉 그를 유혹해서 자신과의 신뢰를 저버리게 만들 누군가를 더 원하고 있다는 의심이 들기 시작하면 녹색 눈의 괴물green-eyed monster(셰익스피어가 희곡 「오셀로」에서 질투를 묘사하며 사용한 표현. 이후 영어권에서 널리 쓰이고 있다-옮긴이)인 질투의 화신이 풀려난다.

　질투심은 삼각관계 혹은 사랑의 삼각형이 드러내는 특성이다. 상대방보다 자신의 이익을 우선시하면서 벌어지는 신뢰의 균열(수익을 가로채거나 사기를 치는 등)과 달리, 두 가지 선택권 사이에서 가치의 상대적 비대칭이 존재하면 질투를 불러일으키는 신뢰의 균열이 발생한다. 이때 상대방은 돈 같은 자원을 가지고 여러분을 속이는 것이 아니다. 다른 누군가와 함께 여러분을 속이는 것이다. 가령 한 남자가 약혼녀를 사랑하면서도 또 다른 여성을 좀 더 원한다고 하자. 여기서 위기에 처한 기존 관계를 되살릴 수 있는 것은 가치의 상대적 차이다. 약혼녀가 나서서 남성의 애정을 되돌릴 수 있다면, 관계는 회복되고 관계에 따른 이익도 그대로 이어질 것이다. 그래서 질투는 불안의 뒷면에 자리 잡고 있는 것이다. 부정을 저지른 상대방에 대한 처벌을 촉구하는 분노와 달리, 상대를 다른 사람에게 빼앗길지도 모른다는 위협을 느낄 때 우리가 느끼는 불안이라는 감정의 목적은 관계를 되돌려 손실을 막기 위한 행동을 촉구하는 것이다.

다시 논의의 주제로 돌아와, 스윙거swinger 문화에 대해 생각해 볼 필요가 있다. 스윙거는 끊임없이 섹스 파트너를 바꾸며 성적으로 자유분방한 사람들을 일컫는다. 질투가 신뢰가 아니라 섹스에 관한 감정이라면, 이들은 아마도 지구상에서 가장 질투심에 눈먼 사람들일 것이다. 그러나 사실은 그렇지 않다. 스윙거 집단에서 질투는 찾아보기 어렵다. 그 이유는 다소 놀랍다. 그들이 질투를 좀처럼 느끼지 않는 이유는 긴밀하고 의미 있고 진지한 관계를 유지할 능력이 없어서가 아니다. 이러한 관계를 유지하는 그들의 능력은 평범한 사람들과 그리 다르지 않다. 그럼에도 그들이 보편적으로 질투를 느끼지 않는 까닭은, 중요한 관계의 외부에서 벌이는 섹스는 일종의 여가 활동으로 여기고, 장기적인 관계를 맺고 있는 상대와는 신뢰와 믿음을 쌓아 가기 위해 꾸준히 노력하기 때문이다.[7] 그들에게 섹스는 축구 경기와 같다. 스윙거들 사이에서 혼외정사는 배신을 의미하지 않는다. 그저 교내 스포츠 팀에 가입하는 정도에 불과하다. 이러한 행위는 신뢰의 파괴를 의미하는 것이 아니기 때문에 당연히 질투도 없다.

그러나 질투심이 모습을 드러낼 때 우리가 느끼는 불안은 분노와 뒤섞여 있는 경우가 많다. 둘 중 어떤 느낌이 지배적인가는 배신의 크기에 달려 있다. 앞서 언급한 것처럼 질투심을 느끼는 상황에서 떠오

4. 사랑하면 신뢰할까?

르는 불안이란 감정의 목적은 너무 늦기 전에 관계를 회복하도록 행동을 촉구하는 일이다. 반면 분노라는 감정은 상대방의 배신이 의혹의 단계를 넘어 분명한 사실로 밝혀질 때 모습을 드러낸다. 먼저 관계 전환을 모색할 수 있겠지만 그래도 아무런 성과가 없다면 분노는 부당한 대우를 받은 자의 격노를 목격하게 함으로써 가해자를 처벌하고 다시는 부정을 저지르지 못하게 만드는 최고의 방법으로 기능한다.

질투에 대한 이 견해가 정확하다면 이는 다소 반직관적인 두 가지 예측으로 이어진다. 첫째, 질투가 신뢰에 관한 감정이라면, 그 감정은 위기의 초기 단계부터 우리가 상대방에게 더욱 잘하도록 자극해야 할 것이다. 다른 사람 때문에 상대방이 자신을 떠날 거라고 걱정하고 있을 때 상대에게 화를 내거나 처벌하려 하면 관계만 더 빨리 악화될 따름이다. 둘째, 질투는 관계에 따른 실질적 비용과 이익뿐만 아니라 잠재적 비용과 이익에도 민감해야 한다. 다시 말해 신뢰와 관련된 감정인 질투는 미래의 전망에도 예민해야 한다.

나의 첫 번째 예측을 뒷받침해 줄 근거를 발견하기 위해 산드라 머레이의 또 다른 연구로 시선을 돌려 보자. 이 연구에서 머레이는 200쌍의 신혼부부에게 자신들의 일상적인 경험을 몇 주간 관찰하도록 했다. 머레이는 피실험자들에게 배우자가 다른 이성에게 관심을 가질지도 모른다는 걱정과 함께, 그들 자신의 감정 상태 및 행동도 기록하도록 했다.

머레이가 확인한 것은 나의 예측과 정확히 일치했다. 상대방이 다른 선택을 할지도 모른다는 걱정이 든 날에는 질투가 그들로 하여금 배우자가 자신에게 더 많이 의지하도록 만드는 행동을 취하게 했다. 그들의 행동은 다양한 형태로 나타났다. 가령 배우자가 잃어버린 물건을 찾고, 맛있는 저녁 요리를 하고, 배우자가 망가뜨린 물건을 수리했다. 이 모두 배우자가 그들에게 더 많이 의존하도록 만들기 위한 행동이었다. 간단히 말해서, 스스로 열등한 위치에 있다고 느끼는 쪽은 상대적으로 '우월한' 위치에 있는 배우자에게 분노를 표출하여 다른 사람의 품으로 밀어내는 것이 아니라, 상대방이 자신을 꼭 필요한 존재이자 의지할 수 있는 사람으로 생각하도록 만들었다. 그러한 행동은 효과가 있었다. 이들이 상대방의 의존도를 높이기 위해 특별한 노력을 한 날, 질투를 유발했던 배우자들은 그들의 관계에서 자신의 열정에 관한 의심이 줄어들었다고 보고했다.[8]

질투의 한 가지 측면은 유대감과 신뢰에 대한 상대방의 욕구를 높이거나, 적어도 유지하는 데 초점을 맞추는 듯하다. 그렇다면 다음으로 질투는 현재 상황뿐만 아니라 미래 상황에도 민감하다는 나의 두 번째 예측은 어떨까? 확인을 위해 내가 연구에서 활용한 두 가지 접근 방식을 따라가 보자.

신뢰의 파국을 막는 행동과 질투의 연관성을 살펴보는 첫 번째 방법은 상대의 의지력 저하를 막기 위한 노력과 관련 있다. 1장에서 우리는 사람들의 신뢰성을 측정하기 위해 의지력을 활용하는 방법에 대해 살펴보았다. 사람들은 피곤해 보이고, 충동적이거나 유혹에 약할 것으로 의심되는 상대방을 신뢰하거나 그와 협력하려 들지 않았다. 그러한 판단을 내릴 때 우리는 교환 관계로 곧장 들어서지 않고 낯선 상대방을 신뢰할 수 있을지 계속 평가한다. 이러한 점에서, 신뢰성이 부족해 보이는 상대방을 외면하기는 그리 힘든 일이 아니다. 하지만 이미 관계를 형성하면 우리는 그런 여유를 누리지 못한다. 여기서 우리가 할 수 있는 최고의 선택은 상대가 직면하게 될 유혹을 관리하기 위한 노력이다.

이 시점에서 선행하는 질투는 중요한 기능을 한다. 질투가 단지 신뢰를 저버린 상대에 대한 부정적인 반응에 불과하다면, 중대한 사건이 벌어질 때까지 우리는 질투를 느끼지 못할 것이다. 그러나 질투가 신뢰와 관련된 감정이라는 점에서, 그러한 사건에 앞서 우리가 질투를 느낄 수 있다는 것은 충분히 일리 있는 생각이다. 우리는 상대방의 신뢰성을 미리 확인하고자 한다. 이러한 추측이 옳다면, 우리가 느끼게 될 질투의 강도는 잠재적 라이벌이 얼마나 많은 가치를 제공하는가에 따라 다양하게 나타날 것이다. 이렇게 생각해 보자. 뛰어난 지성이 자신의 본질적인 특성이며, 상대방이 이러한 특성 때문에 자신에게 이끌렸다고 생각한다면, 여러분은 아마도 상대방이 파티를 좋아하는 사람보다 자신처럼 지적으로 보이는 사람에게 더 많은 유혹을 느낄 거라고 예상할 것이다. 그렇다면 칵테일파티에서 상대방의 눈빛이 이리저리 흔들리고 있을 때, 여러분은 계속 술만 마시는 사람보다 자신만큼 지성적으로 보이는 사람과 상대방이 이야기를 나누면 더 신경 쓰일 것이다.

이러한 추측을 검증하기는 어렵지 않다. 나는 데이트를 주제로 실험한다는 명목으로 예일 대학 학부생들을 모았다. 당시 나는 거기서 박사 과정을 마무리하고 있었다. 나는 학생들에게 나이, 취향, 취미, 스스로 생각하는 매력과 개성에 관한 기본적인 질문들을 했고, 그들이 만나는 상대에 관해서도 비슷한 질문을 했다. 나는 그 조사를 통해 학생들과 그들의 파트너들이 자신에 대해 가장 소중하게 여기는 자질들을 확인할 수 있었다. 그리고 나는 다음과 같은 시나리오를 학생들에게 들려주었다.

여러분은 애인과 함께 칵테일파티에 와 있다. 잠시 한눈을 판 사이 그(그녀)는 건너편에서 다른 이성과 이야기를 나누고 있다. 두 사람의 대화는 아주 즐거워 보인다. 여러분은 그 사람이 [빈칸을 채우시오]라면 아마도 질투를 느낄 것이다.

학생들은 똑똑한 사람, 운동선수 같은 사람, 인기 있는 사람 등 라이벌에 대한 다양한 묘사로 빈칸을 채웠다.

여기서 내가 확인한 사실은 질투가 신뢰의 붕괴를 막도록 사람들에게 동기를 부여한다는 나의 추측을 확인해 주었다. 학생들은 상상 속에서 애인이 즐거운 시간을 함께 보내고 있는 라이벌이 자신과 자신의 애인이 중요시하는 자질을 지니고 있을 때 특히 부정적인 감정을 느꼈다. 피실험자들이 예일 대학 학생들임을 감안할 때 대다수는 지성을 가장 중요한 자질로 꼽았고, 그랬기 때문에 이들은 지성이 뛰어난 잠재적 라이벌에게 더 큰 질투를 느꼈다. 또한 학생들 중 운동선수들 역시 예상대로 반응했다. 그들은 애인이 파이 베타 카파^{Phi Beta Kappa}(미국 대학의 우등생들로 이루어진 친목 단체-옮긴이) 회원보다는 다른 운동선수와 대화하고 있을 때 더 큰 질투심을 느꼈다. 애인이 다른 이성과 잡담을 나누고 있다는 사실 자체에 대해서는 크게 신경 쓰지 않은 반면, 그들이 중요하게 생각하는 특성이 우월한 라이벌에게 애인이 매력을 느끼고 있다고 생각할 때는 강한 질투심을 느끼기 시작했다. 이처럼 질투는 대단히 기본적인 차원에서 미래의 배신 가능성까지 추적한다.[9]

지금까지 내가 다룬 모든 사례는 질투와 신뢰의 밀접한 관계를 보여주는 동시에 한 가지 공통적인 특성을 드러낸다. 긴밀한 현재의 관계에 따른 이득의 상실이다. 질투가 정말 신뢰와 관련된 감정이라면, 현재의 많은 이득을 잃어버릴 때뿐만 아니라 앞으로 다가올 이득의 상실에 대해서도 나타나야 할 것이다. 이 논리를 끝까지 따라가면 놀라운 예측에 도달하게 된다. 사람들은 잘 모르는 상대에 대해서도 질투를 느껴야 한다. 이 말이 의미하는 바는, 사람들은 형성된 지 불과 몇 분밖에 되지 않은 관계의 침범에 대해서도 질투를 느껴야 한다는 것이다. 그 이유를 이해하기 위한 핵심은 간단하다. 신뢰의 렌즈로 관계를 들여다볼 때 중요한 것은 이미 얻은 이득이 아니라(그것들은 은행에 보관되어 있다) 앞으로 다가올 이득이다. 상대가 신뢰성 있게 행동하지 않을 때 우리의 미래 이득은 사라진다.

나는 이 예측을 검증하기 위해 연구실에서 가장 까다로운 실험을 수행해야 했다. 여기서 '까다로운'이라는 의미는 상호 관계 차원에서 실험에 많은 어려움이 따른다는 뜻이다. 다음의 장면을 상상해 보자. 여러분은 지금 팀으로 혹은 개인적으로 과제를 수행할 때 어느 쪽이 더 성과가 좋은지 확인하려는 실험에 참여하기 위해 연구실에 도착했다. 여러분 옆에는 카를로 혹은 질리언이라는 이성 피실험자가 앉아 있다. 실험자는 여러분을 포함한 두 사람에게 여러 과제를 수행해야 하며, 팀별 혹은 개인별 성과를 비교하는 실험이므로 개별적으로 혹은 협력해서 과제를 할 수 있다고 말한다. 이 시점에서 실제로는 나를 위해 일하고 있는 카를로 혹은 질리언은 항상 여러분에게 함께 과제를 하자고 제안한다. 어느 정도 시간이 지나자 두 사람은 목표를 달성하고, 협력의 경험을 긍정적으로 느낀다. 게다가 두 사람 사이에 야릇한 분위기까지 형성된다. 이제 운명적으로(실제로는 계획되어 있었지만) 실험자는 늦게 도착한 세 번째 인물을 데리고 들어온다. 카를로 혹은 질리언이라는 이름의 세 번째 인물(여러분의 기존 파트너가 누구냐에 따라 달라진다)은 여러분과 동성이다. 그 혹은 그녀는 두 사람 옆에 자리 잡고, 즐겁게 과제를 수행했던 상대방에게 노골적으로 관심을 드러낸다. 이때 실험자가 마지막으로 등장하여, 이제 세 사람이 되었으므로 이 중 한 사람만 혼자서 작업해야 한다고 말한다.

바로 이 대목에 실험의 까다로운 부분이 있다. 마지막으로 등장한 성가신 라이벌은 항상 여러분의 파트너에게 자신과 함께 과제하자고 제안한다. 그리고 일부 경우에 여러분의 파트너는 그 제안을 받아들여 여러분이 혼자 작업하도록 내버려 둔다.

결과는 우리가 예상했던 것보다 훨씬 뚜렷하게 드러났다. '거절당한' 피실험자들은 질투심을 느꼈다고 보고했을 뿐만 아니라 종종 어이없다는 듯 고개를 젓고, 비웃고, 작은 목소리로 카를로와 질리언에게 욕을 했다. 또한 대부분은 이전의 파트너와 라이벌을 처벌할 기회가 생기자 이를 기꺼이 선택했다.

4. 사랑하면 신뢰할까?

여기서 나는 아주 간단한 평계를 내세워 피실험자들의 처벌 욕망을 평가할 수 있었다. 모두 과제를 마친 후 우리는 미각 연구라는 명목하에 두 번째 실험으로 넘어갔다. 여기서 피실험자들은 서로에게 먹일 미각 샘플을 준비하게 된다. 연구 보조요원들이 아닌 진짜 피실험자들은 여러 미각 범주들 중 매운맛 샘플을 준비하도록 무작위로 할당되었다는 설명을 듣게 된다. 여기서 그들은 카를로와 질리언의 입에 집어넣게 될 매운 소스의 양을 마음대로 결정할 수 있었다. 질리언 혹은 카를로에게 버림받은 피실험자들은 엄청난 양을 퍼부으려 했다. 그들은 신뢰를 저버린 파트너와 새로운 라이벌에게 최대한의 고통을 주고자 했다. 말 그대로 복수였다. 더 놀라운 사실은 피실험자들이 느낀 질투의 강도가 그들이 퍼부은 매운 소스의 양과 일치했다는 점이다. 즉, 더 많은 질투는 더 많은 매운 소스를 의미했다.[10]

우리는 신뢰와 관련하여 이 결과에서 두 가지 두드러진 특성을 확인할 수 있다. 첫째, 사람들은 불과 몇 분 전에 알게 된 사람에게 질투심을 느꼈다. 그들과는 어떠한 근본적인 관계도 형성되지 않았고, 어떠한 이득도 교환되지 않았다. 다만 미래에 대한 기대, 즉 장기적인 관계로 발전할 가능성만 있었다. 내가 예상했던 것처럼, 그러한 가능성만으로도 충분했다. 여기서 질투는 잠재적인 장기적 파트너가 신뢰성 있는 모습을 보이지 않았기 때문에 일어났다. 짧은 상호작용이 세 방향으로 일어나는 동안 라이벌과 피실험자의 파트너는 서로 시시덕거리며 잡담을 주고받았고, 이때 많은 피실험자들은 실제로 기존 파트너의 마음을 되돌리기 위해 노력했다. 그러나 관계의 싹이 결국 짓밟히자 상실에 대한 불안은 이제 쓸모없는 감정이 되고 말았고, 질투는 오직 분노의 얼굴로 그 모습을 드러냈다.

이 분노와 그에 따른 보복은 우리에게 두 번째 중요한 특성인 처벌의 개념을 보여준다. 죄가 있는 상대를 처벌하기 위한 기회가 생겼을 때, 초기의 관계는 이미 끝난 상태였다. 파트너는 벌써 그들을 버리고 떠났다. 그렇다면 신뢰가 더 이상 문제 되지 않을 것으로 보이는 상황에서 왜 처벌이 필요하다는 말인가? 무엇을 얻기 위해? 더 혼란스런 질문은 이것이다. 왜 라이벌까지 처벌하는가? 그들은 배신에 관여하지도 않았다. 이러한 질문들에 대한 대답은, 미래의 신뢰성 있는 행동을 늘리기 위한 노력으로부터 발생하는 적응적인 이득을 고려하면 분명히 이해할 수 있다.

행동경제학에서는 널리 알려진 제삼자 처벌third-party punishment이란 현상이 있다. 간단히 설명하면, 규칙을 위반한 사람을 제삼자 입장에서 처벌하려는 인간의 성향을 말한다. 과학자들은 사람들이 비록 직접 피해를 입지 않았더라도, 다른 사람을 속이려 했던 이를 처벌하기 위해 기꺼이 비용을 지불하려 한다는 사실을 반복적으로 보여주고 있다. 기본적인 아이디어는, 모두가 규칙을 어긴 사람들을 처벌하려고 노력하면 앞으로 위반에 관여하는 사람들이 크게 줄 것이라는 기대다. 그렇게 된다면, 여러분이나 내가 앞으로 만나게 될 사람들이 우리를 속일 가능성도 그만큼 줄어드는 셈이다. 부정한 파트너와 배신을 부추겼던 라이벌을 처벌하는 과정에서, 사람들은 본질적으로 선행을 한 것이다. 그들은 신뢰성이 부족한 사람들이 다시는 그렇게 행동하지 않도록 처벌한 것이다. 이러한 시스템이 제대로 작동하면 우리가 다음에 만나게 될 사람들은, 특히 예전에 만난 파트너의 질투로 인해 처벌을 받은 경험이 있는 사람들은 더욱 신뢰성 있게 행동할 것이다.

내가 그러한 처벌과 보복을 옹호한다는 뜻은 아니다. 다만 질투가 가장 근본적인 원인으로 작용한다는 점에서 가정 폭력의 문제를 근절하기가 그만큼 힘들다는 사실을 지적하고 싶다. 진화적 관점과 게임이론의 관점에서 볼 때 처벌은 관계에서 중요한 기능을 한다. 처벌의 기능을 암묵적으로 인정할 것인지에 대한 선택은(바라건대 그러지 않기를) 우리 사회에 주어진 과제다. 비즈니스 세계에서 일어나는 신뢰의 위반에 대해 폭력적인 대응을 금지하고 비난하는 것과 마찬가지로, 우리는 사랑하는 관계에서 나타나는 신뢰의 붕괴에 대한 폭력적 대응도 똑같이 바라봐야 한다. 이 글을 쓰고 있는 순간에도 많은 문화권이 배우자의 부정에 대한 물리적 처벌을 일반적으로 인정하고 있다. 지금까지 살펴봤듯이, 분명 신뢰는 관계를 강화함으로써 많은 이득을 가져다주지만, 동시에 신뢰가 무너지면 엄청난 피해가 나타난다. 결코 놀라운 결과가 아니다. 미래의 보상이 위기에 처했을 때 드러나는 인간의 공격적 본성에서 직접 기인했기 때문이다.

● **긍정적인 환상은 도움이 된다.** 신뢰는 종종 더 많은 신뢰를 낳는다. 우리의 상식은 엄격한 객관적 시점에서 모든 환상은 피해야 할 위험이라고 말하지만, 날카로운 모서리를 부드럽게 보이도록 만드는 흐릿한 렌즈는 때로 건설적인 기능을 한다. 상대에 대한 강한 믿음이 있으면 신뢰는 바로 그 렌즈로 기능한다. 상대의 신뢰성을 의심하게 되는 애매모호한 상황이 벌어지면 강한 신뢰가 그러한 의혹을 깨끗이 닦아 줄 것이다. 그리고 계속 상대를 신뢰할 수 있도록 문제를 흐릿하게 만들어 줄 것이다. 이것은 실제로 부정적인 기능이 아니다. 1장에서 언급한 것처럼, 상대를 불신하게 만드는 사건들 중 많은 부분은 실수나 예외적인 것들이다. 결과적으로 용서는 비록 스스로 의식하지 못하더라도 탁월한 전략이 될 수 있다. 물론 극단적으로 긍정적인 환상은 눈을 멀게 할 수도 있다. 하지만 우리의 직관 시스템은 그렇게까지 나아가도록 허락하지 않을 것이다. 지나치게 멀리 나아가면 그 시스템은 뭔가 잘못되어 간다는 사실을 우리에게 알려 줄 것이다.

● 예감을 신뢰하라. 앞서 살펴보았듯이, 직관 혹은 예감은 일반적으로 의식적인 평가에 비해 가변성이 낮다. 그 결과 언제나 그렇지는 않지만 우리의 직관은 종종 상대의 신뢰성을 보다 정확히 평가한다. 여기에는 두 가지 이유가 있다. 첫째, 6장에서 다루는 것처럼 무의식은 의식에 비해 신뢰성을 드러내는 표식들을 읽어 내는 과제에 특화되어 있다. 둘째, 무의식은 또한 우리 자신의 영향력에서 비교적 자유롭다. 우리는 스스로에게 무언가를 강요하거나 혹은 외면하라고 말한다. 다시 말해 우리 모두는 자신의 직관을 통제하기 위해 노력한다. 이러한 노력은 신뢰와 사랑하는 관계에서 우리가 상대를 믿지 않아야 할 상황에서도 계속 신뢰하도록 압박한다. 그 이유는 뭘까? 어떤 사람들은 지금의 관계에 그대로 머무르는 편이 더 편하기 때문일 것이다. 또는 혼자가 되는 것이 두렵기 때문이다. 하지만 이러한 경우들의 최종 결말은 좋지 않을 것이다. 그래서 나는 여러분에게 자신의 직관에 주목하라고, 그리고 귀 기울여 들으라고 말하고 있다. 직관이 항상 옳지는 않지만, 옳을 때가 많다. 이러한 사실만으로도 우리는 직관을 소중하게 고려해야 한다.

● 질투는 과거가 아니라 미래를 향한다. 전통적인 지혜에 따르면 질투는 피해야 할 부정적 감정이지만 실제로는 그렇지 않다. 질투는 신뢰를 위한 우리 마음의 창고에서 중요한 자리를 차지한다. 앞서 살펴본 것처럼, 주요 이유는 질투는 과거가 아니라 미래를 향해 있기 때문이다. 우리가 질투를 느끼는 이유는 기존의 소중한 관계, 즉 서로 도움을 주고받기 위해 상대에게 의존하는 관계를 지키고 회복하도록 스스로에게 동기를 부여하기 위해서다. 질투의 고통은 우리를 괴롭히기 위한

것이 아니라, 장차 많은 이익을 가져다줄 수 있는 새로운 관계 혹은 오래된 관계를 어떻게 회복할 것인지 방법을 찾아내도록 자극하기 위한 것이다. 그러나 관계가 결국 파국을 맞이하면 질투는 강력한 보복의 충동으로 변질된다. 이러한 분노는 우리에게 직접적인 도움을 주는 것은 아니지만, 버림받은 연인의 무시무시한 분노를 경험한 사람들은 다시는 그러한 상황에 처하고 싶어 하지 않게 될 것이다. 그러나 신뢰 위반을 처벌하기 위해 상대를 공격하고 미래의 위반 가능성을 낮추는 보복 행위에 따른 생물학적 이득은 또한 질투와 가정 폭력의 연결고리를 끊기 어렵게 만드는 요인이기도 하다. 앞서 언급했듯이, 진화의 목적은 성자를 길러 내는 것이 아니라 모든 전략을 총동원하여 자신의 유전자를 널리 퍼뜨리는 것이다. 물론 그렇다고 해서 우리가 보복 행위를 용인해야 한다는 뜻은 아니다. 다만 그러한 보복 행위가 언제, 어떻게, 그리고 왜 일어나는지는 이해해야 한다. 이러한 이해들은 보복 행위의 빈도와 재발을 막는 데 도움이 될 것이다.

5

부자들은 왜 지지받을 잡합가?
부와 권력이 신뢰성에 미치는 영향

풍요의 신호와 돈의 상징들은

우리의 마음이

즉각적이고 이기적인 목표와 보상에

집중하도록 만든다.

이 모습들 모두 우리가

도덕심을 잃어버렸기 때문은 아니다.

자원을 극대화하고자 하는

인류의 태곳적 계산에서 비롯된 것이다.

영화 평론가들은 사람들이 계속 다시 보는 위대한 걸작들에는 중요한 특성이 있다고 지적한다. 바로 사람들이 공유하는 감정들을 상징적으로 응축해서 담고 있다는 사실이다. 그런 영화들을 볼 때마다 우리는 깨달아야 할 사실을 떠올리거나, 적어도 그 영화들이 전달하려는 진실을 재확인한다.

나는 비록 영화 평론가는 아니지만, 사회경제학적 범위에서 신뢰가 어떻게 다른 모습으로 등장할 수 있는지와 관련하여 프랭크 카프라Frank Capra 감독의 〈멋진 인생It's a Wonderful Life〉에 필적할 작품은 없을 거라고 생각한다. 수많은 영화가 사회적 계층과 탐욕을 상징하는 다양한 캐릭터들을 만들어 냈다. 〈월스트리트Wall Street〉에 등장한 고든 게코도 빼놓을 수 없겠다. 그래도 조지 베일리라는 캐릭터가 등장하는 〈멋진 인생〉만큼 위대한 고전으로 남은 작품은 없을 것이다. 우리는 기쁠 때나 슬플 때나 매년 12월이 되면 베드포드 폴즈 마을에서 조지가 겪었던 시련과 고통을 또다시 목격하게 된다.

영화를 보지 못했거나 기억이 가물가물한 사람들을 위해 설명하면, 영화의 내용은 작은 사람과 큰 사람이 대결을 벌이는 전형적인 이야기다. 여기서 '작은'과 '큰'은 신체적 크기가 아니라 사회적 계층을 의미한다. 계층의 맨 아래쪽에 조지 베일리가 있다. 그는 사업을 운영하고 고객들에게 한 약속을 지키기 위해 신혼여행 자금까지 꺼내 쓴 실패한 소액 대출 사업가다. 반대로 맨 위에는 헨리 포터가 있다. 그는 피도 눈물도 없는 악덕 은행가다. 두 인물, 즉 자신의 돈을 지켜 줄 것이라고 믿는 공황시대 마을 주민들의 이익을 위해 스스로의 이익을 포기하는 남자, 그리고 기회 있을 때마다 주민들을 이용하기에 바쁜 남자는 '서민'과 '부자'에 대한 사람들의 생각을 그대로 반영한다.

객관적으로 볼 때, 사회경제적 지위 혹은 사회적 계층의 밑바닥에 있는 사람들은 경제적 자원과 교육 기회를 충분히 누리지 못한다. 일류 학교나 모임에 접근하기 힘들고, 조직에서 낮은 지위를 맡으며, 극심한 스트레스에 시달린다. 반면 상위 계층 사람들은 반대로 살아간다. 더 많은 자원과 여가를 즐기고, 스트레스는 더 적다.

두 계층의 사람들이 살아가는 현실을 감안하면 하위 계층 사람들이 개인의 생존 욕구에 더 집착하며, 다른 사람의 이익보다 자신의 이익을 더 우선시할 것이라고 예측할 수 있다. 그 결과 상위 계층의 사람들에 비해 신뢰 수준이 더 낮을 것이라고 짐작할 수 있다. 반면 자원이 풍족한 사람들은 다른 사람들을 신뢰할 여유가 더 많을 것이다. 하지만 여러분이 정말 그렇게 예상한다면 신뢰가 움직이는 실질적인 방식의 핵심을 놓치고 있는 것이다. 신뢰는 여유와 관련이 없다. 신뢰는 혼자서 뭔가를 할 수 없을 때 비로소 찾게 되는 수단이다. 또한 신뢰는 다른 이들에게 의존해야 하는 사람들이 생존을 위해 필요로 하는 수단이다.

이러한 관점에서 봐야 신뢰와 계층의 관계를 정확히 예측할 수 있다.

여유 자금이 많지 않다면, 가정부나 개인 비서를 둘 수 없다면, 혹은 사무실에서 가장 가까운 곳에 주차할 수 없다면 여러분은 다른 사람들과 협력해야 한다. 간단히 말해서, 사회경제적으로 하위를 차지하는 사람들이 성공하려면 상호 지원이 필요하다. 자급자족은 그들의 선택지가 아니다. 그들은 서로를 신뢰해야 한다. 다른 이들과 함께 경제 위기를 겪던 시절에 조지 베일리는 고객들에게 이렇게 강조했다. "우리는 위기를 잘 극복할 수 있습니다. 그러려면 함께 뭉쳐야 합니다. 서로를 믿어야 합니다."

그러나 포터처럼 사회경제적으로 상위 계층을 차지한 사람들은 필요한 모든 자원을 이미 확보하고 있다. 그래서 그들은 더 많은 것을 얻기 위해 이기심을 드러낼 여유가 있다. 필요한 자원을 직접 마련해야 하는 사람들과 달리, 이들은 자본을 기반으로 자유를 누릴 수 있다.

이러한 관점에서 보면 여러분은 하위 계층 구성원들이 이기적인 존재가 아니며 협력과 공정성을 더 소중히 여긴다고 예상할 것이다. 이 말은 곧 상위 계층 사람들보다 서로를 더 많이 신뢰하고, 스스로 더 신뢰성 있게 행동한다는 뜻이다. 추측이 옳다면 〈멋진 인생〉 같은 고전에 나타난 문화적 전형은 진실을 담고 있다. 이 생각을 검증하기 위해 우리는 샌프란시스코의 한 평범한 사거리에서 연구의 여정을 시작하기로 했다.

교차로에 선
페라리

◆

사람들 대부분이 의식적으로 인지하지 않지만, 도로를 건너는 단순한
행위에도 어느 정도의 신뢰가 필요하다. 더 이상 차량이 다니지 않는
미국 중서부 어딘가의 유령 도시가 아닌 이상, 사거리에 발을 들여놓
는 순간 우리는 차에 치일 수 있는 나약한 존재가 된다. 안전하게 길을
건너려면 달려오는 차들이 속도를 줄이거나 멈추고 여러분이 길을 건
너도록 허락할 것이라는 신뢰가 필요하다. 물론 그런 상황에서 운전자
를 신뢰한 경험은 한 번도 없었다고 항변할 수도 있겠지만, 나는 분명
히 여러분이 그렇게 했을 것이라고 장담한다. 대부분은 다가오는 차를
보며 길을 건널지 말지 망설인 적이 있을 것이다. 차에 부딪힐 위험이
있을까? 운전자가 크게 음악을 틀어 놓고 과속하고 있는 건 아닐까?
이러한 질문들에 대해 '그렇다'라는 대답이 떠올랐다면 여러분은 도로
를 건너지 않기로 했을 것이다. 반면 귀여운 폭스바겐 비틀 자동차가
천천히 다가오고 있다면 과감하게 길을 건넜을 것이다. 이처럼 도로를
건널지 결정하는 과정에서도 속도의 물리학뿐만 아니라 신뢰가 중요
한 역할을 한다.

　신뢰가 사회적 계층과 어떤 관련이 있는지 이해하기 위해 다음의
상황을 떠올려 보자. 여러분은 지금 샌프란시스코 도심의 한 사거리
모퉁이에 서 있다. 그곳에는 네 개의 횡단보도가 맞닿아 사각형을 그
리고 있다. 이런 구역에서는 자동차들이 진입하기 전에 잠시 멈춰야

한다. 여러분은 카페라테 한 잔을 홀짝이며 인도를 내려서기 전에 왼쪽을 바라본다. 번쩍이는 BMW 한 대가 다가오고 있다. 건널 것인가? 포드 사의 퓨전이라면 어떨까? 앞으로 내가 제시할 신뢰 모형은 여러분이 BMW 앞에서 멈출 것이라고 예측한다. 하지만 실제로 확인하는 방법은 하나뿐이다. 여러분을 그곳으로 보내야 한다. 버클리에 있는 캘리포니아 대학의 폴 피프^Paul Piff와 그의 동료들은 그렇게 실험을 했다.

자동차가 샌프란시스코의 복잡한 사거리로 접근할 때 한 연구원이 도로를 건너기 시작한다. 그리고 운전자가 눈치 채지 못하도록 자동차의 종류와 운전자의 추정 연령 및 성별을 기록한다. 각각의 시도에서 연구원들이 주목한 것은 운전자가 횡단보도에서 연구원이 길을 건너도록 멈췄는지(캘리포니아 교통법에서는 당연히 그래야 한다) 아니면 속도를 더 높여 그를 지나치고 목적지로 더 빨리 달려갔는지였다.

피프와 그의 동료들은 자동차를 기준으로 운전자들을 5가지 사회경제적 범주로 나누었다. 한쪽 끝에 현대 차가 있다면, 다른 한쪽 끝에 페라리가 있었다.

실험 결과는 대단히 놀라웠다. 계층 피라미드에서 맨 아래에 있는 운전자들은 모두 보행자가 길을 건너도록 차량을 멈춰 세웠다. 다음으로 계층 사다리의 중간에 있는 운전자들은 30퍼센트가 법규를 어기고 보행자를 지나쳐 가 버렸다. 사회경제적 지위에서 맨 위를 차지한 운전자들은 무려 50퍼센트가 법규를 어기고 자신의 이익을 앞세웠다.[1] 실험 결과는 근본적인 차원에서 우리에게 놀라운 경고를 한다. 여러분이 위태로운 상황에 처해 있을 때 상위 계층 사람들은 자신들의 목표

5. 부자들은 왜 거짓말을 잘할까?

달성에 도움이 된다면 여러분의 신뢰를 훨씬 많이 무시할 것이라는 사실이다.

어쩌면 여러분은 이 주장이 다소 과장되었다고 생각할지 모른다. 우리는 사거리에서 일어나는 상호작용에 관해 이야기하고 있을 뿐이라고 생각할지 모른다. 어쨌든 좋다. 자료가 여기서 끝난다면, 나는 그게 별 의미 없는 결과라는 지적에 동의할 수밖에 없을 것이다. 하지만 실험은 여기서 끝나지 않았다. 상위 계층의 신뢰성 혹은 신뢰성 결핍에 관한 자신들의 견해가 올바른지 확인하기 위해, 피프 연구 팀은 다른 사람을 신뢰하고 스스로 신뢰성 있는 행동하려는 의지에 계층이란 요소가 미치는 영향을 다면적 연구로 확인해 봤다. 연구 팀은 모든 실험 과정에서 먼저 사회경제적 지위의 일반적 기준으로 사람들을 분류했고, 다음으로 그들이 다양한 상황에 처하도록 만들었다. 한 사례를 살펴보자.

연구 팀은 협상 전략에 관해 연구한다는 명목으로 한 실험을 했다. 연구 팀은 상위 계층 및 하위 계층 구성원들인 피실험자들에게 그들이 고용주 입장에서 구직자와 연봉 협상을 할 것이라고 미리 일러두었다. 이 '고용주'들은 그 일자리에 관해 많은 정보를 갖고 있다. 가령 연봉 범위 및 책임에 관한 세부 사항들이었다. 연구원들이 주목한 부분은 이것이었다. 그 일자리는 6개월 후 없어질 예정이었다. 피실험자들은 면접을 볼 지원자들의 서류를 살펴보는 동안 이들이 장기적인 일자리를 구하고 있으며, 적어도 2년 이상 고용이 보장되지 않으면 아예 그 자리를 고려하지 않을 것이라는 사실을 알게 되었다. 다음으로 연구 팀은 고용주 역할을 맡은 피실험자들에게 그 일자리에 관해 구직자들에게 어떻게 설명할 것인지를 대본으로 작성하도록 했다. 연구원들이 확인할 수 있었던 사실은, 피실험자의 사회 계층이 높아질수록 그 일자리가 머지않아 사라진다는 정보를 숨길 가능성도 함께 높아졌다는 것이다. 연구원들은 고용주 역할을 맡은 피실험자들에게, 구직자가 직접 물으면 일자리의 유효기간을 정확히 알려 주겠냐고 물었다. 다시 한 번 중요하게도, 계층이 높을수록 더 많은 사람들이 거짓말을 하겠다고 답했다. 그들은 자신을 신뢰하는 구직자들에 대해 정직한 고용주로서의 역할을 저버리겠다고 답했다.[2] 투 스트라이크.

다음으로 연구 팀은 다양한 계층의 피실험자들이 컴퓨터로 도박 게임을 하도록 했다. 주사위를 굴리는 도박 게임은 더 높은 숫자를 얻을수록 더 많은 상금을 받는다. 게임 방식은 간단하다. 피실험자들은 컴퓨터로 주사위를 5번 굴리고, 그 합계를 실험자에게 보고한다. 앞선 실험들을 통해 충분히 예상할 수 있는 결과가 나왔다. 계층이 높을수록 자신이 얻은 합계를 더 많이 부풀렸고, 자신이 받아야 할 금액보다 더 많은 돈을 연구원들로부터 받아 냈다. 그러나 컴퓨터는 피실험자들 몰래 실제 숫자의 합계를 기록했기 때문에[3] 연구원들은 사실을 쉽게 확인할 수 있었다. 스리 스트라이크.

이 연구, 그리고 비슷한 많은 연구의 결과들은 높은 사회적 계층과 비윤리적 행동의 연결 고리를 분명히 확인해 주었다. 하지만 이것만으로는 그들이 의식적으로 부정을 저질렀는지 판단하기 어렵다. 상위 계층 사람들이 의식적으로 부정을 저질렀을까, 아니면 무의식중에 아무런 의심 없이 그랬을까? 피프와 그의 동료들은 답을 알고 싶었다. 다소 놀랍게도 그들의 연구 결과는 전자라는 사실을 보여주었다. 많은 상위 계층 사람들은 자신이 신뢰를 저버리는 행동을 하고 있다는 사실을 뚜렷이 인식했을 뿐만 아니라, 그 사실을 기꺼이 인정했다. 연구원들이 비윤리적이고 신뢰성 없는 행동을 한 사람들의 이야기를 들려줄 때, 사회적 계층은 피실험자들이 그 이야기에 얼마나 당혹스러워 하는지를 예측하는 정확한 기준이 되었다. 상위 계층 구성원들은 다른 사람의 희생으로 이익을 취한 행동을 수용 가능하다고 판단했을 뿐만 아니라, 거기에 적극 관여하겠다는 의지를 드러냈다.[4]

전체적으로 관련 연구 결과들은 계층이 높아질수록 신뢰성 결핍과 이에 대한 수용 역시 높아진다는 사실을 분명히 보여준다. 그러나 신뢰는 양면성이 있다. 계층이 높아질수록 공정함과 정직함에 대한 인식이 낮아지는 것은 분명히 확인할 수 있는 현상이지만, 다른 사람에 대한 신뢰는 어떨까? 상위 계층의 신뢰성 없는 행동을 부추기는 것이 단순한 이기심이라면, 우리는 사회경제적 지위가 다른 사람을 신뢰하려는 의지에는 별 영향을 미치지 않을 것이라고 예상할 수 있다. 다른 계층의 사람을 신뢰하지 않을 이유가 무엇이란 말인가? 앞서 소개한 모든 수학적 모형들은 다른 사람에 대한 신뢰가 평균적으로 더 큰 이익으로 이어질 수 있다는 사실을 보여주었다. 그러나 여기에는 한 가지 문제가 있다. 계층이 높아질수록 이익을 얻기 위해 다른 사람에게 의존해야 할 필요성이 줄어들고, 그만큼 자신의 취약성을 받아들여야 할 동기도 줄어든다. 이 견해가 옳다면, 계층 상승은 일반적으로 다른 사람을 신뢰하려는 의지의 감소로도 이어져야 할 것이다.

피프와 동료들은 예측을 확인하기 위해 가장 고전적인 신뢰 측정 방법들 중 하나인 신뢰 게임을 선택했다. 앞서 설명했듯이, 이 게임은 시작할 때 사람들에게 약간의 돈을 나눠 준다. 사람들은 그 돈을 '수탁자'에게 투자할 수 있고, 수탁자는 그 돈을 항상 3배로 불릴 수 있지만, 그 돈을 다시 돌려줄 의무는 없다. 그렇다면 선택은 간단하다. 수탁자가 공정하게 행동하고, 적어도 수익을 나누어 가질 것이라고 신뢰한다면, 조금이라도 돈을 투자하는 것이 최종적으로 이익이 된다. 일반적으로 그러하듯이, 더 높은 보상을 얻으려면 스스로 위험을 감수해야 한다. 그렇다면 이 게임에서 계층이라는 요소가 신뢰에 어떤 영향을 미칠까? 예상할 수 있듯이, 자기 의존이 행동에 영향을 미친다면 사회적 계층의 상승은 다른 사람에 대한 신뢰의 감소로 이어질 것이다.[5] 그리고 모든 실험이 보여주듯이, 계층과 신뢰성의 관계는 다양한 요소들(성별이나 민족 등)을 통제한 이후에도 그대로 유지되었다.

이 발견은 우리에게 분명한 메시지를 전한다. 경제적으로 더 잘사는 상위 계층의 구성원들은 뚜렷한 이기적 편향을 드러냈다. 그들은 다른 사람들에게 의존할 필요가 없고, 샌프란시스코 사거리의 보행자 같은 하위 계층 구성원들과는 달리 혼자서 충분히 살아갈 수 있다. 하지만 이 결론이 정말 그들에 대한 공정한 평가일까? 객관적 정보는 분명히 사회적 계층이 높을수록 신뢰성은 떨어진다는 이야기를 들려주고 있다. 그러나 이 사실은 그런 현상이 어떻게 계속 유지되는지에 대해서는 아무런 설명을 하지 못한다. 상위 계층 구성원들이 어릴 적부터 자신이 엘리트라는 사실을 인식하며 특권적인 삶을 누리기 때문인가? 그들이 속해 있는 사회적 모임들이 부정직한 하위문화를 조성하거나, 수단과 방법을 가리지 않고 승리해야 한다는 동기를 강화하기 때문인가? 정말로 그렇다면 우리가 할 수 있는 일은 별로 없을 것이다. 높거나 낮은 신뢰성은 상위 1퍼센트의 사람들 마음속 깊이 각인되어 있어서 쉽게 변하지 않을 것이기 때문이다.

나는 이러한 관점에 동의하지 않는다. 나는 오랜 연구 끝에 신뢰성은 역동적인 개념이며, 지속적으로 갱신되는 계산에서 비롯된다고 주장하고 있다. 도덕성을 이루는 다른 요소들과 마찬가지로 신뢰성 역시 고정된 가치가 아니다. 환경이 안정적이면 과거의 행동이 미래의 행동으로 이어진다. 이러한 관점은 사회적 계층과 관련하여 신뢰가 왜 다양하게 드러나는지 이해하는 또 다른 방법을 제공한다. 그렇다. 상위 계층 구성원들은 특권적인 환경에서 성장했다. 그러나 이것은 그들의 신뢰성이 왜 평균적으로 낮은가를 설명하지 못한다. 그들이 신뢰를 쉽게 저버릴 수 있는 이유는 지금도 여전히 그러한 환경에 살고 있기 때문이다. 즉, 지금 당장 처분할 수 있는 풍부한 자원이 있기 때문이다. 신뢰성을 뒷받침하는 것은 다른 사람들의 도움이 필요하다는 인식이다. 즉, 자신은 나약한 존재이고, 자신이 원하는 것을 혼자 힘으로는 가질 수 없다는 인식이 필요하다.

이 논리를 따라 계속 나아가면, 이 견해는 하위 계층 사람들이 더 신뢰성 있다는 이야기를 들려준다. 그들은 그래야만 하기 때문이다. 그렇다면 만약 가난한 사람이 갑자기 사회적 사다리에서 더 높은 칸으로 올라가면 신뢰성이 갑자기 낮아져야 할 것이다. 생각해 보면 그리 이상한 생각이 아니다. 우리는 어린 나이에 큰 성공을 거둔 사람들의 이야기를 알고 있다. 가난한 집안 출신의 인물이 큰 명성을 얻는다. 가령 직장에서 고속 승진을 하거나, 영화사나 음반사와 계약을 맺거나, 복권에 당첨되어 부유한 모임의 일원이 된다. 이후 그들의 성격이 변하기 시작한다. 그는 더 이상 옛날의 그가 아니다. 이기적이고 신뢰할 수 없는 사람이 되어 간다. 할리우드의 이야기를 그대로 믿는다면 반대의 변화도 확인할 수 있다. 부유하고 이기적인 소녀가 어느 날 갑자기 모든 것을 잃고 나서 남을 배려하고 올바르게 행동하는 하위층 혹은 중산층 구성원으로 거듭난다. 이 이야기들이 사실이라면 개인의 신뢰성을 결정하는 것은 성장한 계층이 아니라 주변 사람들과 비교해 그가 지금 차지하고 있는 상대적 지위다. 다르게 설명하면, 적어도 신뢰에서 1퍼센트의 의미는 성장의 결과물이 아니라 현재의 마음 상태다.

권력과
속임수

◆

권력의 부패는 새로운 현상이 아니다. 역사와 과거의 문헌들은 권력자의 수많은 일탈 사례들로 가득하다. 권력이 얼마나 빨리 부패하는지는 확실하지 않다. 신뢰에 대한 나의 견해가 옳다면, 우리는 계층이나 권력의 상승이 비윤리적 행동을 증가시키는 흐름을 발견할 수 있어야 한다. 그 흐름은 느린 학습이나 문화적 적응 과정이 아니라 다른 사람들에 대한 의존성에 관한 직관적 계산이 급격히 변화하여 나타날 것이다. 필요성이 변화하면 곧 신뢰성이 변화해야 한다. 간단하다.

같은 맥락에서, 계층과 권력이 유동적인 개념이라는 인식이 사회과학자들 사이에서 높아지고 있다. 정말로 중요한 요인은 현재의 상대적 지위다. 즉, 주변 사람들에 비해 자신이 차지하고 있는 상대적 위치다. 1년에 40만 달러를 버는 사람은 빌 게이츠나 워런 버핏 앞에서 자신이 가난하다고 느끼겠지만, 1년에 5만 달러를 버는 사람은 노숙자 쉼터 앞에서 자신을 세상의 왕처럼 느낄 것이다. 우리가 계층이나 권력을 고정된 개념으로 착각하는 이유는 아마도 일상생활에서 일반적으로 교류하는 사람들의 지위가 좀처럼 크게 변하지 않기 때문일 것이다. 그러나 사다리에서 우리가 차지하는 위치를 결정하는 과정은 역동적이며, 상황에 따라 달라진다. 신뢰성 역시 마찬가지로 가변적이라는 뜻이다.

그 가변성을 보여주는 다양한 실험들 중 내가 좋아하는 사례는 폴 피프와 그 동료들의 연구다. 그들은 실험에서 아이들의 사탕을 빼앗는 방법을 활용했다. 물론 실제로 빼앗은 것이 아니라 비슷한 일을 했다. 실험의 일환으로 연구 팀은 피실험자들을 대상으로 설문 조사를 했는데, 그 문항들에는 개인의 재산과 교육, 직업 등 사회적 지위에 관한 항목들도 포함되었다. 여기서 중요한 점은, 설문 조사 과정에서 다른 사람들의 재산과 교육, 직업 등 지위에 관한 정보도 함께 제공했다는 사실이다. 여기서 다른 사람들은 사회경제적 사다리의 꼭대기에 가까이 있는 사람들이거나, 혹은 맨 아래에 가까운 사람들이었다. 극단적인 비교 집단들을 제시한 이유는 지위의 상대적인 측면을 활용하기 위해서였다. 가령 중산층 피실험자들은 상위 1퍼센트의 구성원들에 대한 자료를 본 후 위축되거나 무력감을 느꼈다고 보고했다. 반면 계층 스펙트럼의 맨 아래쪽 사람들에 대한 자료를 접하자 스스로 힘 있고 존중받는 느낌을 받았다고 했다.

이제 사탕이 등장한다. 설문 조사를 마치고 실험실을 떠나는 연구원은 혼자 있는 피실험자에게, 다른 연구에 참여한 옆방 아이들을 위해 준비한 낱개 포장 사탕들을 담은 그릇을 잠시 맡아 달라고 부탁한다. 그러고는 원한다면 하나는 먹어도 좋다고 말하고, 잠시 후 돌아와서 아이들에게 그릇을 가져다줄 것이라고 일러둔다. 연구원은 기본적으로 피실험자들이 사탕을 그대로 지켜 줄 거라고 믿었다. 적어도 그렇게 보였다. 그러나 권력과 자원에 대한 상대적인 감각 변화가 신뢰성에 영향을 미칠 경우 결과는 예상대로 나타났다. 권력과 지위의 상승을 보고한 피실험자들(사회경제적 지위가 더 낮은 사람들과 스스로를 비교한)은 그 반대 상황의 피실험자들에 비해 훨씬 많은 사탕을 가져갔다.[6] 기억하자. 이 두 집단의 피실험자들의 사회경제적 지위는 실질적으로 다르지 않았으며, 연구원들은 다만 비교 대상의 차이를 통해 그들이 다르게 느끼도록 만들었다.

권력의 효과는 매우 뚜렷하게 나타났다. 모든 유형의 권력이 상대적으로 높아지면 소득이나 교육 등의 차이를 중요시하지 않는 사람들조차 세상을 이기적인 렌즈로 바라보게 되었다. 이러한 현상을 가장 잘 이해하고 있는 사람은 컬럼비아 비즈니스 스쿨의 애덤 갤린스키 Adam Galinsky일 것이다. 갤린스키는 권력의 효과를 가장 창조적으로 연구한 인물로 유명하다. 그는 실험에서 권력에 대한 사람들의 느낌을 쉽게 조종할 수 있다는 사실을 깨달았다. 피실험자들이 시뮬레이션에서 영향력을 행사할 수 있는 역할을 맡도록 하면 되었다.

일례로 갤린스키는 피실험자들이 역할극에 참여하여 다양한 문제를 풀도록 했다. 이때 시작하기 전에 한 사람을 리더로 선정하고 그가 다른 사람들에게 과제를 나눠 주도록 했다. 시뮬레이션을 하는 동안 갤린스키는 피실험자들이 자신이나 다른 사람들이 저지를 수 있는 특정한 윤리적 실수에 대한 수용 여부를 판단하도록 했다. 예를 들어 정말로 필요한 경우라면 훔친 자전거를 갖고 있어도 되는지, 혹은 약속 시간에 늦었다면 속도 제한이나 관련 교통법규를 위반해도 좋은지를 물었다. 그 결과, 순간적으로나마 권력자의 지위(자신의 이익이 다른 사람에게 의존하지 않는 위치)에 앉았던 사람은 규범 위반의 주체가 자신인 경우에는 보다 관대했고 다른 사람인 경우에는 엄격했다. 가장 근본적인 차원에서 권력은 위선, 즉 신뢰성을 저버리는 행동의 가능성을 높였다.[7]

더욱 골치 아픈 문제는, 권력이 사람들의 신뢰성을 떨어뜨릴 뿐만 아니라 속임수를 쓰고 달아나도록 부추긴다는 사실일 것이다. 버클리 하스 비즈니스 스쿨의 다나 카니Dana Carney는 일시적인 권력 상승이 사람들을 능숙한 거짓말쟁이로 만든다는 사실을 보여주었다. 갤린스키와 비슷한 방식을 활용한 카니는 사람들이 비즈니스 시뮬레이션에 참여하도록 했다. 여기서 사장 역할을 맡은 사람들은 더 넓은 사무실을 배정받았고, 직원들의 연봉을 할당하는 등의 업무를 맡았다. 간단한 시뮬레이션이 진행되는 동안, 피실험자들 중 절반은 실험이 끝나고 면담자를 만나기에 앞서 옆방에서 100달러 지폐를 '훔치라는' 지시를 받았다. 다음으로 면담자는 피실험자들이 돈을 훔쳤는지 모르는 상태에서 그들과 면담을 했다. 여기서 연구원들은 지폐를 훔치라고 지시했던 피실험자들에게 그들이 자신이 돈을 가져가지 않았다고 면담자를 설득할 수 있으면 그 돈을 주겠다고 일러두었다.

연구원들은 실험의 마지막 단계에 피실험자들을 네 유형으로 분류했다. 권력이 높은 도둑, 권력이 낮은 도둑, 높은 권력 통제, 그리고 낮은 권력 통제(여기서 '통제control'는 돈을 훔치라는 지시를 받지 않은 피실험자 집단이다)였다. 면담자들이 통제 집단에게 돈을 가져갔는지 물었을 때 그들은 특별히 불편한 기색을 드러내지 않았다. 그 결과 그들은 오히려 거짓말쟁이로 의심을 받았다.

도둑 집단에게 질문을 던졌을 때, 카니는 권력의 효과를 확인할 수 있었다. 권력이 낮은 도둑들은 면담자들에게 종종 발각되었다. 그들은 최대한 표정을 관리하기 위해 애썼지만 죄책감을 완전히 숨기지는 못했다. 그러나 아주 잠깐 사장 역할을 맡았던 권력 높은 도둑 집단은 그렇지 않았다. 그들은 아주 능숙하게 거짓말을 했다. 실제로 그들은 통제 집단(실제로 진실을 말하고 있었던 사람들!)보다 덜 의심받았다.

피실험자들은 의식하지 못했지만, 사소한 지위 변화는 사람들을 이기적인 거짓말쟁이로 바꿔 놓았다. 그렇다면 권력이 실질적이고 장기적으로 변화하면 사람들로 하여금 무슨 일이든 저지르게 만들지도 모른다. 스스로 인식하든 아니든, 권력은 개인의 신뢰성을 떨어뜨리는 동시에 속임수의 기술을 부드럽게 다듬어 줄 것이다.

돈다발을 본
사람들의 반응

◆

계층과 권력이 신뢰에 미치는 영향이 결국 심리적 상태에 관한 문제라면, 그 변화가 얼마나 쉽게 일어나느냐는 질문이 떠오르게 된다. 신뢰성의 차이를 만드는 진정한 요인이 자기 의존에 대한 높아진 감각이라면(필요한 모든 자원을 스스로 구할 수 있다는 감각), 가장 기본적인 차원에서 부유함에 관한 단순한 신호들도 부정직함을 증가시킬 것이다. 다시한 번 기억하자. 나의 기본적인 주장은 신뢰성 있게 행동하겠다는 판단은 단기적 이익과 장기적 이익을 따져 보는 의식적·무의식적 계산에서 비롯된다는 것이다. 의식적 차원에서 우리 대부분은 이 말의 의미를 잘 이해하고 있다. 우리는 장기적인 영향에 대해 민감하거나 둔감하게 행동함으로써 얻을 수 있는 이익들을 서로 비교한다. 권력이 높아지면 다른 사람들에게 크게 의존하지 않아도 미래에 이익을 얻을 수 있다고 생각하게 되며, 다른 사람들을 부당하게 대우함으로써 발생하는 손실은 줄어든다.

그러나 무의식적 혹은 직관적인 차원에서는 시스템이 다르게 움직인다. 이러한 정신적 메커니즘은 사람들이 원하는 것이나 자원에 대한 신호를 찾기 위해 끊임없이 주변을 살핀다. 앞서 나는 개인의 신뢰성을 평가하는 과정에서 뉴로셉션의 기능에 대해 잠깐 이야기했다. 여기서는 풍부한 자원의 신호에 대한 직관적 시스템의 반응에 주목할 필요가 있다. 간단히 설명하면, 가까운 곳에 있는 풍부한 자원의 존재는 필요한 모든 것이 손 닿는 곳에 있다는 신호가 될 수도 있다. 주변에 식량이 널려 있을 때는, 이를 생산하고 저장하기 위한 신뢰와 협력이 필요하지 않다. 수많은 이성이 자신과 데이트하기 위해 줄 서 있다면, 한 사람의 파트너에 대한 신뢰의 배반이 몰고 올 장기적인 피해는 미미할 것이다. 그 결과, 가치 있고 풍요로운 자원은 우리의 직관적 시스템이 단기적이고 이기적인 행동을 선호하게 만든다. 신뢰와 관련하여 가장 대표적인 자원은 바로 돈이다.

일상적인 차원에서 이 예측은 실질적인 근거가 있다. 여러분에겐 이러한 사례에 해당하는 친구들이 있을 것이다. 일반적으로 이들은 분별 있고 합리적이다. 하지만 도박장에 데리고 가면 완전히 다른 모습을 발견하게 된다. 자신의 퇴직연금 계좌를 정기적으로 확인하는 한 친구는 큰돈을 룰렛의 운명에 맡긴다. 그리고 저녁 10시에 돌아가겠다고 선언했던 다른 친구는 약속을 잊은 채 지폐를 들고 돌아다닌다. 그곳의 광란적인 분위기가 도덕적이고 신중한 사람들을 모두 똑같은 모습으로 만든다. 여기서 궁금한 점은 이것이다. 단지 돈의 존재가 이러한 변화를 만들까? 돈은 정말로 그렇게 교묘한 신호인 걸까?

그 대답을 발견하려면 하버드 비즈니스 스쿨의 행동경제학자 프란체스카 지노Francesca Gino의 연구에 주목할 필요가 있다. 지노는 돈이 가까이 있으면 속임수와 부정이 증가한다고 생각했다. 지노는 단어 유창성 실험이라는 명목으로 피실험자들을 모았다. 피실험자들이 그가 따로 마련한 방으로 들어서면 한 연구원이 현금이 쌓인 테이블 옆에 서 있다. 그 연구원은 피실험자에게 인사를 하고, 철자 순서를 바꾸어 단어를 만드는 과제와 함께 테이블에서 24달러의 현금을 건네준다. 그리고 정답 하나에 3달러를 지불할 것이라고 설명한다. 이 과제에서 정답이란 각 페이지에 적힌 일련의 철자들로 12개의 단어들을 조합하는 것을 말한다. 과제는 스크래블Scrabble(철자가 적힌 플라스틱 조각들로 단어를 만드는 보드 게임-옮긴이) 게임과 비슷하다. 다음으로 연구원은 피실험자를 20분 동안 혼자 내버려 두고 나서 다시 방으로 들어와 피실험자가 수행한 과제를 채점하고, 테이블 위에 놓인 돈 무더기에서 성과에 해당하는 금액을 가져가라고 말한다.

간단해 보이지만, 피실험자들 사이에는 내가 언급하지 않은 중대한 차이가 있다. 일부 피실험자들은 방으로 들어오면서 피실험자들에게 각각 24달러를 지급하고도 수백 달러 정도가 남을 현금 더미가 테이블 위에 있는 장면을 목격했다. 다른 피실험자들의 경우는 금액이 훨씬 많았다. 그들은 피실험자들에게 모두 지불하고도 7천 달러 이상이 남을 현금 무더기를 보았다. 여기서 지노는 엄청난 현금이 가까이 있다는 사실만으로도 사람들이 철자 맞추기 과제에서 속임수를 더 많이 쓸 것이라고 예측했다. 피실험자들에게는 알리지 않았지만, 연구원들은 문제지와 그들의 기록을 대조하여 사람들이 보고한 점수와 실제

점수를 비교할 수 있었다. 세 번의 서로 다른 실험에서, 더 많은 현금을 목격한 사람들이 자신의 성적을 조작하여 실제로 가져가야 할 것보다 더 많은 돈을 챙겼다.[9]

지금까지 나는 현금 무더기 같은 풍부한 자원은 사람들이 보다 쉽게 신뢰를 저버리도록 부추긴다는 사실을 살펴보았다. 이 말은 고정적인 독특한 하위문화나 점진적인 문화적 적응 과정이 아니라 권력이나 사회적 계층 같은 요인들이 다른 사람들에게 의존할 필요가 없다는 메시지를 다양하게 전달하여 사람들이 더 쉽게 신뢰를 저버리도록 만든다는 뜻이다. 권력이나 돈이 더 많을수록 원하는 것을 얻기 위해 상대방의 협력이나 선의에 의존할 필요성이 적어진다. 지노의 연구 결과에 따르면 풍부한 현금의 존재가 사람들의 직관에 자원이 풍부하다는 메시지를 전달하는 미묘한 신호로 작용할 수 있다. 이 말은 곧 단기적으로 자신의 이익에 집중해도 괜찮다는 사실을 의미한다. 또한 주변 자원이 풍부할 때는 다른 사람들에 대한 의존도가 필연적으로 줄어든다는 뜻이다.

지노의 연구 결과는 대단히 흥미롭지만, 그러한 현상의 근본적인 메커니즘을 들여다볼 수 있는 창을 마련해 주지는 못했다. 더 많은 현금은 더 높은 풍요로움과 같다. 하지만 더 높은 풍요로움이 우리의 마음속에서 더 강한 이기심으로 이어지게 되는지 어떻게 확인할 수 있을까? 풍부한 현금의 존재가 정말 사람들이 다른 이들과의 상호 관계를 소홀히 여기도록 만드는지를 어떻게 알 수 있을까?

미네소타 대학 칼슨 경영 대학원의 캐슬린 보즈Kathleen Vohs 역시 이러한 질문을 던졌고, 그 대답을 내놓았다. 영향력 있는 여러 실험을 진행한 보즈는 단순히 돈의 존재 혹은 돈을 상기시키는 활동이, 사람들이 보다 자기중심적이 되고, 동료들과의 사회적 관계보다 자기만족을 중시하도록 만든다는 사실을 입증했다. 일부 피실험자들에게 돈을 보여주거나 돈에 관한 글을 쓰게 하는 등 돈의 개념을 강조한 보즈는 대인행동에서 극적인 차이가 드러난다는 사실을 확인했다. 보즈가 돈의 존재를 강조하자, 사람들은 도움이 필요한 상대에게 어떠한 형태의 도움이나 지원도 제공하려 하지 않았고, 스스로 곤란에 빠졌을 때도 좀처럼 다른 사람에게 도움을 요청하지 않았다. 다시 말해, 돈의 존재는 사람들이 자기 의존적이 되고 다른 사람들의 도움과 요청을 외면하게 만드는 동기를 강화했다.[10]

다시 주제로 돌아와서, 보즈와 그의 연구 팀은 돈이 사람들을 외로운 늑대로 쉽게 바꿀 수 있다는 사실을 보여주기 위해 두 가지 추가 실험을 했다. 두 실험 모두 공동체적 상호작용과 고립적 상호작용에 대한 사람들의 선호도에 집중했다. 먼저 한 실험에서 보즈는 사회적 근접성에 대한 사람들의 마음, 즉 사람들이 얼마나 가까운 거리를 유지하고 싶어 하는지를 살펴보았다. 물리적 근접성은 다른 사람들과 관계 맺고자 하는 사람들의 마음을 잘 드러내 주는 최고의 기준으로 오랫동안 활용되었다. 두 사람 사이의 거리는 상호작용에 대한 사람들의 의지와 반비례한다. 보즈가 발견한 사실은, 어떤 방식으로든 돈의 존재를 떠올린 사람들은 다른 이들과 멀리 떨어져 있으려 했다는 것이다. 그렇다. 돈에 대한 생각만으로도 사람들은 집단 속에서 보다 넓은 독립적인 공간을 원하게 되었다.

두 번째 실험에서 보즈는 돈이 사회적 기호에 미치는 영향을 다양하게 살펴보았다. 여기서 그는 피실험자들이 까다로운 과제를 다른 사람과 함께 할지 아니면 혼자서 처리할지를 선택하도록 했다. 일반적으로 사람들은 힘든 과제를 함께 해결하는 방식을 선호했다. 그러나 돈의 이미지를 바라봄으로써 돈의 존재를 떠올렸던 사람들은 혼자 처리하는 방식을 훨씬 많이 선택했다.[11] 그들은 성과를 나누고 싶어 하지 않았고, 자신의 성공을 다른 사람에게 의존하려 하지도 않았다.

권력은 끝끝내 부패한다

◆

이탈리아의 파시스트 베니토 무솔리니Benito Mussolini는 "다른 사람들을 신뢰하는 것은 좋지만, 그러지 않는 것은 더 좋다"라고 말했는데, 이 말은 권력과 신뢰의 유혹적인 역학을 잘 보여준다. 이 책을 시작하며 언급했듯이, 우리 대부분은 그래야만 하기 때문에 신뢰를 한다. 신뢰야말로 혼자서 얻기 힘든 자원과 이익을 얻을 수 있는 유일한 방법이다. 그러나 인간은 수직적 형태의 무리를 이루며 살아간다. 이 무리는 일반적으로 구성원들을 지위, 권력 그리고 계층의 범주로 구분한다. 이 범주들은 규모 면에서 평등하지 않다. 위로 올라갈수록 그 범위는 필연적으로 좁아진다. 미국 사회에서 1퍼센트로 살아간다는 것, 혹은 자신이 사는 공간에서 최고의 자리인 특권적 지위에 오른다는 것은 신뢰에 대한 계산에 중대한 영향을 미친다. 우리 대부분은 다른 사람들의 도움이 필요하지만 '힘 있는' 사람들은 그렇지 않다. 그들은 자신이 차지하고 있는 지위 덕분에 대부분이 넘보지 못하는 사회적·물리적·경제적 자원에 쉽게 접근할 수 있다. 즉, 그들은 혼자서 살아갈 수 있다. 무솔리니가 말했듯이, 굳이 그러한 혜택을 마다할 이유가 뭐란 말인가?

하지만 다음 질문은 반드시 마다해야 할 이유를 설명해 준다. 무솔리니의 최후는 어떠했는가? 여러분이 기억할지 모르겠지만 그의 시신은 밀라노의 한 주유소 인근의 기둥에 거꾸로 매달리고 말았다. 권력은 엄청난 혜택이 있지만 제대로 관리되지 못하면 언제나 부패할 위험이 존재한다. 권력은 단기적 이익과 장기적 이익 사이의 거래에서 일반적으로 단기적 이익에 집중한다. 독재자, 상류층 자손 혹은 학부모-교사 협의회Parents-Teacher Association, PTA 대표들은 조직에서 차지하고 있는 높은 지위 덕분에 종종 사회적 책임에 신경을 쓰지 않는다. 많은 사람이 자신의 말에 귀 기울이므로 일반적으로 반대에 대한 걱정 없이 자신의 단기적 이익에 집중한다. 그들은 다른 사람들을 신뢰할 필요가 없다. 대신, 명령을 한다. 하지만 이러한 리더십 전략의 문제점은 무력과 공포 혹은 이와 비슷한 억압을 통해 권력을 계속 유지해야 한다는 것이다. 힘 있는 인물이 그러한 억압 수단을 잃어버리면, 그의 치하에서 고통을 겪었던 사람들이 즉각 보복을 시도한다.

이러한 사실을 감안하면 권력이 애초에 왜 그렇게 사람들의 마음에 영향을 미치는지 궁금해진다. 어쩌면 파국으로 끝날지 모르는데도,

인간의 마음은 왜 권력을 쥐면 신뢰와 관련된 계산을 쉽게 바꿔 버리고 마는가? 그 해답은 '어쩌면'이란 핵심 단어에 대한 이해에서 발견할 수 있다. 모든 권력이 '항상' 파국으로 끝나는 것은 아니다. 권력을 계속 유지할 수 있다면 이기적인 행동 방식은 대단히 적응적인 선택이 된다. 스스로 권력을 관리함으로써 개인의 이익을 유지할 수 있다. 또한 진화적 관점에서 보면 권력은 자손 번식에서 엄청난 성공을 보장한다는 면에서 중요한 의미가 있다. 성공의 첫 번째 단계는 광범위한 번식이 가능해진다는 것이다. 우리가 알고 있는 모든 포유류의 경우 더 높은 지위는, 더 많고 더 우월한 짝들에게 접근할 가능성이 커진다는 의미다. 성공의 두 번째 단계는 자손이 짝짓기하는 시점에 이르기까지 양육할 수 있다는 것이다. 순수하게 이론적인 측면에서만 보면, 비록 독재자가 자기 아들이나 딸에게 축출당하더라도 진화적 차원에서는 성공을 거둔 셈이다. 기억하자. 얼마나 오래 사는가는 중요하지 않다. 중요한 것은 자신의 유전자를 다른 이들의 유전자보다 더 성공적으로 전파하는 일이다. 이러한 사실을 잠시나마 권력을 경험했더라도 목표 달성 과정에서 가져다주는 이익과 조합하면, 보복당할 위험을 항상 경계해야 하는 부담에도 불구하고 권력자들의 단기적 사고방식은 이치에 맞는다.

권력과 리더십이 그토록 높은 위험을 감수하지 않아도 번영을 추구할 수 있는 또 다른 길이 있다. 내 친구이자 버클리 대학 심리학과 교수인 대처 켈트너Dacher Keltner의 연구는, 사회적으로 깊이 참여하고 다른 사람들의 관심에 민감한 사람들도 처음부터 권력이 큰 지위에 오를 수 있음을 보여주었다. 켈트너는 사회적으로 노련한 사람들, 즉 감성 지능이 높은 사람들도 다른 지도자들만큼 권력의 파괴적인 속성의 희생양이 될 수 있다는 사실을 지적한다. 하지만 권력 상승에 따른 단기적이고 이기적인 충동에 저항할 만큼 충분히 현명한 소수의 리더들은 고통과 비극을 겪지 않고도 장기적으로 권력자의 지위를 유지할 수 있다고 한다. 이들은 명예와 공정함 그리고 신뢰성을 지키기 위해 싸우는 관용적 리더들이다.

즉각적인 보상의 극대화를 추구하지 않아야 한다는 점에서, 관용적인 리더로 남기란 쉬운 일이 아니다. 1퍼센트 혹은 권력자들이 진정 공정하고 평등하게 행동한다면 예외적으로 거대한 이익을 얻을 수는 없을 것이다. 그럼에도 관용적 리더로서 얻을 수 있는 장기적인 안정과 혜택은 단기적인 이익을 능가할 것이다. 마틴 노왁의 수학적 시뮬레이션을 들여다보든, 사회 집단의 수직적 역동성에 대한 실제 연구들을 살펴보든 간에, 우리는 공정하고 신뢰성 있고 관대한 리더들이 장기적으로 더 많은 이익을 얻는다는 사실을 확인하게 된다.[12]

그렇다면 왜 권력은 리더들이 관용적으로 행동하도록 만들지 못할까? 진화적 측면에서 보면 많은 지도자들이 장기적으로 권력을 유지하지 못했는데, 단기적 이익을 추구하다 쫓겨날 경우 본질적으로 권력을 허비한 것이 되고 만다. 여기서 다시 한 번, 개별적인 결과는 평균에서 얼마든 벗어날 수 있고, 특정한 계산에 따른 최종적인 결과는 맥락에 달려 있음을 상기할 필요가 있다. 사실 의식적·직관적 차원의 모든 계산은 일종의 도박이다. 우리의 마음은 의식적 계산, 그리고 의식의 수면 아래에서 벌어지는 자동적 계산을 바탕으로 확률 게임을 벌인다. 그렇다면 권력으로 얻을 수 있는 이익을 극대화하는 전략은 권력이 자신에게 어떤 영향을 미치는지 이해하는 데 달려 있다. 권력과 돈이 어떻게 자신과 다른 사람들의 신뢰성에 영향을 미치는지 이해하지 못하면 상황에 적절하게 대처하지 못하고 지위를 제대로 관리할 수도 없을 것이다.

우리의 마음이 단기적 이익에 민감하고 신뢰성 없는 행동을 부추긴다는 근본적인 사실 때문에 우리가 그렇게 행동해야 하는 것은 아니다. 우리는 마음의 메커니즘을 이해함으로써 효과적으로 상황에 대처할 수 있다. 다시 말해, 부패하기 쉬운 권력의 속성에 저항하고, 보다 폭넓은 공감대를 바탕으로 사람들을 이끌 수 있다. 마찬가지로 권력이 어떻게 부패하는지를 이해함으로써, 급격한 지위 상승을 경험한 친구와 파트너들을 효과적으로 상대할 수 있다. 우리는 그들이 위험을 피하도록 돕거나, 신뢰성의 변화에 대처하기 위해 마음의 준비를 할 수 있다. 여러분 주위에도 권력 측면에서 갑작스런 변화를 겪고 예전과는 다른 자아를 드러내는 사람들이 있을 것이다. 지금까지 살펴본 것처럼, 그러한 변화는 성격적 결함 때문이 아니라 우리 모두를 지배하는 마음의 메커니즘으로부터 비롯된다.

● **1퍼센트의 지위는 가지고 태어나는 것이 아니라 현재의 마음 상태다.** 이 말은 적어도 신뢰에 대한 논의에서만큼은 진실이다. 모든 사람이 백만장자가 될 수 있는 것은 아니지만, 비교 기준을 바꾸는 시도만으로도 누구든 지위 상승과 하락의 느낌을 경험할 수 있다. 이 말이 의미하는 바는 1퍼센트 집단의 평균적인 신뢰성이 낮게 나타나기는 하지만, 그 이유가 그들의 본성 때문은 아니라는 것이다. 신뢰성, 그리고 다른 사람을 신뢰하려는 의지는 주변 사람들과의 비교에서 느껴지는 감정에 따라 높아지기도 하고 낮아지기도 한다. 결론적으로 말하면, 신분 상승이나 뜻밖의 횡재는 다른 사람들에 대한 필요성을 갑자기 줄어들게 하고, 우리가 신뢰성을 저버리고 단기적 이익을 추구하도록 만든다. 그렇지만 우리는 이러한 함정을 얼마든 피할 수 있다. 잠시 멈춰 서서 자신의 사회적 관계, 즉 지금까지 의존했고 앞으로도 의존할 수 있는 사람들과의 관계를 생각하는 노력만으로도 직관적 계산을 원점으로 돌리고 스스로를 원래 궤도로 돌려놓을 수 있다.

● **권력은 주의해야 할 마약이다.** 권력은 마약처럼 목표에 대한 느낌과 목표 달성을 위한 능력을 완전히 바꿀 수 있다. 권력은 우리가 스스로를 더욱 특별한 존재이며 법 위에 군림하는 존재로 바라보게 만든다. 심리학자 다나 카니Dana Carney와 에이미 커디Amy Cuddy가 입증한 것처럼, 권력에 대한 순간적인 경험도 우리로 하여금 자신을 실제와는 좀 다르게 설명하려는 확신과 능력을 부여하여 정말로 '대단한 사람인 것처럼' 행세하게 만든다.[13] 카니의 추가 연구가 분명히 밝혔듯이, 권력은 사람들을 유능한 거짓말쟁이로 만든다. 순간적인 지위 상승이든 장기적인 변화든 권력은 마약처럼 위험하고 대단히 유혹적이다. 권력자가 되면 우리는 원하는 것들을 빨리 얻을 수 있다. 그러나 장기적으로 신중하게 관리하지 못하면 권력은 시들어 버리고 만다. 끊임없이 다른 사람들의 입장을 보살피고 그들의 이익을 고려하지 않으면, 기회가 오자마자 그들은 리더를 사회의 울타리 밖으로 추방하고 말 것이다.

● **미다스의 손을 피하라.** 신화 속 미다스 왕은 재물을 너무도 좋아했다. 디오니소스가 소원을 말하라고 했을 때 그는 자신이 만지는 모든 것이 황금으로 변하게 해 달라고 빌었다. 그러나 미다스는 곧 재물에 대한 자신의 욕심이 많은 문제를 일으키고 말았다는 사실을 깨달았다. 무엇보다 가족을 만지거나 안을 수 없게 되었다. 그의 욕심은 자신을 외톨이로 만들었다. 비록 그 메커니즘은 다르더라도 돈을 향한 욕망, 그리고 돈을 떠올리게 만드는 모든 것이 우리에게 미다스와 똑같은 형벌을 내리고 있다. 풍요의 신호와 돈의 상징들은 우리의 마음이 즉각적이고 이기적인 목표와 보상에 집중하도록 만든다. 그동안 우리는 자신을 둘러싸고 있던

사회적 보상(가족과 친구들)을 외면하게 된다. 그래서 우리는 돈벌이에 대한 욕심 때문에 일찍 퇴근해서 돌아오겠다는 아이와의 약속을 쉽게 잊고 만다. 그리고 카드 게임 테이블 위에 가득 쌓인 판돈을 차지해야겠다는 욕심에 오랜 친구들을 속일 방법을 궁리한다. 이 모습들 모두 우리가 도덕심을 잃어버렸기 때문은 아니다. 이러한 충동은 자원을 극대화하고자 하는 인류의 태곳적 계산에서 비롯된 것이다. 앞서 살펴보았듯이 풍요는 다른 사람들의 도움이 적게 필요해지고 신뢰와 협력을 잃어도 괜찮다고 생각하도록 만든다. 이 근본적인 진실을 이해하면, 앞서 언급한 것처럼 우리는 잠시 멈춰 서서 다시 계산을 하고, 돈 냄새가 날 때 모습을 드러내는 본능적인 반응을 통제할 수 있다.

6

당신을 신뢰할 수 있을까?

신호와 소음 해석하기

우리의 직관은 올바르게 작동할 때

의식적인 사고 과정이 못하는 방식으로

신뢰성 판단에 대한 열쇠를 제공하지만,

제대로 작동하지 못하면

재앙적인 의사 결정으로 이어지게 된다.

최고의 결과에 이르는 비결은

직관이 최고의 해결책을 제시할 수 있는 경우와

그렇지 못한 경우를 구분할 줄 아는 지혜에 달렸다.

지금까지 신뢰가 삶의 많은 부분에서 얼마나 중요한 역할을 하는지를 보여주는 사례들을 제시했다. 그리고 상대의 신뢰성을 올바로 추론하는 능력으로 많은 이익을 얻을 수 있다고 암시했다. 실제로 학계, 경제계, 정부 분야에서 활동하는 많은 사람이 이익을 얻기 위해 지금도 신뢰와 기만을 추적하는 유효한 방법들을 알아내려 애쓰고 있다. 책, 컴퓨터 프로그램, 심지어 두뇌 스캐닝 서비스에 이르는 수많은 제품과 서비스들은 자신들이 신뢰성을 정확히 판단할 수 있다고 주장한다. 그러나 이들 대부분은 쓸모가 없다. 여기서 나는 흥미나 악의가 아니라 과학적 객관성을 바탕으로 이야기하고 있다.

메타 분석meta-analys(폭넓은 연구 분야에 걸친 다양한 발견을 통합하는 통계적 기술-옮긴이)에 따르면 사람들이 상대방의 거짓말을 알아차리는 정확성은 무작위적 확률보다 약간 높은 수준이다. 우리가 거짓말하는 사람들을 알아볼 확률은 54퍼센트에 불과한데, 동전 던지기와 다를 바 없는 결과다.[1] 상대방이 거짓말하지 않는 상황에서 신뢰성을 파악하는 경우, 즉 상대방이 여러분을 적극적으로 속이려 하지 않는 상황에서 그를 신뢰할 수 있는지 고민하는 경우에는 결과가 훨씬 애매모호하다.

이러한 현상은 우리의 직관에 정면으로 어긋나는 듯하다. 상대방의 신뢰성에 대한 정확한 해석이 성공에 필수적인 요소라면, 인간의 마음은 왜 그 신호를 제대로 읽어 내지 못할까? 나는 수십 년 동안 신뢰성의 신호를 찾아 돌아다녔지만 성공적인 결과를 얻지 못했다. 이 사실은 두 가지 가능성 중 하나를 말해 준다. 첫째, 신뢰성에 관한 신호들이 아예 존재하지 않는다. 그래서 인간은 다른 사람들을 신뢰할 수 있는지 판단하는 과정에서 구름 속을 떠돌 수밖에 없다. 둘째, 신뢰성에 관한 신호들은 분명 존재하지만 우리가 제대로 포착하지 못하기 때문에 구름 속을 떠돈다. 간략하게 설명하겠지만, 나는 여러 이유를 근거로 두 번째 가능성에 내 돈을 걸겠다.

두 번째 경우에 돈을 거는 이유는 지금까지 책에서 한 모든 이야기 속에 들어 있다. 신뢰는 우리에게 큰 보상과 함께 큰 위험을 가져다준다. 우리는 성공을 향해 나아가기 위해 신뢰에 의존하고, 그 과정에서 다른 사람과 협력한다. 올바른 신뢰를 바탕으로 학습을 하고, 친밀한 관계를 이루고, 사회적 네트워크를 구축하고, 협력이 필요한 많은 과제를 성공적으로 해결할 수 있다. 그러나 잘못된 신뢰는 우리의 노력을 결국 실패로 만들고, 이 경험은 본질적으로 신뢰를 약화시킨다.

진화적 적응에 대한 우리의 지식을 감안하면, 상대에 대한 신뢰 여부를 확률에 맡겨야 한다는 생각은 앞뒤가 맞지 않는다. 그 위험은 너무 크다. 신뢰성에 대한 정확한 판단 능력이 엄청난 이익을 가져다줄 수 있다고 해서 그러한 능력이 반드시 존재해야 하는 것은 아니다. 우리의 진화적 적응력을 높여 준다는 이유로 특정한 능력이 반드시 존재하는 것은 아니다. 다만 그런 능력이 존재할 근거가 있을 뿐이다. 인간이 상대의 신뢰성을 정확히 측정하는 능력을 확보하고 있다고 생각한다면, 그리고 그것이 사실이라면, 왜 아무도 신뢰성을 드러내는 신호를 발견하지 못하는지 타당한 이유가 있을 것이다. 내 생각에는 두 가지 주요한 이유가 있다. 첫 번째 근거는 코넬 대학의 경제학자 로버트 프랭크가 제시했는데, 널리 인정받고 있지는 않지만 이론적으로 잘 알려져 있다. 두 번째 근거는 그렇지 않다. 여러 측면에서 발견을 힘들게 만들고 있는 것은 두 번째 이유다. 간단히 말해서, 우리는 완전히 잘못된 방식으로 신뢰성에 관한 신호들을 찾고 있다.

패를
감춰라

◆

언어적 형태든 비언어적 형태든 모든 의사소통은 주요한 목적이 있다. 다른 사람에게 정보를 전달하는 것이다. 물론 우리는 언어로 정보를 전달할 수 있지만, 인간을 포함한 많은 동물이 몸짓이나 표정, 시선, 자세 등의 비언어적인 방식으로 정보를 교환한다는 사실은 널리 알려져 있다. 복잡한 발성으로부터 의미를 추출해야 할 필요가 없는 원시적 메커니즘은 신속하고 자동적이다. 개들은 낯선 사람이 다가오면 으르렁거린다. 우리는 그것이 개가 우리를 달가워하지 않는다는 표현임을 안다. 어두컴컴한 거리를 걸을 때면 여러분의 친구는 잔뜩 긴장한 표정으로 불안감을 드러낸다. 대부분의 비언어적 의사소통은 가능한 한 빠르고 쉽게 정보를 교환한다. 신뢰는 그렇지 않다.

그 이유를 이해하기 위해 다음과 같은 상황을 상상해 보자. 여러분이 신뢰성 있는 사람임을 입증하는, 누구나 쉽게 알 수 있는 표식이 있다고 해 보자. 가령 여러분의 이마에 거대한 T 자가 새겨져 있다. 그렇다면 무슨 일이 벌어질까? 모든 사람이 여러분과 파트너가 되기를 원할 것이다. 그러나 높아진 인기와 더불어 한 가지 심각한 문제가 발생한다. 신뢰성이 없는 사람들도 여러분에게 접근할 것이다. 그들은 여러분을 쉽게 이용할 수 있다는 사실을 잘 알고 있다. 여러분은 그러한 사람들에게도 약속을 지키기 위해 최선을 다한다. 결국 여러분은 모든 것을 빼앗기고 만다. 여러분은 인기를 얻을 순 있겠지만, 대신 빈털터리가 되고 말 것이다.

이제 그러한 표식이 있는 사람이 여러분뿐만이 아니라고 해 보자. 모든 사람의 신뢰성을 미리 확인할 수 있다면 무슨 일이 벌어질까? 프랭크가 깨달은 것처럼, 그 세상도 도덕이 번영하는 유토피아가 되지는 못할 것이다. 그 결말은 다소 복잡하게 전개된다. 처음에는 신뢰성이 높은 사람들이 서로를 선택적으로 찾을 것이다. 파트너가 필요할 때마다 여러분은 이마에 T가 새겨진 사람들에게 다가갈 것이다. 반면 신뢰성이 부족한 사람들은 즉각 사회에서 추방되고 멸종 단계에 이를 것이다. 신뢰성이 없는 사람들의 경제적·사회적 성과는 신뢰성이 높은 사람들보다 훨씬 낮을 것이다. 그러나 상황은 시간이 흐르면서 변화하기 시작한다. 이마의 T에 담긴 정보의 가치가 희미해지면서 사람들은 점점 더 그 표식에 주의를 기울이지 않게 될 것이다. 이 단계에서는 사회 내부에 신뢰성이 높은 사람들만 남아 있을 것이다. 그러므로 이마의 표식을 신중하게 점검해야 할 필요성이 사라진다. 하지만 진화적 압력이 언제나 그러하듯, 어둠 속에 숨어 있는 사악한 개체들이 돌연변이에 의해 혹은 합목적적인 방식으로 신뢰의 신호를 흉내 내기 시작한다.

시간이 흐르면서 이들은 신뢰의 표식을 성공적으로 모방하는 능력이 발달한다. 신뢰의 정점에 도달한 사회는 더 이상 이마의 표식에 주의를 기울이지 않기 때문에, 노련한 사기꾼들은 마음껏 활개 치고 돌아다닐 수 있다. 그들은 모든 사람을 속이고, 엄청나게 빠르게 자원을 축적한다. 이제 잠재적 신뢰성에 대한 믿을 만한 표식인 이마의 T를 확인하는 것만으로는 안심하지 못하는 상황이 갑자기 벌어진다. 그 결과 표식에서 드러나는 미묘한 차이를 확인하기 위해 상대의 이마를 더 면밀히 들여다봐야 하는 새로운 압력이 나타난다. 프랭크가 생각했던 것처럼, 본질적으로 냉전 시대가 시작된다. 협력자들은 서로의 존재를 입증할 비밀 코드를 확인하기 위해 노력하고, 사기꾼들은 그 비밀 코드를 따라 함으로써 시스템을 악용하려 한다.

최종 결과는 신뢰성 있는 사람들과 사기꾼들 사이의 역동적인 균형 상태로 이어질 것이다. 여기서 신뢰성을 드러내는 신호들은 보다 미묘한 형태를 띠어야 한다. 그래서 비언어적 메시지들보다 추적하기가 더욱 어려워야 할 것이다. 간단히 말해서, 신뢰성을 드러내는 신호들은 은밀하게 기능해야 한다. 새로운 사람과 관계를 맺을 때 자신이 갖고 있는 카드를 한꺼번에 보여주는 전략은 종종 파멸로 이어진다는 사실을 이해하기란 어렵지 않다. 자신의 신뢰성 있는 의도는, 다른 비언어적 신호들보다 더욱 은밀하고 서서히 보여줘야 한다. 사람들이 '서로의 주위를 돌며 춤을 추는 동안' 상대방의 진정한 동기를 확인하기 때문이다. 그 결과 신뢰성과 관련된 신호를 정확하게 파악하는 작업은 적어도 사람들이 그 신호를 보다 쉽게 발견하고 해석할 수 있도록 훈련받을 때까지 다소 미묘한 과정으로 남아 있을 것이다.

장님 코끼리
만지기

◆

미묘함이 신뢰성과 관련된 신호 추적을 제약하는 유일한 문제라면, 그 신호를 발견하기 위해 패러다임 전환까지 필요하지는 않을 것이다. 우리에게 필요한 것은 보다 선명한 안경뿐일 테니. 그러나 미묘함은 신뢰성 판단의 유일한 제약이 아니다. 비언어적 신호를 해독하기 위해 수십 년 동안 이어져 온 불완전한 시도들은 우리에게 한 가지 기본적인 사실을 알려준다. 바로 모두가 황금 신호를 찾고 있다는 것이다. 교활한 눈? 안면의 실룩거림이나 고개의 각도? 꼼지락거리는 모습이나 입술을 비죽거리는 행동? 나는 여기서 이것들은 절대 황금 신호가 아니라는 사실을 분명히 밝히고자 한다. 적어도 그것만으로는 아니다.

심리학의 역사에는 특정한 표정이나 몸짓이 사람의 의도나 감정을 드러내는 암묵적인 신호라는 오랜 믿음이 자리하고 있다. 가령 미소는 상대가 나를 좋아하고 환영한다는 뜻이다. 찡그린 이마는 화가 났음을 의미한다. 곁눈질은 속임수를 쓰고 있음을 뜻한다. 사실 이 설명들은 꽤 유용한 정보 같다. 그럴듯하다. 이런 아이디어는 폴 에크먼 Paul Ekman 같은 유명 행동과학자들과 〈라이 투 미Lie to Me〉 같은 유명 TV 프로그램들을 통해 널리 알려졌다. 그러나 지난 5년 동안의 획기적인 연구 결과들은 이러한 믿음을 허물고 있다. 이 연구 성과들에 따르면 오랜 믿음과 달리 특정한 몸짓이나 표정만으로는 상대방의 진정한 감정과 의도를 정확히 파악할 수 없다. 정확한 해석을 위해서는 형태적 configural 맥락과 상황적situational 맥락 두 가지가 필요하다. 그러나 기존의 시도들 대부분은 이러한 맥락적 요소를 간과한다.

먼저 형태적 맥락에 관해 논의해 보자. 비언어적 신호와 감정의 연결 방식이 절대 변하지 않는다면 미소는 언제나 행복을, 위로 올라간 눈썹은 언제나 분노를 의미해야 한다. 사실은 그렇지 않다. 그 이유를 확인하기 위해 다음 사진을 보자.

© Christopher Johnson

여러분은 사진 속 얼굴이 다가오면 아마 긴장감을 느낄 것이다. 이 얼굴은 공격적이라고는 할 수 없다고 해도 대단히 화난 것처럼 보인다. 분명히 눈썹이 올라가 있고, 입을 크게 벌리고 치아를 드러냄으로써 분노를 나타내고 있다. 그런데 문제가 있다. 사진 속 밀로시 라오니치Milos Raonic는 기분이 나쁜 것도, 화가 난 것도 아니다. 사실 라오니치는 호주 오픈 테니스 대회에서 게임을 따내고 흥분을 표출하고 있다. 그의 전체 사진을 보면 쉽게 이해할 것이다.

심리학자 리사 펠드먼 바렛Lisa Feldman Barrett과 힐렐 애비어저Hillel Aviezer는 각자의 연구를 통해 특정한 표정을 특정한 감정과 연결하는 인식에 문제가 있음을 보여주는 설득력 있는 증거를 제시했다. 두 사람은 서로 다른 연구를 통해 기본적인 표정만으로는 상대의 감정을 알아낼

© Christopher Johnson

수 없다는 사실을 입증했다. 얼핏 의아하게 들리지만 좀 더 신중히 생각하면 그들의 주장을 충분히 납득할 수 있다. 그들은 경기에서 지거나 이긴 운동선수들의 강한 감정 상태를 담은 이미지를 활용하여, 얼굴 표정만으로 감정 상태를 추론하는 데 사람들이 얼마나 무능한지를 보여주었다. 최근 여러분이 경주나 시합에서 우승을 차지한 인물을 본 적 있다면 그 얼굴을 떠올려 보자. 그들의 표정은 어떠했는가? 아마도 온화한 미소를 짓지는 않았을 것이다. 라오니치처럼 입을 쩍 벌리고, 눈썹을 치켜뜨고, 두 주먹을 불끈 쥔 모습이었을 것이다. 이 모습은 '내가 해냈어!'라는 의미를 담은 비언어적 표현이다.

그러나 애비어저와 바렛이 보여주었듯이, 그 선수들의 사진에서 얼굴만 잘라 내면, 사람들 대부분은 그 모습이 기쁨을 주체하지 못하는 표정이 아니라 화나거나 언짢은 표정이라고 생각할 것이다. 주먹을 불끈 쥐거나 가슴을 활짝 편 전체적인 이미지를 보지 못한 경우에는 비언어적 신호를 해석하는 과정에서 정확도가 크게 낮아진다.[2]

동기와 관련된 신호들도 마찬가지다. 몸의 자세든 얼굴 표정이든 간에, 정확한 해석을 위해서는 개별 요소들이 아니라 전체적인 신체적 형태가 필요하다. 일례로 상대방이 자신의 반대편으로 몸을 기울이는 경우를 생각해 보자. 사람들은 오랫동안 이 자세가 상호 교류에서 상대를 회피하거나 거리를 두려는 숨겨진 욕망을 나타낸다고 생각해 왔다. 이러한 생각은 '때로는' 진실일 것이다. 그러나 우리가 몸을 기울인 방향만 가지고 상대방의 신뢰성을 판단한다면, 허리가 좋지 않은 많은 사람들도 위험한 인물로 간주될 것이다. 어떤 상황에서는 허리가 아파서 뒤쪽으로 몸을 기울인 나의 모습이 마치 상대방이 싫어서 그런 것처럼 보일 수 있다. 여기서 어떤 해석이 올바른지 확인하는 유일한 방법은 유사 통계적으로 바라보는 것이다. 즉, 애매모호한 개별 신호들에 주목하는 대신, 다양한 신호들의 구성과 조합을 전반적으로 검토하여 정확한 의미를 효과적으로 추출할 수 있다. 상대방이 몸을 뒤로 기울이는 행동은 단지 의자가 불편해서일 수도 있지만, 그 모습이 사회적 회피와 관련된 두세 가지 다른 신호와 함께 나타나고 있다면, 그 자세는 반사회적 욕망에서 비롯되었을 수도 있으며, 이를 바탕으로 상대방이 나를 긍정적으로 보지 않는다고 판단할 수 있다.

다음으로 고려해야 할 두 번째 요소는 상황적 맥락이다. 신호가 무엇을 의미하는지, 그리고 얼마나 자주 드러나는지는 목표와 주변 환경에 달려 있다. 이 말은 신뢰성과 관련하여 황금 신호란 존재하지 않는다는 의미다. 우리의 마음이 드러내고 암호화하기로 선택하는 메시지는 신뢰의 어떤 요소가 특정한 맥락에서 제일 중요한지에 달렸다. 가령 여러분이 지금 의사의 말을 신뢰할 수 있을지를 판단하고 있다면, 여러분의 마음이 주목하는 것은 선한 의도가 아니라 유능함을 드러내는 신호일 것이다.

상황적 맥락은 또한 같은 신호가 전달하는 주체에 따라 다른 의도를 드러낼 수 있다는 사실을 의미한다. 심리학자 막스 바이스부흐^{Max Weisbuch}와 닐리니 앰배디^{Nalini Ambady}의 흥미로운 연구에 따르면, 우리의 마음이 상대의 미소를 지지의 신호로 해석할 것인지, 아니면 악의의 표출로 바라볼 것인지는 상대의 사회적 범주에 달려 있다. 그 미소를 여러분과 비슷한 사람(민족이나 종교 등의 기준으로 동일한 집단의 구성원)이 지으면 행복감을 느끼게 한다. 그러나 외부 집단, 특히 여러분이 속한 집단과 갈등을 빚고 있는 집단의 구성원이 웃으면 아마도 두려움을 느끼게 될 것이다.[3] 경쟁자나 적이 웃음 짓고 있다면 여러분은 어쩌면 심각한 문제 상황에 봉착했는지도 모른다.

결론은, 전체적인 모습과 상황을 고려하지 않은 상태에서 신뢰성에 대한 신호를 찾으려는 시도는 장님과 코끼리에 관한 오랜 우화를 떠올리게 만들 뿐이라는 것이다. 다리를 만지는 쪽은 코끼리가 기둥처럼 생겼다고 말하고, 꼬리를 만지는 쪽은 밧줄처럼 생겼다고 말한다. 상아를 만지는 쪽은 파이프 모양이라고 생각한다. 우리는 이 이야기의 교훈을 잘 안다. 개별적인 신호만 고려하는 접근은 전체를 이해하는 과정에서 실질적인 도움이 되지 않는다. 신호를 특정한 맥락에서 하나의 조합으로 바라보지 못하면, 우리는 나무를 보는 대신 숲을 놓치게 될 것이다. 단일한 미시적 표현에 주목하고 맥락을 고려하지 않는다면, 우리는 진정한 의미를 발견할 수 없을 것이다.

황금 신호를
찾아서

◆

우리를 오랫동안 괴롭히고 있는 문제에 접근하는 최고의 방식은 지금까지 알고 있던 것들을 모두 버리고 처음부터 다시 시작하는 것일지도 모른다. 신뢰성을 해독하는 문제와 관련하여 내가 생각하는 최고의 전략도 그렇다. 물론 다른 사람들의 도움을 얻을 수 있다면 처음부터 새롭게 시작하는 전략은 보다 생산적일 것이다. 우리가 좋아하든 아니든 우리 모두에게는 특정한 관점과 다양한 도구가 있고, 우리는 이것을 가지고 새로운 도전 과제에 직면한다. 나는 심리학자로 교육받았기 때문에 경제학자나 컴퓨터 과학자처럼 생각하기 위해 노력해도 그 분야에서 전문적인 훈련을 받은 사람들만큼 성과를 보여주지는 못할 것이다.

다행히 나는 신뢰의 작동 방식에 오랫동안 관심을 기울여온 다양한 인물들을 알고 있다. 이 중 두 사람은 코넬 대학의 동료들이다. 첫 번째 인물인 사회심리학자 데이비드 피자로David Pizarro는 나처럼 감정 상태와 윤리적 의사 결정의 관계에 많은 관심을 기울이고 있다. 두 번째 인물은 앞에서 소개한 경제학자 로버트 프랭크다. 우리 세 사람은 비언어적 행동, 의사 결정에서의 감정 편향, 신뢰의 진화적 모형, 그리고 행동경제학적 방법론과 관련하여 함께 논의를 이끌고 있다.

물론 우리는 좋은 팀이지만 한 가지 중요한 요소가 빠져 있다. 우리는 비언어적 신호를 따로 떼어 놓고 관찰할 때 대단히 정교한 작업이 필요하다는 사실을 일찍 깨달았다. 이 말은 특정 신호들이 등장할 때마다 매번 정확하게 똑같은 방식으로 드러나도록 해야 할 뿐만 아니라, 다른 신호들과 분리할 수 있는 방법을 택해야 한다는 뜻이다. 예컨대 우리는 어떤 사람이 손을 꼼지락거릴 때마다 동시에 시선을 회피한다는 사실을 인식해야 한다. 이처럼 두 가지 행동이 동시에 드러난다는 사실은 신뢰성을 해독하는 과정에서 중요한 신호를 발견하려는 노력을 대단히 어렵게 만든다. 단일 신호들이 무작위로 나타날 때, 어떤 신호들의 조합이 의미 있는지 어떻게 알 수 있단 말인가? 과학적 차원에서는 지극히 논리적인 현상이지만, 현실적 차원에서는 악몽 같은 사실이다.

인간의 비언어적 행동들 대부분은 의식의 밖에서 일어난다. 이 말은 우리가 모르는 사이에 끊임없이 신호를 전송하고 있다는 뜻이다. 그런데 내가 무슨 행동을 하고 있는지 인식하지 못한다면, 어떻게 그 신호들을 통제할 수 있단 말인가? 그 신호들을 인식하기 위한 특별 훈련도 별 의미가 없을 것이다. 우리는 기껏해야 한 번에 서너 가지 정도의 행동에 주의를 기울일 수 있을 뿐이다. 이 말은 대부분의 신호들이 여전히 자동적으로 떠오르게 될 것이라는 의미다.

실제로 이 문제를 해결할 수 있는 단 하나의 방법이 있다. 인간의 행동을 완전히 통제하기란 불가능한 과제라는 점에서, 우리는 차선책인 로봇으로 시선을 돌려야 할 것이다. 내게는 참으로 다행스럽게도, 세상에서 가장 혁신적인 로봇공학자들 중 한 사람이 내가 살고 있는 지역의 도심 건너편에 위치한 MIT 미디어랩Media Lab에서 연구하고 있다. 현재 퍼스널 로봇 그룹Personal Robots Group을 이끌고 있는 신시아 브리질 Cynthia Breazeal은 사회적 로봇공학 분야를 주도하는 인물이다. 이름에서 짐작할 수 있듯이 이 연구소는 사회적 구성원으로 기능할 수 있는 로봇을 설계하는 데 집중하고 있다. 그의 학문적 관심사 중 하나가 인간과 로봇의 협력이라는 점에서, 로봇의 비언어적 표현이 어떻게 신뢰성에 대한 사람들의 인식에 영향을 미치는가는 브리질에게 흥미로운 학문적 질문일 뿐만 아니라 현실적으로도 대단히 의미 있는 질문이다. 그래서 4단계 응답 확인 방식four way handshake을 기반으로 연구 팀이 탄생했다.

비언어적 신호의 정확성

◆

팀을 구성한 우리에게 필요한 것은 앞으로의 계획이었다. 어느 길이 최고의 여정이 될지 결정하는 과정에서, 우리는 내가 앞서 안내 지침으로 소개한 두 가지 개념을 채택했다. 첫째, 신뢰와 관련된 모든 신호(그것들이 정말로 존재한다면)는 다양한 개별 신호들로 이루어져 있으며, 본질적으로 역동적이다. 그러므로 우리는 사람들이 단순한 상호작용을 통해 서로를 평가하는 과정에서 드러내는 다양한 신호들에 주목해야 한다. 둘째, 우리는 어떤 신호가 중요한가를 평가하기 위해 처음부터 새롭게 시작하기로 합의했다. 우리는 독자적으로 연구를 추진해야 한다. 다른 사람들이 실패한 곳에서 성공을 하려면, 우리는 모든 가능성의 문을 열어 두어야 한다. 이 말은 곧 정보가 가리키는 방향으로 무조건 따라가야 한다는 뜻이다.

우리는 두 가지 원칙을 염두에 두고 3단계의 전략을 세웠다. 그 전략은 방법론적으로 획기적이면서도 근본적인 논리의 전개를 따랐다. 단계 1. 사람들의 비언어적 신호에 대한 관찰에서 신뢰성 예측의 정확성을 높일 수 있다는 증거를 발견하기. 상대방의 진정한 의도를 예측하는 우리의 능력이 확률보다 유효하다는 증거가 없다면, 신호를 찾는 노력은 의미가 없을 것이다. 단계 2. 신뢰와 관련된 의사 결정과 행동을 종합적으로 정확히 예측하는 다양한 신호들을 발견하기. 다르게 말해서, 신뢰성 판단에 영향을 미칠 뿐만 아니라, 상대를 지지하거나 속이는 행동을 암시하는 신호들을 발견하기. 단계 3. 이러한 신호를 실험적으로 활용하여 상대방을 신뢰하려는 의지에 직접적인 영향을 미칠 수 있다는 사실을 보여줌으로써 신호들이 정말 유효하다는 사실을 입증하기.

물론 첫 번째와 두 번째 단계는 구분했지만, 우리는 같은 실험을 통해 관련된 정보를 수집할 수 있었다. 그 실험의 핵심은 서로 모르는 두 사람이 대화를 나누도록 하는 것이다. 피실험자들의 입장에서는 대단히 간단한 실험이었다. 이해를 위해 다음의 상황을 상상해 보자. 여러분은 지금 연구실에 도착했고 '타인에 대한 평가'라는 제목의 실험에 참여한다. 연구원들은 그 실험이 두 부분으로 이루어졌다고 설명한다. 첫째, 여러분은 처음 본 사람과 대화하게 된다. 둘째, 그 사람과 함께 경제 게임을 하며, 두 사람의 공동 결정이 여러분이 받을 돈의 액수를 결정한다. 그게 전부다.

이 실험 과정은 우리가 일반적으로 직면하는 상황, 즉 새로운 상대의 정체를 빨리 파악해야 하고, 그를 신뢰할지 말지를 결정해야 하는 상황을 그대로 반영했다. 다만 두 사람이 나누는 대화의 규칙 중 하나는 다음에 이어질 경제 게임에 대해 논의해서는 안 된다는 것이다. 그러나 사실 피실험자들은 그 게임의 방식을 모르며, 따라서 게임과 관련하여 나눌 이야기도 거의 없다. 그래도 우리는 이 실험에서 피실험자들이 나중에 보일 행동과 관련하여 어떤 약속도 하지 않은 상태에서 신뢰성을 추적하는 과정에 초점을 맞추고자 했기 때문에 이 규칙을 하나의 제약으로 설정했다.

객관적으로 신뢰성을 평가하는 경제적 의사 결정 단계인 실험의 두 번째 부분으로 넘어가기 전에 우리가 이해해야 할 대화의 특성이 있다. 우리는 신뢰성 혹은 신뢰성 결핍을 드러내는 신호가 존재한다고 입증하기 위해 어떠한 형태든 간에 그 신호를 활용함으로써 다른 사람의 행동을 추측하는 정확성을 높일 수 있다는 사실을 보여줘야 한다. 우리는 소셜 미디어를 통해 이 문제를 쉽게 해결할 수 있었다. 우리 연구 팀은 피실험자들 중 절반에게 얼굴을 마주하는 방식place face-to-face, FTF으로 대화를 나누도록 했다. 이를 위해 두 사람은 작은 테이블을 사이에 두고 마주 앉았다. 반면 다른 절반에게는 웹 기반의 문자메시지instant messaging, IM로 대화하도록 했다. 여기서 두 사람은 각자 다른 방에 앉아 있다. 신호의 존재에 대한 우리의 예감이 옳다면, 그 결과는 다음과 같은 간단한 사실을 보여줄 것이다. 즉, 신뢰성에 대한 사람들의 판단이 직접 대면 환경에서 더 정확해야 한다는 것이다. 간단히 말해서, 대화 상대방을 직접 보고 있을 때 정확성이 높아진다면, 그 이유는 오직 한 가지일 것이다. 우리가 인식하든 아니든 간에, 우리의 마음은 상대방의 이야기를 뛰어넘어 추가적인 신호를 활용하고 있다는 것이다.

이제 실험의 두 번째 단계로 넘어가자. 신뢰성을 정확히 평가할 수 있다는 사실을 입증하려면, 특정한 가정이 필요하다. 사람들은 신뢰성을 말해 주는 평판이나 과거의 행동에 의존해서는 안 된다. 그 대신, 특정 시점에서의 판단이 미래의 실제 행동을 예측할 수 있다는 사실을 보여주어야 한다. 이를 위해 우리는 1장에서 언급한 넘겨주기 게임을 활용했다. 여러분의 기억을 환기하면, 넘겨주기 게임은 보다 적은 공동의 이익과 더 거대한 비대칭적인 개인의 이익이 대결하게 함으로써 신뢰가 나타나는 다양한 현실적 상황을 재현한다. 우리는 피실험자들에게 4개의 토큰을 지급했다. 그 토큰은 받은 사람에게는 1달러의 가치가 있지만, 상대방에게 넘겨줄 때는 가치가 2달러가 된다. 수익을 극대화하고 장기적인 관계의 가능성을 보장하기 위한 가장 신뢰성 있는 협력 방식은 토큰 4개를 모두 상대방에게 넘기는 것이다. 그러면 두 사람 모두 8달러의 수익으로 게임을 끝낼 수 있다. 그러나 단기적인 이기적 이익에 주목한다면, 최고의 의사 결정은 완전히 달라진다. 자신의 토큰은 그대로 가지고 있으면서 상대방이 자신에게 모든 토큰을 양도하기를 기대하는 전략이다. 그러면 여러분은 12달러로 게임을 끝낼 수 있다. 반면 상대는 속았다는 느낌과 함께 빈털터리가 될 것이다.

실험에서 넘겨주기 게임은 대화 직후에 이어졌다. 우리는 앞서 얼굴을 마주보며 대화한 피실험자들을 다른 방으로 이동하도록 했다. 우리는 그들이 얼마나 많은 토큰을 상대와 교환하기로 결정했는지 관찰하는 것은 물론, 상대방이 그들에게 얼마나 많은 토큰을 줄 것인지를 예측하도록 했다. 이 두 가지 정보는 실험의 핵심적인 분석 작업을 위한 것이다. 상대로부터 더 많은 토큰을 기대할수록 그는 상대를 더 많이 신뢰한다는 뜻이다. 그리고 상대에게 더 많은 토큰을 줄수록, 이는 그들 자신이 더욱 신뢰성 있게 행동했다는 뜻이다. 이 두 정보의 차이를 살펴보면 신뢰성 판단의 정확성에 대한 객관적 기준을 확보할 수 있다.

그 결과를 살펴보자 우리의 생각보다 훨씬 좋았다. 처음에 우리는 상대방과 함께 있다는 사실이 신뢰성에 영향을 미칠 것이라고 걱정했다. 즉, 직접 대면 방식과 문자메시지 방식으로 이루어진 의사소통의 내용과 범위가 동일함에도 불구하고(우리가 확인했던 요소), 상대방을 직접 만난다는 단순한 행위만으로 속이려는 의지가 감소하지 않을까 우려했다. 다행스럽게도 그러한 현상은 나타나지 않았다. 다시 말해, 신뢰적인 행동의 수준은 방식에 관계없이 동일했다. 실제로 얼굴을 마주보고 대화하든, 문자메시지로 대화하든 상관없이, 피실험자들이 상대방과 교환한 토큰의 평균 개수는 정확하게 2.5개였다. 사실 오늘날 문자메시지가 전화 통화나 커피를 나누는 것만큼 일반적인 대화 방식이라는 사실을 감안하면 결과는 그리 놀랍지 않다. 사람들은 문자메시지를 익숙하게 사용하므로, 매우 일반적인 의사소통 방식으로 받아들이고 있다.

반면 신뢰성 평가의 정확성에 관해서는 완전히 다른 그림이 나타났다. 반갑게도 그 그림은 우리가 예상했던 그대로였다. 얼굴을 마주보며 대화한 사람들은 문자메시지로 대화한 사람들과 비교해서 상대방의 행동을 보다 정확하게 예측했다. 상대방이 토큰을 몇 개나 공유할 것인지 예측하는 과제에서, 이들의 정확도는 37퍼센트나 더 높게 나타났다.[4] 이 결과는 그 자체로 어떤 유형의 신호가 분명히 존재한다는 사실을 의미한다. 피실험자들은 어떠한 방식으로든 상대방이 이야기하는 모습에서 그들의 진정한 마음을 꿰뚫어 보았다.

실험의 첫 번째 단계는 여기까지다. 신호의 특성을 확인하기 위한 두 번째 단계에서는 더 많은 작업이 필요했다. 우리는 신호를 발견하기 위해 추가적인 정보의 원천, 즉 피실험자들의 실제적인 비언어적 행동을 활용해야 했다. 언급하지 않았지만, 우리는 피실험자들이 얼굴을 마주하며 대화를 나눈 방에 시간 공조 방식의 비디오카메라 여러 대를 보이지 않게 설치했다. 우리는 이 장비로 피실험자들의 시선이 정면을 향하는지 혹은 옆을 바라보는지 확인했다. 쉽게 짐작할 수 있듯, 녹화한 영상의 분량은 어마어마했다. 우리는 훈련받은 해독자들의 도움을 받아 몇 개월에 걸쳐 피실험자들의 움직임과 표정을 수치로 전환하여 입력하고 데이터베이스를 구축했다. 그리고 데이터베이스를 기반으로 피실험자들의 대화의 특성을 재구성했다. 예를 들어 우리는 23번 피실험자가 대화를 시작하고 5분 3초경에 미소를 지었고, 그 상대인 24번 피실험자가 12초 후에 자신의 얼굴을 만졌다는 사실을 확인할 수 있었다.

우리는 신뢰와 관련된 신호에 대한 모형을 구축하기 위해 피실험자들이 드러내는 각각의 몸짓과 표정의 횟수를 측정했고, 이 정보를 가지고 넘겨주기 게임에서 드러날 의사 결정을 예측할 수 있는지 확인했다. 예상했던 대로, 이 개별 신호들 중 어느 것도 실질적인 의사 결정과 별 상관이 없었다. 시선을 회피하거나 손을 꼼지락거리거나 혹은 고개를 끄덕이는 행동의 횟수를 측정하는 시도로는 그 사람의 신뢰성 여부를 예측할 수 없었다.

다음으로 우리는 각각의 신호들을 다양한 형태로 조합했고, 이 정보로 상대방의 협력이나 이기심을 예측할 수 있는지 확인했다. 다양한 시도 끝에, 우리는 특정한 네 가지 개별 신호를 조합하여 인식과 행동에서 상대방의 신뢰성을 예측할 수 있다는 사실을 발견했다. 네 가지 신호는 팔짱 끼기, 몸을 뒤로 젖히기, 얼굴 만지기, 손 만지기였다. 자주 이렇게 행동한 사람들일수록 이후에 신뢰성이 적게 행동했다. 즉, 토큰을 더 적게 공유했다. 이 결과는 우리에게 대단히 중요한 깨달음을 가져다주었다. 이는 다중적인 신호와 실질적인 행동 사이에 객관적인 연결고리가 존재한다는 의미였다. 물론 여기서 우리가 가장 관심을 기울인 대목은 이러한 신호들에 대한 관찰이 상대방의 신뢰성 판단에 영향을 미치느냐는 질문이었다. 여기서도 마찬가지로, 정보는 우리의 가정을 뒷받침해 주었다. 상대방이 신호들을 더 자주 드러낼수록 피실험자들은 이들을 덜 신뢰했다. 즉, 게임에서 상대방이 더 적은 토큰을 교환할 것이라고 예상했다. 그리고 모든 피실험자들은 상대방의 신뢰성을 평가하는 주체이자 상대방으로부터 평가받는 객체라는 점에서, 두 가지 발견은 정확성의 원을 완성했다. 이러한 신호를 드러내는 것은 상대방이 여러분의 신뢰성을 의심하게 만들 뿐만 아니라, 그 의심이 정확하다는 사실을 의미한다.

이 같은 신뢰와 관련된 신호들에 대한 확인은 우리가 처음 시도했는데, 더 흥미로운 사실은 사람들이 그 신호들의 특성을 전혀 모르고 있으며, 더 중요한 것은 자신들의 마음이 그 신호들을 이미 활용하고 있다는 사실조차 모른다는 점일 것이다. 이 실험에서 피실험자들 중 누구도 상대방이 신뢰성 없게 행동할 것이라고 자신이 예측한 근거를 제시하지 못했다. 그럼에도 실험 결과는 사람들의 마음이 이러한 신호들의 조합을 이미 익숙하게 인식하고 있으며, 여러 신호들이 조합된 특정 패턴이 반복될 때마다 이들은 공정함과 신뢰에 대한 자신의 기대를 수정한다는 사실을 확인해 주었다.

이러한 신호의 요소들은 다양한 차원에서 일리가 있다. 때로 상체를 반대쪽으로 기울이는 행동은 회피를, 팔짱을 끼는 행동은 친밀함과 관계 형성에 대한 거부를 드러낸다는 이야기는 오래 전부터 존재했다. 마찬가지로 얼굴을 만지거나 손을 꼼지락거리는 행동은 때로 불안감을 드러낸다. 이러한 신호들이 합쳐지면, 관계를 원치 않고, 자기 의식적이고, 혹은 어떻게 행동해야 할지 몰라 불안해하는 모습이 드러난다. 신호들은 친구가 되길 원치 않고, 상대가 좋아하지 않을 행동을 할 것이라는 사실을 말해 준다.

우리는 상대방의 신뢰성에 대한 예측의 정확성을 직접적으로 높여 주는 특정한 신호들이 존재한다는 증거를 확인했다. 우리는 이 성과로부터 큰 용기를 얻었지만, 그럼에도 과학적 본능 때문에 샴페인의 뚜껑을 쉽사리 열지 못했다. 우리 모두가 동의해야 할 두 가지 문제가 여전히 남아 있었다. 첫째, 과학자라면 누구나 알고 있듯이, 어떠한 발견을 확신하려면 복제가 가능해야 한다. 모든 실험 결과는 우연일 수 있기 때문이다. 둘째, 우리를 더욱 불안하게 만든 문제는 비언어적 행동에 대한 연구는 언제나 불확실한 시도일 수밖에 없다는 사실이다.

사람들은 한 가지 신호만 개별적으로 드러내지는 않는다. 끊임없이, 그리고 종종 동시에 다양한 신호들을 드러낸다. 우리가 네 가지 신호들의 조합으로 신뢰성을 의심할 수 있다는 사실을 확인했다 하더라도, 중요한 것은 그 신호들이라고(그리고 오직 그러한 신호들만이라고) 어떻게 장담할 수 있겠는가? 가령, 어떤 사람이 자신의 얼굴을 만질 때마다 그의 왼쪽 동공도 어쩌면 함께 커질 수 있다. 그리고 몸을 뒤로 젖힐 때마다 콧구멍도 함께 벌어졌을 수도 있다. 우리가 착각했을 가능성은 여전히 남아 있다. 그렇다면 이제 앞에서 언급한 MIT의 퍼스널 로봇 그룹의 기술이 중요한 역할을 할 때가 왔다.

이 로봇을
신뢰하겠습니까?

◆

로봇을 신뢰할 수 있을까? 얼핏 들으면 아주 어리석은 질문 같다. 기계를 신뢰한다는 말은 무슨 뜻일까? 여러분은 아마도 로봇이 제대로 작동할 것이라고 안심할 수 있느냐는 의미라고 생각했을 것이다. 그러나 여기서 우리가 주목하는 것은 기계적 신뢰도가 아니다. 우리의 질문은 로봇이 과연 우리를 공정하게 대우할 것이라고 생각할 수 있느냐다. 이 질문이 의미 있으려면 로봇 기술이 대단히 높은 수준에 도달해야 한다. 사람들이 로봇을 사회적인 존재로 인정할 수 있어야 한다. 너무도 생동감 있어서 우리가 로봇을 이기적인 혹은 이타적인 마음을 품을 수 있는 의식 있는 존재라고 착각할 정도여야 한다. 물론 이 착각은 로봇에게 대단히 무리한 요구가 될 것이다. 하지만 신시아 브리질의 연구는 이미 그러한 기준을 충족하고 있다.

앞서 언급했듯이 브리질은 로봇을 사회적인 존재로 만드는 분야에서 세계적인 전문가다. 그의 연구 팀은 로봇의 표정과 몸짓을 인간과 일치하도록 만드는 기술, 인간의 시선을 따라가고 목소리에서 감성적인 정보를 감지하는 알고리즘 개발, 심지어 호흡 같은 생물학적 현상을 모사하는 움직임에 이르기까지 사회적 존재로서의 로봇의 활동 범위를 계속 넓히고 있다.

브리질이 활용하는 로봇들은 형태가 무척 다양한데, 신뢰의 문제와 관련하여 우리에게 필요한 것은 인간과 유사한 로봇이었다. 다행스럽게도 브리질에게는 그러한 로봇이 있었다. 넥시Nexi였다.

사진에서 볼 수 있듯이 넥시의 상반신은 인간의 모습을 닮았다. 우리는 넥시에게 여성의 목소리를 부여해서 '그녀'라고 불렀다. 넥시의 머리와 얼굴, 목, 손, 팔은 생물학적 차원에서 움직임이 인간과 흡사하다. 사진으로 넥시의 능력을 어느 정도 알 수 있겠지만, 백 번 말하는 것보다 한 번 보는 게 낫다고 여러분이 직접 이 책의 웹사이트에서 영상을 찾아보길 권한다.(www.davedesteno.com/the-truth-about-trust) 넥시의 움직임을 확인할 수 있다.

이제 우리에게 로봇이 생겼다. 우리는 계획의 세 번째 단계로 시선을 돌렸다. 앞서 언급했듯이, 특정 신호들의 조합이 상대방의 신뢰성에 대한 판단과 연관 있다는 사실을 발견하더라도, 다른 사례에서 그

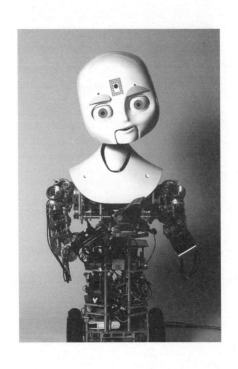

러한 신호를 목격했다고 해서 여러분이 상대방을 신뢰성 없는 사람이라고 결론 내릴 수 있다는 의미는 아니다. 이는 교회와 범죄에 관한 오래된 이야기와 비슷하다. 도시에 교회가 많을수록 범죄도 더 많이 일어난다는 말이 있다. 하지만 사실 교회의 수는 범죄율과 상관이 없다. 그럼에도 인과관계가 있어 보이는 이유는 교회의 수와 범죄의 수 모두 도시의 인구 규모와 관련된 변수이기 때문이다. 많은 인구는 당연하게도 더 많은 종교 시설과 더 많은 범죄를 의미한다. 따라서 특정 도시에서 일어나는 범죄의 규모를 예측하기 위해 교회의 수를 활용할 수는 있어도, 교회들을 파괴한다고 해서 범죄가 줄어들 것이라고 기대할 수는 없다. 바로 여기에 데이터 연관성의 함정이 있다.(우리의 경우도 포함하여.) 우리가 확인한 신호들이 의미 있는 정보라는 사실을 입증하려면, 동시에 나타날 수 있는 또 다른 미묘한 신호들과의 연관성을 모두 배제해야 한다.

이를 위한 최고의 방법은 넥시를 '오즈의 마법사Wizard of Oz, WOO' 프로젝트에서 대화 파트너로 활용하는 것이다. 이름에서 짐작할 수 있듯이 오즈의 마법사 프로젝트는 '커튼 뒤', 이 경우에는 옆방에 있는 사람이 통제하는 방식으로 진행된다. 피실험자들 입장에서는 이번 실험도 예전 실험과 똑같았다. 다른 점이 있다면 대화 상대가 넥시라는 것이다. 여기서 커튼 뒤에 숨은 인간 조종사는 기술이라는 놀라운 마법으로 넥시에 영혼을 불어 넣는다.

나는 대학원생들 중 한 사람인 졸리 바우만Jolie Baumann에게 그 역할을 맡겼다. 여러분은 아마 넥시를 작동하는 데 왜 사람이 필요한지 궁금할 것이다. 그 이유를 이해하기 위해 애플의 시리 혹은 이와 유사한 프로그램에 명령을 하는 것을 넘어서 실제로 이들과 대화를 주고받는 일이 일반적으로 얼마나 자연스러울지 생각해 보자. 안타깝게도 아직까지 자동 대화 기술은 혼자 힘으로 기능할 만큼 발전하지 못했다. 그래서 우리는 졸리를 비롯한 다른 인간 마법사들의 도움을 빌려야 한다.

졸리는 넥시의 옆방에 앉아서 거대한 화면을 통해 넥시 안에 있는 카메라가 전송하는 영상을 본다. 졸리는 그 화면을 통해 대화를 나누는 상대방을 시각적으로 확인할 수 있다. 또한 졸리가 바라보는 스크린 위에도 카메라가 설치되어 있다. 이 카메라의 유일한 목적은 세 방

6. 당신을 신뢰할 수 있을까?

향으로 졸리의 머리 움직임을 추적하고, 이에 따라 넥시의 머리를 움직이도록 하는 일이다. 그래서 넥시는 대화의 흐름에 따라 머리와 시선을 부드럽게 움직일 수 있다. 졸리는 또한 두 가지 기능을 하는 헤드셋을 쓰고 있다. 첫 번째 목적은 넥시를 통해 자신의 목소리를 흘려보내는 것이다. 두 번째 목적은 졸리의 음소(즉, 분리된 음성)들을 분석하고, 이에 따라 넥시의 입을 실시간으로 움직이는 것이다. 이 기술의 목적도 넥시가 최대한 살아 있는 것처럼 보이도록 만드는 것이다. 우리의 몸은 대화를 나누는 동안 계속 움직이므로, 우리는 졸리가 대화 도중 드러내는 몸짓을 그대로 따라 하도록 넥시를 프로그래밍했다.

그 과정은 모두 순조로웠지만, 여러분은 아마도 네 가지 목표 신호들의 조합이 어디서 나타났는지 궁금할 것이다. 넥시가 그 신호 조합을 표현하도록 만들기 위해서 우리는 먼저 신호들을 '가르쳐야' 했다. 여기서 로봇을 가르친다는 말은, 프로그램 설계를 통해 넥시가 특정한 방식으로 움직이도록 만든다는 의미다. 첫 번째 실험에 참여한 피실험자들의 다양한 영상들을 바탕으로, 브라질의 대학원생인 이진주^{Jin Joo Lee}가 이끈 연구 팀이 동작들의 패턴을 분석했고, 이를 자세 정보로 전환하여 넥시의 움직임을 프로그래밍했다. 그 결과, 넥시는 사람들의 몸짓을 따라 각각의 신호들에 대한 몇 가지 전형적인 사례들을 보여주었다.

이제 우리는 실험 준비를 거의 마쳤다. 넥시는 졸리의 움직임들 대부분을 실시간으로 따라 할 것이며, 졸리는 버튼을 눌러서 넥시가 목표 신호에 대응하는 통제 몸짓(즉, 목표 신호와 동일한 크기와 범위의 몸짓)을 하도록 만든다. 기억하자. 나는 넥시를 움직이기 위해 두 명의 '마법사'가 필요하다고 했다. 그런데 두 번째 마법사는 왜 필요할까? 우리는 졸리가 자신과 이야기를 나누는 피실험자가 목표 신호를 인식하는지 모르게 해야 했다. 졸리가 신뢰성의 인식에 영향을 미칠 수 있는 다른 신호들을 전달하지 못하도록 하기 위해서, 우리는 그녀가 피실험자들의 조건을 모르도록 해야 했다. 만일 넥시가 팔짱을 끼도록 하는 버튼을 졸리에게 맡긴다면, 비록 무의식적 차원이라 하더라도 그녀가 고개를 움직이거나 말하는 방식에 틀림없이 영향을 미칠 것이었다. 그렇게 되면 목표 신호들이 다른 신호들과 상관없이 드러나도록 해야 한다는 우리의 노력이 허사가 될 것이었다.

그래서 우리는 여기서 두 번째 마법사인 대학원생 레아^{Leah}를 등장시켰다. 레아의 유일한 임무는 넥시가 신뢰성 없음을 보여주는 몸짓, 즉 몸을 뒤로 기대고, 팔짱을 끼고, 얼굴과 손을 만지는 등의 목표 신호, 혹은 마찬가지로 대화 과정에서 드러나는 중립적인 신호 중 어떤 것을 언제 드러낼 것인지 결정하는 일이었다. 레아는 대화를 듣고 볼 수는 있지만, 졸리나 피실험자와는 아무런 이야기도 나눌 수 없다. 실험을 시작하기 전에, 레아는 동전 던지기를 통해 어떤 형태의 신호(목표 신호 혹은 중립 신호)를 해당 피실험자에게 보여줄 것인지를 결정했다.

이러한 기술적인 부분들을 제외하면 넥시의 실험은 인간 대 인간의 경우와 비슷한 대본을 따라 진행되었다. 피실험자들이 실험실에 도착하고, 연구원들은 그들에게 10분 동안(첫 5분 동안 넥시는 자신을 소개하고, 피실험자들은 로봇과의 대화에 점차 익숙해진다) 대화를 나눌 것이라고 설명한다. 대화를 마친 피실험자들은 넥시와 함께 경제 게임을 한다. 연구원들은 피실험자들에게, 상호작용이 이루어지는 방식에 따라 넥시가 인공지능 알고리즘을 활용하여 스스로 경제적인 판단을 한다고 설명했다. 이는 피실험자들이 넥시가 돈을 그냥 가지고 있거나 혹은 모두 내놓을 것이라고 가정하지 않도록 하기 위해 꼭 필요한 거짓말이었다. 게임이 모두 끝나자 우리는 피실험자들과 함께 따로 마련된 방으로 자리를 옮겨서 그들에게 넥시를 어떻게 생각하는지, 그리고 넥시가 어떤 태도로 넘겨주기 게임을 했는지를 물었다.

무슨 일이 벌어졌는지 설명하기 전에, 혹시 여러분이 넥시와의 실험이 순조로웠다고 짐작한다면 내가 설명을 소홀히 했기 때문일 것이다. 사실 우리는 일부 피실험자들의 정보를 폐기해야 했다. 넥시는 가끔씩 오작동했고, 허공만 쳐다볼 때도 있었다. 혹은 '사람과 관련된' 문제가 벌어지기도 했다. 예를 들어 어느 피실험자는 넥시에게 신을 믿느냐는 질문을 계속 했다. 또 다른 피실험자는 넥시와 대화하는 동안 계속 팔을 흔들면서, 자신의 얼굴을 추적하는 로봇의 능력을 방해할 수 있는지 확인하려 했다. 그래도 상대적으로 드문 예외들을 제외하면 피실험자들 대부분은 넥시와 즐거운 대화 시간을 보냈다.

그렇다면 최종 결과는 어땠을까? 만족스럽게도 결과는 우리가 기대했던 대로였다. 대화 중에 넥시가 드러낸 일련의 목표 신호들을 본 피실험자들은 나중에 넥시의 신뢰성을 의심한다고 밝혔다. 그들은 그러한 신호들을 보지 않은 피실험자들만큼 넥시가 상냥하다고 생각했지만, 그럼에도 그녀가 자신을 속이려 한다는 느낌을 받았다고 했다. 게다가 그러한 신호들을 확인한 피실험자들은 넥시가 자신에게 더 적은 토큰을 줄 것이라고 예상했을 뿐만 아니라, 그들 역시 넥시에게 더 적은 토큰을 건넸다. 그리고 더욱 중요하게도, 신뢰성에 대한 인식은 모든 현상들을 일관적으로 설명해 주었다. 다시 말해 넥시의 신뢰성에 대한 피실험자들의 평가는 넥시가 그들과 교환할 것이라고 기대했던 토큰의 개수, 그리고 자신이 넥시에게 주고자 했던 토큰의 개수를 정확하게 예측했다.[5]

이러한 발견은 여러 측면에서 대단히 놀랄 만한 일이었다. 가장 먼저, 많은 의혹에도 불구하고 우리가 정의했던 일련의 신호들이 신뢰 없는 태도를 드러낼 것이라는 생각을 확인해 주었다. 다양한 근거들을 바탕으로 로봇을 활용하는 방법이 효과가 없을 것이라는 지적이 있었지만, 그럼에도 우리는 분명히 효과가 있다고, 즉 그 신호들이 의미가 있다고 주장할 수 있는 하나의 근거를 확보했다. 이 실험에서 피실험자들 중 누구도 어떤 요인이 자신의 판단에 실질적인 영향을 미쳤는지 암묵적으로도 설명하지 못했지만, 분명 그들의 마음은 그 신호들을 활용했다. 협력적인 상황 속에서 피실험자들은 이러한 신호들을 바탕으로 잠재적 파트너가 지금 이 순간에 단기적 이익에서 장기적 이익으로 이어지는 스펙트럼 상에서 어디에 서 있는지 정확히 파악했다. 신뢰성 없이 행동한 사람들, 즉 상대방에게 더 적은 토큰을 주었던 사람들은 이기적인 선택이 단기적으로 많은 이익을 가져다주겠지만 상대방과의 향후 협력 가능성은 어두워질 것이라는 사실을 알면서도 단기적 이익을 선호했다.

이 연구의 두 번째이자 더욱 중요한 의미는 과학기술이 마침내 인간과 비슷한 수준으로 사회적 행동을 따라 함으로써, 인간이 만든 존재가 비언어적 신호를 사용하여 도덕적인 의지까지 품을 수 있다고 생각할 정도로 발전했다는 사실이다. 많은 의사소통이 컴퓨터를 매개체로 이루어지는 세상에서, 즉 가상의 아바타와 대리인을 통해 점점 더 많은 대화가 오고가는 세상에서 가상 기기들은 극단적으로 섬세한 기술을 바탕으로 우리에게 편안함과 혼란의 느낌을 가져다줄 것이다. 프로그래머와 설계자들은 전례 없는 수준으로 신뢰성에 대한 우리의 판단을 조작할 수 있는 강력한 도구를 손에 넣을 것이다. 그들은 이 도구를 통해 신뢰성이 낮은 사람들에게 신뢰와 관련된 신호를 숨기고 신뢰를 쉽게 쌓는 방법을 알려 줄 것이다. 이에 관해서는 다음 장에서 자세히 논의하겠다. 그 전에 신뢰성 판단에 영향을 미치는 것에 대한 완전한 그림을 얻기 위해, 신뢰성을 드러내는 신호의 또 다른 유형을 살펴보자. 바로 능력competency이다.

만들어진
리더

◆

나는 신뢰가 일차원적 개념이 아니라는 점을 계속 강조하고 있다. 신뢰성 있는 태도란 자신에게 의존하는 사람들과의 관계에서 공정하고 정직한 의도를 드러내는 것만을 의미하지는 않는다. 신뢰성에는 또한 능력이란 요소가 작용한다. 지금까지 우리는 자신을 이용하려 하는 상대방의 의지를 드러내는 신호들을 집중적으로 살펴보았다. 하지만 진화적 관점에서는, 상대방이 자신을 도울 실질적인 능력이 있는지에 대한 판단도 상대가 자신을 도울 의지가 있는지에 대한 판단만큼이나 중요하다. 이러한 점에서 전문적인 능력을 드러내는 비언어적 신호들 역시 존재해야 한다.

공정함이나 충성을 드러내는 신호들과 달리 능력에 관한 신호들에서 미묘함은 그리 중요하지 않다. 잠재적 상대방의 성향이 자신과 비슷한지 파악하기 전에 협력의 의지를 널리 공표하는 행위는 스스로에게 위험이 될 수 있지만, 자신의 능력을 알리는 행위는 그렇지 않다. 오히려 능력을 널리 알림으로써 다른 사람들이 신뢰할 수 있는 파트너나 리더로서의 자격을 입증할 수 있다.

우리의 연구는 도덕성이나 협력 의지를 드러내는 신호를 정의하는 작업에 집중하고 있지만, 전문성을 드러내는 신호에 사람들이 반응하는 방식에도 주목하고 있다. 미묘함의 측면이 그리 중요하지 않다는 점에서, 전문성과 관련된 신호들은 비교적 뚜렷하게 드러난다. 실제로 전문성을 드러내는 신호들은 자신감과 지위를 상징하는 비언어적 표현들, 즉 당당한 자세, 위를 바라보는 시선, 팔은 넓게 벌리고 팔꿈치를 구부린 자세(손을 허리에 얹어 팔꿈치가 밖을 향하도록), 그리고 대화 도중 상대를 바라보는 적은 횟수와 직접적인 연관이 있다. 여러 측면에서 자신감과 능력의 연결은 당연한 현상이다. 자신감은 때로 선을 넘어 오만, 즉 근거 없는 자신감으로 넘어갈 위험이 있지만, 내가 심리학자 리사 윌리엄스[Lisa Williams]와 함께 했던 연구 결과는 자신감이 대단히 유용한 도구라는 사실을 보여주었다. 자신감은 그것이 없었다면 도전하지 않았을 중요한 기술들을 개발하도록 우리의 노력을 자극한다.[7]

여기서 중요한 질문은, 자신감과 유능함의 감정이 사람들에게 어떤 역할을 하는가가 아니라, 이러한 느낌이 다른 사람들에게 신뢰성을 드러내는 신호를 전달하느냐다. 이 질문에 대답하기 위해 나와 리사는 유능함을 드러내는 신호가 그룹 과제에서 사람들이 리더를 선정하는 방식에 영향을 미치는지를 실험으로 확인하기로 했다. 이 실험의 기본적인 아이디어는 간단하다. 까다로운 도전 과제에 직면하면, 사람들은 문제를 효과적으로 처리할 것이라는 믿음을 주는 인물을 리더로 선택한다. 그러나 잠재적 리더를 평가할 수 있는 과거의 정보가 없는 경우에는 유능함을 드러내는 신호들을 가지고 선택해야 한다. 이 신호들이야말로 개인의 능력을 말해 주는 유일한 정보이기 때문이다.

우리의 추측을 검증하려면 해결해야 할 문제가 있었다. 사람들을 매력적인 리더로 만드는 자신감을 드러내는 신호가 정말로 존재한다는 사실을 확인하기 위해, 우리는 자신감을 다른 개성이나 능력 같은 요소들과 따로 떼어 놓고 살펴봐야 했다. 예컨대 낯선 사람들로 구성된 집단에서 아주 복잡한 공학 문제를 풀기 위한 리더로 가장 자신감이 넘쳐 보이는 인물이 선정되었다고 해 보자. 그렇다면 이는 나와 리사의 주장이 옳았다는 증거인가? 아마도 그렇지 않을 것이다. 자신감이 리더를 결정하는 과정에서 결정적인 요인으로 작용했을 수도 있지만, 또한 그가 매력적이라거나, 공학자처럼 보이는 뿔테 안경을 썼다거나, 혹은 성격이 지배적이며, 집단을 통제하기 위해 자신의 방식을 강요했다는 사실로부터 영향을 받았을 수도 있다. 이러한 문제를 피하기 위해, 즉 자신감이 다른 요소들과 겹치지 않도록 우리는 특별한 방식이 필요했고, 다시 모종의 핑곗거리를 만들어야 했다.

이제 실험 방식을 소개하겠다. 우리는 '공간 시각 능력'을 검사한다는 거짓 명목으로 피실험자들을 연구실로 모았다. 실험의 첫 부분에서 우리는 피실험자들이 컴퓨터로 심적 회전$^{mental\ rotation}$(시각 이미지를 머릿속에서 평면적 혹은 입체적으로 회전시키는 작업-옮긴이) 과제를 풀도록 했다. 그 과제들은 세 개의 정육면체 큐브 퍼즐을 부분적으로 펼쳐 놓은 모양들로 이루어져 있다. 피실험자들은 A를 세 방향으로 회전시켰을 때 B 혹은 C와 같은 형태가 될 것인지 결정해야 한다. 사실 우리는 그 과제를 대단히 어렵게 만들어 놓았다. 게다가 피실험자들에게 점수가 정확성과 시간을 기준으로 결정된다고 설명했기 때문에, 그들은 자신의 점수가 어떻게 나올지 감을 잡기 힘들었다. 다음으로 실험의 두 번째 부분(그룹을 이루어 과제를 푸는 단계)으로 넘어가기 전에, 우리는 일부 피실험자들에게 그들이 깜짝 놀랄 만큼 좋은 점수를 얻었다고 말해주었다.

그룹 실험도 실시했다. 우리는 앞서 따로 과제를 푼 사람들 몇몇을 묶어 그룹들을 만들었다. 이들의 명목상 유일한 목적은 입체적 심적 회전 과제를 해결하는 일이었다. 우리는 피실험자들에게 루빅스 큐브$^{Rubik's\ Cube}$ 형태의 퍼즐을 보여주고는, 이를 완전히 해체하여 서로 이어진 작은 개별 큐브들의 열로 바꾸어 놓았다. 이 그룹들의 과제는 이렇게 연결된 큐브의 라인을 비틀거나 접어서 재빨리 원래의 큐브 형태로 복원하는 것이었다. 절대 쉬운 문제가 아니었다. 실제로 주어진 시간 안에 과제를 마친 그룹은 거의 없었다. 하지만 우리는 이 그룹들이 퍼즐을 완성했는지에는 관심이 없었다. 우리가 알고 싶었던 것은 누가 리더로 지목받았는지, 그리고 사람들이 기꺼이 따르고자 한 인물이 누구였는지였다.

여기서 앞서 언급했던 피드백이 그 힘을 발휘했다. 심적 회전 과제가 끝나자 리사는 피실험자들을 각각 따로 방으로 불러 점수를 알려 주었다. 그리고 몇몇 사람들에게는 놀라운 성적을 기록했다는 사실을 알려 주었다. 리사는 이들에게 상위 10퍼센트 안에 들었음을 말해 주는 공식 점수표를 보여주면서 대단히 인상적이었다는 표정으로 등을 두드려 주었다. 그 결과 이 피실험자들(이렇게 선정된 피실험자들은 그룹당 한 명뿐이다)은 심적 회전 과제에서 자신이 상대적으로 드문 탁월한 능력이 있다고 믿게 되었다. 리사는 이 피실험자들을 무작위로 선택했기 때문에, 이들이 특별히 리더에 어울리거나, 습관적으로 지배적인 성향을 드러낸다거나, 상황을 예측하는 능력이 있는 것은 아니었다.

여기서 능력과 관련된 신호에 대한 우리의 예상이 적중한다면(실제로 그랬다) 놀라운 현상이 일어날 것이었다. 자신의 '탁월한 능력'을 깨닫고 강한 확신과 자신감을 갖게 된 이들은 빠른 속도로 존재감을 드러냈다. 이들은 스스로 자신이 속한 그룹을 이끌어 가는 모습들을 반복적으로 보여주었다. 이들은 리더로서의 자질을 분명하게 드러냈고, 다른 구성원들은 물론 스스로도 자신이 리더에 적합한 인물이라고 보고했다. 또한 나중에 이 피실험자들이 다른 구성원들과 협력하는 영상을 본 중립적인 제삼의 관찰자들도 자신감 있고 당당한 이들을 그룹의 리더로 지목했다. 하지만 과제를 수행한 모든 피실험자들 사이에 존재했던 유일한 차이는 실제로 특별한 능력이 있다는 사실이 아니라, 단지 스스로에게 능력이 있다는 믿음이었다는 점을 상기할 필요가 있다. 이런 단순한 믿음만으로도, 목표 피실험자들은 자신감과 관련된 신호들인 당당한 자세, 올려다보는 시선 등을 드러냈고, 어떠한 방식으로든 다른 구성원들이 지시에 따르도록 신뢰감을 주었다. 다른 피실험자들은 리더들의 지시에 복종하도록 압력을 받지는 않았으며, 자신들은 다만 자신감 있는 동료를 따르고 싶었다고 보고했다. 그들은 리더를 부정적으로 보거나 상사처럼 여기지 않았다. 오히려 반대로 리더를 좋아했다고 밝혔다.[8] 그들은 신뢰할 만한 인물을 발견했다는 사실에 만족했다.

우리는 이 실험에서 '리더'들이 스스로 특별한 능력이 있다고 믿었지만, 실제로 그들에게는 능력이 없었다는 사실을 알고 있다. 다만 연구 팀은 그들이 스스로 그러한 능력이 있다고 믿게끔 속였다. 신호의 전달에서 중요한 것은 태도와 확신이다. 그 태도와 믿음이 항상 객관적인 사실로부터 비롯된 것은 아니다. 어떤 사람이 자신에게 충분한 자격이 있다고 진심으로 믿으면, 그는 자신이 신뢰할 만한 사람이라는 신호를 계속 전달할 것이다. 그러나 믿음이 잘못된 경우 이 신호는 다른 사람들에게 왜곡된 정보를 전달한다. 현실적으로 이러한 왜곡은 조속히 수정된다. 해당 인물이 자신에 대한 믿음이 잘못되었다는 사실을 깨닫지 못하더라도, 다른 사람들은 조만간 그가 오만한 인물에 불과하다는 사실을 알게 될 것이다. 같은 피실험자들을 대상으로 여러 차례 똑같은 실험을 반복하면, 실험으로도 이러한 현상을 재현할 수 있을 것이다. 함께 과제를 수행하는 과정을 통해, 탁월한 능력이 있다고 믿었던 사람들이 다른 사람들보다 더 나은 것은 아니라는 사실이 머지않아 드러날 것이다. 그렇다 하더라도 왜곡된 신호는 단기적인 차원에서 충분히 오랫동안 잘못된 신뢰를 이끌어 낼 수 있다. 그렇기 때문에 우연이든 아니든 어느 기간 동안은 조언자나 소중한 파트너 혹은 리더로서 우월한 지위를 누릴 수 있는 것이다.

신뢰
버그

◆

이 대목에서 우리는 상대방의 신뢰성을 판단하기 위해 예감에 의존하고픈 유혹을 느끼게 된다. 우리의 마음은 예감에 정확성을 부여하는 메커니즘을 갖고 있다. 그러나 앞서 언급했듯이, 우리는 단순한 법칙만으로 최고의 성과를 얻지는 못한다. 자신의 예감에 대한 절대적인 믿음이나 불신은 우리를 종종 곤란에 빠뜨릴 것이다. 이성이나 예감을 언제 그리고 왜 따라야 하는지 이해함으로써, 다시 말해 각각의 장점과 단점을 인식함으로써 우리는 지혜에 이른다. 신뢰의 경우도 다르지 않다.

우리는 신중한 사고가 종종 실패로 이어지는 이유를 알고 있다. 신뢰성에 대한 통찰력을 준다고 널리 알려진 신호들은 사실 그렇지 않다. 그렇다면 그냥 직관을 따르는 편이 낫지 않을까? 이에 관해 여기서는 다만 직관의 시스템에도 버그^{bug}가 존재한다는 사실만 언급하고자한다. 그렇다면 수천 년의 진화 과정은 왜 버그를 없애지 않았을까? 내가 말하는 '버그'는 실제의 버그라기보다 일종의 교차 신호$^{crossed\ signal}$를의미한다. 진화론적인 관점에서 이야기하면 기계적인 오류가 아니라부적절한 반응에서 비롯된 것이다. 몇 가지 사례를 살펴보자.

첫 번째 사례는 사진에 관한 것이다. 여러분은 잠재적 데이트 상대나 비즈니스 파트너의 외모나 성격에 관해 최대한 많은 정보를 얻기위해 클럽 주소록이나 페이스북 프로필 혹은 온라인 만남 사이트 등을 뒤진 경험이 있을 것이다. 그들은 신뢰성 있게 보였는가? 상대의 외모를 확인하고자 하는 욕망은 자연스럽지만, 사실 사진이 탄생한 것은 200년 정도밖에 되지 않는다. 그전에 사람들은 모든 대상을 직접 봐야했는데, 직접 본다는 것은 상대방의 정지한 모습을 관찰한다는 뜻이다. 그러나 사람들 대부분은 누군가 자신의 얼굴을 빤히 들여다볼 수 있도록 가만있지 않는다. 상대방의 정체를 확인하기 위해 우리는 중요하고역동적인 비언어적 신호들을 모두 활용해야 한다. 하지만 사진에는 이러한 신호들이 누락되어 있다. 인류의 진화 과정에서 보면 사진은 비교적 새롭게 등장한 기술이기 때문에, 우리의 마음에는 사진의 부족한정보를 보충할 만한 충분한 지식이 없다. 그래서 우리의 마음은 일반적으로 잘못된 결과로 드러날 수 있다는 사실을 알면서도 사진에서 최대한 정보를 이끌어 내기 위해 노력한다.

프린스턴 대학의 사회신경과학자 알렉스 토도로프^{Alex Todorov}는 사진 속 인간의 얼굴에 모든 형태의 의도와 특징을 부여하려는 마음의 의지를 보여주는 방대한 연구 프로그램을 추진했다. 그는 실제의 얼굴뿐만 아니라 특징을 조작하거나 인위적으로 만든 얼굴에 대한 반응들을 검토하는 방식으로, 우리의 마음이 다른 사람의 사진 속에서 신뢰적이거나 부정한 의도를 이미 '파악하고' 있다는 사실을 입증했다.[9] 여기서 문제는 이 판단이 전혀 정확하지 않다는 사실이다. 그 결과는 동전 던지기와 별반 다르지 않았다.[10]

이러한 결과는 처음에 상당히 당혹스러워 보였다. 왜 우리의 마음이 내리는 판단은 번번이 과녁을 빗나가는가? 그렇다면 이런 상황에서는 아무런 판단을 하지 않는 편이 나은가? 이 질문에 대한 대답은 예이기도 하고 아니오기도 하다. 우리의 마음이 활용하는 신호들이 모두 잘못되었다면, 이러한 판단을 하려는 인간의 성향이 오래 전에 자취를 감추었을 것이라는 주장에 나는 분명 동의한다. 하지만 그 신호들이 모두 잘못된 것은 아니다. 다만 우리의 마음이 그 신호들을 지나치게 일반화할 때 실수가 빚어진다. 예를 들어 토도로프의 핵심 발견들 중 하나는, 인간의 마음은 얼굴에서 실시간으로 감정적인 표현을 관찰할 수 없는 상황에서도 어떻게든 감정을 '발견'하기 위해 정적인 해부학적 차이를 지나치게 일반화하려 든다는 사실이다. 그래서 우리는 눈썹과 입꼬리가 아래로 처진 표정을 화난 표정으로 해석하고 다른 표정보다 적게 신뢰한다. 일반적으로 찡그린 이마는 기분이 언짢다는 신호가 될 수 있다. 특히 다른 부정적인 느낌의 신호들을 동반할 때 그렇다. 그러나 가진 자료는 사진이 전부이고 상대의 움직임을 볼 수 없을 때 우리의 마음이 활용할 수 있는 것은 감정적인 표현들의 요소를 반영하는 해부학적 특성들뿐이다. 우리의 선조들이 대초원에서 살았던 시대에는 사진이란 것이 존재하지 않았기 때문에 인류의 마음은 아직도 이러한 정보에 신중하게 접근해야 한다는 사실을 깨닫지 못했다.

신뢰성 판단에서 교차 신호를 만드는 두 번째 현상은 얼굴 해부학의 또 다른 측면, 즉 아기들과 관련된 특성들에서 비롯된다. 아기들은 둥근 얼굴과 커다란 눈망울, 작은 코와 같은 고유의 특성들을 공유한다. 이 특성들은 포유류의 마음이 이렇게 말하게 만든다. "아유, 귀여워라." 이 특성들은 순수함 및 관심의 필요성과 함께 진화가 인류에게 가져다준 선물이며, 그래서 우리 인간은 자녀들을 기꺼이 돌보고자 한다. 대부분의 경우 이러한 표정 신호들은 진실한 정보를 전달한다. 실제로 아기들은 보호가 필요하고, 대부분의 영역에서 유능하지 못하다. 그러나 성인들이 아기들의 특성을 간직하고 있을 때, 즉 '동안'일 때는 신호들이 완전히 엉뚱한 방향으로 나아갈 수 있다. 우리는 미국 대공황시대의 조직폭력배 존 딜린저John Dillinger의 잔인한 동료였던 베이비 페이스 넬슨Baby Face Nelson의 사례만으로도 이러한 현상을 충분히 확인할 수 있다.

동안은 큰 얼굴, 둥근 눈, 그리고 작은 코와 턱 같은 몇 가지 핵심적인 특성들이 있다. 토도로프와 그의 동료들의 연구는 물론 심리학자 레슬리 제브로위츠Leslie Zebrowitz의 다양한 연구들은 동안인 성인들이 일반적으로 따뜻하고 선의를 지닌 사람으로 인정받지만, 동시에 능력의 관점에서는 아주 낮게 평가받는다는 사실을 보여주었다.[11] 그렇기 때문에 사람들이 동안인 성인을 판단할 때(물론 잘 모르는 사람이라는 가정 하에) 상대에 대한 신뢰성 평가는 주어진 과제에 따라 좌우된다. 가령 정직한 파트너를 찾고 있다면, 동안의 소유자들은 신뢰할 만한 대상으로 보일 것이다. 반면 전문적인 조언을 제공하거나 강력한 리더 역할을 맡을 파트너를 물색 중이라면 후순위 후보로 밀려날 것이다. 앞서 감정적인 반응의 상황과 마찬가지로, 우리의 마음이 언제나 잘못된 방향으로 나아가는 것은 아니다. 대부분의 경우 아기 얼굴의 특성들은 우리에게 유용한 정보를 제공한다. 우리의 직관적인 인식은 아기들의 존재를 정확하게 판단한다. 하지만 성인이 그러한 특성을 지니고 있으면 그 신호가 가져다주는 이점은 사라진다.

이러한 편향들이 흥미롭기는 하지만, 여러분은 아마도 그러한 신호의 영향력에 대해 약간 회의적일 것이다. 우리가 동안의 파트너와 이야기 나누고 그의 역동적인 신호들을 관찰하며 그로부터 추출할 수 있는 정보는 얼굴 해부학에만 의존하는 정보의 수준을 훨씬 능가할 것이다. 실제로 우리는 넥시와 함께한 실험에서 그러한 사실을 확인할 수 있었다. 브리질은 넥시를 좀 더 친근한 모습으로 만들기 위해 눈을 크고 둥그렇게 다듬고 코를 작게 만들어 동안을 갖추도록 했다. 모든 만남에서 넥시는 사람들에게 솔직하다는 인상을 주었지만, 그럼에도 그녀가 표현한 역동적인 신호들은 그러한 긍정적인 이미지를 순식간에 덮어 버렸다.

얼굴에 기반한 신뢰성 판단이 얼마나 중요한지를 잘 보여주는 가장 설득력 있는 증거는 선거에 미치는 영향력에 대한 토도로프의 연구 결과일 것이다. 매우 많이 인용되고 있는 전통적인 일련의 연구를 진행한 토도로프는 2000년에서 2004년 사이에 치러진 다섯 번의 선거에서 오로지 후보자의 얼굴만을 기준으로 유권자들의 선호도를 조사했다. 각각의 실험에서 토도로프의 연구 팀은 뉴저지 주 프린스턴 주민들에게 미국 내 다른 주에서 선거 운동을 하는 후보자들의 얼굴 사진들을 보여주었다. 후보자들에 관한 다른 정보들은 전혀 제공하지 않았다. 이 후보자들 모두 미국 사회 전역에 걸친 선거(대통령이나 상원)가 아니라 하원 선거에 출마했기 때문에, 여기서 피실험자들이 실제로 참조할 수 있는 정보는 얼굴 사진뿐이었다. 실험 결과는 일관적이면서도 놀라웠다. 얼굴의 특성만으로 가장 능력이 있다고 신뢰를 얻은 후보자들 중 약 70퍼센트가 실제 선거에서 승리했다.[12] 해당 지역 유권자들은 실제로 그들을 리더로 신뢰했다.

처음에는 이러한 발견들을 받아들이기 쉽지 않을 것이다. 하지만 얼굴의 요소가 중요하지 않다면, 유능함의 특성과 당선 사이의 평균적인 연관성은 50퍼센트 정도여야 했다. 후보자가 두 명이 넘을 경우 더욱 낮게 나왔을 것이다. 여기서 70퍼센트라는 결과는 유능함에 대한 직관적인 판단이 다행스럽게도 유일한 결정 요인은 아니었다는 사실을 분명히 보여준다. 그렇더라도 그 수치는 상당한 의미를 내포한다. 미국인들 대부분이 후보자의 정책적 입장이나 정치 경력에 대해 아는 바가 거의 없다는 사실을 고려하면, 외모 같은 미묘한 요소들이 강한 영향력을 발휘하는 원인을 분명히 이해할 수 있다. 우리 사회는 신속하고 자동적인 의사 판단의 문화로 이동하고 있다. 선거 홍보물만 가지고 어떻게 투표 결과를 예측할 수 있을까? 이와 관련하여 정치평론가 래리 새버터Larry Sabato는 이렇게 언급했다. "이제 우리는 뉴스 앵커나 게임쇼 진행자들과 비슷하게 생긴 사람들이 의회를 장악하는 현상을 목격하게 될 것이다."[13]

여러 다양한 발견들에 따르면 신뢰와 관련하여 직관에만 의존하는 접근 방식은 완전히 실패할 수 있다. 우리의 직관은 올바르게 작동할 때 의식적인 사고 과정이 못하는 방식으로 신뢰성 판단에 대한 열쇠를 제공하지만, 제대로 작동하지 못하면 재앙적인 의사 결정으로 이어지게 된다. 다시 한 번 말하면, 최고의 결과에 이르는 비결은 직관이 최고의 해결책을 제시할 수 있는 경우와 그렇지 않은 경우를 구분할 줄 아는 지혜에 달렸다.

● **전체는 부분들의 합계 이상이다.** 지금까지 살펴본 것처럼, 신뢰성 판단의 정확성은 신호들을 하나의 조합으로 관찰할 때 더욱 높아진다. 개별 신호들을 전체적으로 조합하면 상대방의 진정한 동기와 생각을 말해 주는 일반적인 표현이나 형태를 확인할 수 있다. 흔히 말하는 뭔가를 숨기는 듯한 눈빛이나 말투만으로는 어떠한 의미 있는 정보도 얻을 수 없다. 그러므로 특정한 신호나 구체적인 표현만으로 상대방의 신뢰성을 판단할 수 있다는 주장에 속지 말자. 안타깝게도 미국 교통안전청은 회계감사원의 2010년도 보고서를 통해 실패로 드러난 프로그램에 4억 달러가 넘는 돈을 퍼부었다.[14] 테러리스트 감시 목록에 올랐던 인물들 대부분은 아무런 문제도 일으키지 않았고, 그 프로그램이 잠재적인 보안 위협으로 선정했던 사람들 중 단 1퍼센트만이 범죄 활동에 연루되었던 것으로 드러났다.(이들 대부분은 단지 감시를 피하고자 했던 불법 체류자에 불과했다.)

● 맥락이 전부다. 중요한 것은 목표다. 상대의 신뢰성을 판단하는 과정에서, 우리의 마음은 필요성에 따라 협력과 도덕성을 드러내는 신호를 활용하는 접근 방식에서 능력을 드러내는 신호를 활용하는 쪽으로 넘어간다. 이러한 전환은 신뢰성을 판단하려는 목표가 정직한 사람을 찾는 것인지 아니면 전문적인 지식을 가진 사람을 찾는 것인지에 달렸다. 이 기본적인 사실은 우리가 왜 같은 인물의 신뢰성을 판단하며 서로 다른 느낌을 받는지를 설명해 준다. 예를 들어 여러분은 돈 문제와 관련하여 새로운 대학 룸메이트를 신뢰하지 않더라도, 수학 문제와 관련해서는 그의 조언을 신뢰할 수 있다.

● 직감을 따르되 맹목적이지는 말 것. 우리 실험에서 어느 누구도 상대의 신뢰성을 평가하기 위해 활용한 실질적인 신호들에 대한 통찰력을 보여주지는 못했다. 그럼에도 피실험자들은 우리가 정의한 네 가지 신호들을 효과적으로 활용했고, 상대방을 직접 본 사람들은 얼굴을 보지 않은 사람들에 비해 신뢰성을 보다 정확히 예측했다. 이 말은 우리의 직관은 의식적인 마음이 확보하지 못한(적어도 그 당시에는) 정보들을 갖고 있다는 것이다. 이러한 정보를 활용하면 훨씬 실질적인 도움이 된다. 앞서 언급했듯이, 우리가 제시하는 결론은 자신의 직감을 그저 비이성적이라고 무시할 것이 아니라 진지하게 고려해야 한다는 것이다. 여기서 말하는 고려는 맹목적인 충실을 의미하지 않는다. 앞서 살펴본 것처럼 직감은 언제든 빗나갈 수 있다. 특히 특정 분야에서 발달하거나 혹은 특정 목적을 위해 연마된 심리적 메커니즘이 다른 유형의 정보를 처리할 때 그렇다. 그러므로 내면의 직감이 사진 이미지나 다소 특이한 얼굴(아기처럼 생긴 성인의 얼굴이나, 사고나 부상

을 당한 얼굴)에 대해 어떤 이야기를 들려주면 잠시 멈춰 서서 초기의 직관적 반응
이 혹시 엉뚱한 방향으로 나아가는 것은 아닌지 고민해 보자.

. . . .

● 우리는 인간은 물론 기계도 훈련시킬 수 있다. 이제 우리는 어떤 신호들이 의
미 있는지 알고 있다. 의식적인 마음은 그 신호들을 관찰하는 훈련을 통해 무의식
적인 마음을 따라잡을 수 있다. 그렇게 되면 신뢰성과 전문성을 판단하는 우리의
능력은 지금까지 살펴본 한계를 넘어설 것이다. 하지만 그러한 패턴에 대한 관찰
(여기서는 신호들의 패턴)은 인간만이 할 수 있는 일은 아니다. 오히려 컴퓨터가 더
나을 수도 있다. 실제로 MIT 퍼스널 로봇 그룹의 이진주는 자동화한 시스템이 일
련의 신호들을 분류하여 얻은 정보를 활용하여 인간보다 정확하게 신뢰성 있는
행동을 예측하도록 훈련시킬 수 있다는 사실을 보여주었다.[15] 이제 정확한 신호를
확인하기 위한 새로운 방법을 확보했으니, 기술적인 통합 작업이 앞으로 빨라져
야 할 것이다.

7

가상 세계 지구를 만든다는 것

기술의 진보가 가져올 위험과 보상

키가 큰 아바타를 할당받은 피실험자들은

가상공간뿐만 아니라

실제 공간에서도 더 많은 돈을 챙기려 했다.

스스로 인식하지 못하는 사이에

힘 있는 아바타가 전해준 권력에 대한 인식이

'일반적인' 자아에 대한 인식을 대체했고,

신뢰성과 관련하여

그들의 행동을 부정적인 방향으로 바꿨다.

'사이버 신뢰cybertrust'라는 용어에는 뭔가 불길한 느낌이 있다. 마치 인터넷이란 그물망이 우리 모두를 둘러싸고 있으며, 우리가 비밀번호나 사회보장번호를 노출하는 실수를 저지르면 기회를 놓치지 않고 이용하기 위해 호시탐탐 기회를 노리고 있는 시선들로 둘러싸인 듯하다. 우리는 개인정보 보호를 위해 설계된 기업들의 소프트웨어가 뚫리고, 잡지 만화들에서 의심스러워 보이는 노인이 채팅방에서 매력적인 십대로 행세하고, 은행 식별 코드만 보내면 우리 은행 계좌로 유산을 보내주겠다고 유혹하며 전 세계의 나이지리아인 삼촌들이 이메일을 보낸다는 것을 잘 알고 있다.

이 사례들은 지금 누구를(혹은 무엇을) 믿어야 할지를 판단하는 문제와 관련하여 우리가 새로운 위험한 세상으로 진입하고 있다는 의미다. 사실 기술을 믿을 수 있느냐는 근본적인 문제는 이미 수천 년 동안이나 인류와 함께했다. 달라진 점이 있다면, 오늘날 기술이 지금까지 인간의 영역이었던 사회성의 울타리 안으로 들어오고 있다는 사실이다. 기술에 대한 우려는 이제 더 이상 기계에 국한되지 않는다. 어떤 장비가 오작동을 일으키거나 회로가 합선되는 문제가 아니다. 오늘날 우리가 페이스북을 통해 알고 있고, 로봇 넥시의 사례에서 확인한 것처럼, 기술과 사회적 의사소통이 대단히 긴밀하게 연결되고 있다. 무엇보다도 이러한 사실은 신뢰를 더 긍정적으로나 부정적으로 활용할 수 있는 폭넓고 새로운 가능성의 문을 열고 있다.

기계의
유혹과 함정

◆

신뢰와 기술에 관해 주목해야 할 첫 번째 주제는 기계가(나는 이 용어를 광범위하게 사용하고 있다) 우리의 의도대로 작동하리라고 신뢰할 수 있느냐는 것이다. 지금까지 목격한 우주선 발사 장면들을 떠올려 보자. 모두가 숨을 죽이는 발사의 순간 과연 성공할 것인지 걱정스럽게 지켜보는 사람들 사이에 우려의 침묵이 내려앉는다. 우리의 기술은 의도한 대로 작동할 것인가? 모두 그러기를 바라지만, 안타깝게도 우리가 몇 차례 목격한 것처럼 그렇지 못할 위험은 언제나 있다.

기술을 신뢰하는 데 따르는 불안은 국가적 관심을 모으는 중대한 사건들에만 해당되는 문제가 아니다. 나는 집 안에서도 종종 그런 문제들을 발견하곤 한다. 세금 신고 기간이 다가오면, 나이 지긋하신 친척 어른들은 자료 정리를 위해 내가 추천한 소프트웨어가 정말 잘 작동하고 있는지 내게 항상 묻는다. 중요한 문제건 사소한 문제건 간에, 우리의 '파트너'가 기계라 하더라도 신뢰와 관련된 문제의 근본적인 역동성은 같다는 사실을 이해할 필요가 있다. 인간을 우주로 데려가거나, 비용을 계산하고, 돈을 송금하는 기술을 신뢰할 때, 우리는 그 기술적 역량에 우리 자신을 맡긴다. 그 기술이 제대로 작동한다면 아무 문제가 없다. 하지만 그렇지 않으면 우리는 파산하거나 더 위험한 사태를 맞이할 것이다.

앞서 언급했듯이 이런 상황은 우리에게 낯선 현실이 아니다. 실제로 인류는 수천 년에 걸쳐 기술에 의존해 왔고, 그 기술들로부터 혜택을 얻기 위해 어느 정도의 위험은 감수해야 했다. 혹시 아스트롤라베 astrolabe라는 물건에 관해 들어 본 적 있는가? 인류는 이미 기원전 150년경부터 이 장비로 시간과 별자리의 형태, 지형적 위치를 정확하게 계산했다. 그 결과 인류는 아스트롤라베의 정확성을 신뢰하지 않았다면 얻기 힘들었을 소중한 정보에 접근할 수 있었다. 이 신뢰가 잘못되었다면, 즉 고대인들이 사용한 아스트롤라베에 중대한 결함이 있었다면 계산은 빗나갔을 것이고, 재앙 같은 결과로 이어졌을 것이다.

고대든 현대든 간에, 세상에 존재하는 모든 기술에 따르는 취약성은 인류의 근본적인 도전 과제다. 이 사실을 확인하려면 2012년에 애플이 지도 소프트웨어를 출시하면서 빚어진 혼란을 살펴보는 것만으로도 충분하다. 당시 애플의 지도 소프트웨어는 주소를 검색하는 과정에서 많은 오류를 드러냈고, 급기야 오스트레일리아 경찰은 애플 지도로 경로를 검색하는 행위를 자제하도록 시민들에게 적극 당부했다. 애플 지도의 심각한 결함을 잘 보여주는 한 가지 사례는 다음과 같다. 오스트레일리아에서 목적지를 밀두가로 설정하고 운전한 경우, 애플 지도 소프트웨어는 운전자들을 그로부터 60킬로미터나 떨어진 황량한 국립공원으로 데려갔다. 거기서 운전자들은 섭씨 46도에 달하는 뙤약볕에서 기름이 떨어져 오도 가도 못하는 신세가 되었다.

이런 실패에도 불구하고 왜 우리가 계속 기술을 신뢰해야 하는지 의문을 품는 것은 당연한 일이다. 물론 대답은 간단하다. 사람을 신뢰하는 것과 마찬가지로 이익이 비용을 훌쩍 넘어서기 때문이다. 기술은 일반적으로 우리에게 많은 도움을 주고, 결함은 경쟁 과정에서 신속하게 수정된다. 어떤 제품이 신뢰하기 힘들다고 판명되면 사람들은 다른 제품으로 재빨리 시선을 돌릴 것이다. 게다가 기술을 신뢰하기로 한 결정은 다른 사람을 신뢰하기로 한 결정과 마찬가지로, 혼자서 할 수 있는 것보다 훨씬 많은 성과를 달성하게 해 준다. 인쇄기의 발명은 예전에는 상상하지 못했던 방식으로 책자의 생산 규모를 확대해 주었다. 이메일의 개발은 예전에는 불가능했던 속도와 규모로 의사소통의 방식을 개선해 주었다. 텍스트 인쇄나 전자적인 의사소통 방식에는 분명 결함이 있었을 것이다. 하지만 이 기술들을 거부하는 데 따른 손실은 사소한 우려를 불식시키기에 충분하다.

기술에 대한 신뢰와 인간에 대한 신뢰는 여러 면에서 비슷하지만 근본적인 차이가 있다. 인간들은 욕망이 있다. 의식적이든 아니든, 우리는 장기적인 차원과 단기적인 차원에서 신뢰성 있게 행동함으로써 얻을 수 있는 이익과 이기적으로 행동함으로써 얻을 수 있는 이익을 항상 비교한다. 그러나 일반적으로 기계는 욕망이 없다. 기계는 자신의 이익을 극대화할 방법을 모색하지 않는다. 기계는 오직 주어진 과제를 수행하기 위해 만들어졌다. 이 단순한 사실은 신뢰의 방정식에서 도덕성을 빼야 한다는 뜻이다. 비사회적인 기계에 대한 신뢰에서 핵심은 그 기계의 능력이며, 따라서 기계에 대한 신뢰는 점점 더 우리의 마음을 끌고 있다.

삶에서 기술의 존재와 유용성이 커짐에 따라 인간의 마음은 적어도 무의식적인 차원에서 과학적 세련됨을 드러내는 표식들을 점점 유능함의 신호로 받아들이고 있다. 기술적인 '외형'으로 정보를 은폐하면 사람들이 갑자기 더 신뢰하는 경향이 있다. 내가 몸담고 있는 분야에서는 이러한 현상을 꼬집어 MRI 효과라고 부른다. 사람들에게 특정 부위에 '불이 켜진' 두뇌 이미지를 보여주면 이 영역들이 활성화(그 영역들이 무슨 역할을 하는지 전혀 모르면서도)하는 원인에 대한 상대의 주장을 더 설득력 있게 받아들인다. 실제로 지금 이 순간에도 많은 기업이 두뇌 스캐닝만으로 사람의 신뢰성이나 태도를 정확히 읽을 수 있다고 주장한다. 또 다른 많은 기업이 잘 모르는 기술의 약속에 현혹되어 이 서비스들을 활용하기 위해 많은 돈을 쏟아붓고 있다.

이러한 고객 기업들이 모르는 사실은 두뇌 이미징 기술이 아직 초보 단계에 머물러 있다는 점이다. 오늘날 과학자들은 지금까지 믿어온 특정 해부학적 구조의 기능이 사실은 잘못되었다는 것을 매일 깨닫고 있다. 자존심 있는 신경과학자라면 기능적 자기 공명 영상fMRI 기술만으로 신뢰성에 관한 확실한 정보를 얻을 수 있다고 주장하지 않을 것이다. 물론 앞으로 수십 년이 흐르는 동안 기술 발전은 우리에게 보다 유용한 정보를 제공하겠지만, 인간의 사회적 행동을 완벽하게 밝혀낼 그날은 여전히 멀다. 그럼에도 불구하고 우리의 마음은 기술이 유능함과 타당성을 의미한다는 경험 법칙의 희생양으로 종종 전락한다.

　이러한 경험 법칙이 매우 근본적인 차원에서 활용된다는 사실에 대한 증거는 미 공군 연구소의 조지프 라이언스Joseph Lyons와 찰렌 스톡스Charlene Stokes의 연구에서 찾아볼 수 있다. 두 사람은 피실험자들에게 부대를 위해 세 가지 전략 중 가장 안전한 선택을 해야 하는 수송대 책임자의 임무를 맡기는 실험을 공동으로 설계했다. 이들은 우선 각 피실험자들에게 가능한 경로에 관한 세 가지 정보의 원천을 제공했다. 첫 번째 원천(경로 매개변수)은 가용 경로들의 특성, 즉 가로등의 수, 일반적인 교통 밀도, 도로 상태, 경로 길이 등에 관한 정보로 구성되었다. 두 번째 원천(자동화한 도구)은 예전에 공격당한 적이 있으며, 긴장감이 높고, 폭발물이 사용된 적군 지역임을 강조하는 지형적 정보들을 역동적이고 시각적인 방식으로 보여주었다. 세 번째 정보 원천(인간의 도움)은 정보 장교가 등장하여 다양한 지역에서 드러나고 있는 위협에 관한 새로운 정보를 보고하고 특정 경로를 추천하는 브리핑 형태로 구성되었다.

　라이언스와 스톡스의 발견은 기술이 유능에 대한 무의식적인 신호로 작용한다는 우리의 예상을 확인해 주었다. 피실험자들에게 의사 결정 과정에서 인간의 도움과 자동화한 도구를 얼마나 신뢰할지를 물었을 때는 별다른 차이가 나타나지 않았다. 사람들은 두 가지 정보 원천을 비슷하게 신뢰하겠다고 답했다. 그러나 피실험자들의 의사 결정 결과를 살펴보자 특정 패턴이 뚜렷이 드러났다. 위험이 증가하는 상황에서, 이 피실험자들은 인간의 도움 대신 자동화 장비가 제공하는 정보의 방향에 더 많이 의존했다.[1] 그 의미는 분명하다. 위험성이 존재할 때, 사람들은 의사 결정 과정에서 자신도 모르는 사이에 기술이 드러내는 유능함의 신호들을 많이 활용했고, 유능해 보이는 인간이 제공한 정보를 쉽게 무시했다.

이 발견과 이와 유사한 발견들은 기술에 대한 신뢰와 관련하여 우리가 쉽게 속는 무력한 존재라는 의미일까? 반드시 그런 것은 아니다. 기술에 대한 사람들의 신뢰도가 다른 사람에 대한 신뢰도보다 훨씬 높지는 않다는 사실에 주목하자. 기술을 불신해야 할 충분한 근거가 없으면 기술을 더 유용한 대안으로 인식하려는 무의식적 편향이 결정적인 역할을 한다. 하지만 우리가 특정한 기술을 긍정적으로 보지 않을 때, 즉 경계해야 할 타당한 이유가 있을 때는 상황이 복잡해진다. 지금 우리는 하나의 사회로서 바로 이러한 세상으로 진입하고 있다. 이 세상에서 기술의 위험성은 그 기술의 낮은 수준뿐만 아니라 사용자들의 무능 혹은 그 기술의 의도에서 비롯된다.

프로테우스와의 대화
: 아바타를 닮아 가는 사람들

◆

오늘날 우리는 사회적 존재가 되기 위해, 즉 말하고 설득하고 협상하고 위안을 주고 '우리' 속에 편입되기 위해 소셜 미디어, 가상 대리인

virtual agent, 그리고 대규모 다중 사용자 온라인 게임massive multiplayer online game, MMOG 등의 기술을 활용한다. 혹은 더 놀랍게도 자기 자신을 대체하기 위해 기술을 활용한다. 우리는 페이스북이나 트위터 같은 서비스들을 통해 수백 명과 순식간에 생각을 공유할 뿐만 아니라, 디지털 화면에 더 자주 등장하는 가상의 대리인, 다시 말해 컴퓨터가 통제하고 작동하는 이차원적 캐릭터들로부터 수많은 정보를 얻고 있다.

처음에는 제대로 인식하지 못할 수도 있지만, 이렇게 전달되는 정보를 받아들일 때는 우리 자신이 그 정보를 전송하는 주체나 시스템의 의도에 취약한 존재가 되고 만다. 우리는 과거(모든 기술이 읽을 수 있는 형태로 정보를 제공했던)와 달리 사회적 신호를 활용하여 우리 마음의 '신뢰 메커니즘'를 왜곡하는 다양한 전략에 노출되어 있다. 우리 모두는 넥시와 함께했던 실험에 참여한 피실험자들처럼 이제 오즈의 세상에 들어서고 있다. 그러나 이번 시나리오에서 기술적 커튼 뒤에 숨어 있는 마법사들은 지식을 추구하는 과학자들이 아니다. 그들은 다양한 목표들뿐만 아니라 자신들이 전송하는 모든 신호를 통제할 수 있는 탁월한 능력을 지닌 동료 시민들 및 기업들이다.

상대적으로 초보 단계지만 아바타 및 가상 대리인의 대중적 활용도는 기하급수적으로 늘고 있다. 2011년을 기준으로 5억 명이 넘는 사람이 일주일에 20시간 이상을 '아바타'와 교류하고 있다. 아바타는 원래 고대 힌두교에서 다양한 모습으로 땅에 내려온 신들을 일컫는 용어였는데, 지금은 실시간으로 작동하는 다양한 인터페이스 속에서 '생명을 부여받은' 디지털 존재를 가리킨다. 기술적 용어처럼 들리지만, 내 생각에는 이미 많은 사람이 스스로 '아바타화'한 경험을 했을 것이다. 엑스박스 키넥트Xbox Kinect나 위Wii 콘솔로 게임하는 경험도 여기 해당한다. 이러한 일반적인 기기들은 사용자의 움직임을 실시간으로 추적하여 다양한 가상 세계에서 디지털적 존재로 구현한다. 여러분이 점프하면 아바타도 따라서 점프한다. 여러분이 춤을 추면 아바타도 춤을 춘다.

아바타가 그저 재미있는 존재인 것은 아니다. 아바타 기술의 활용 범위는 이미 게임의 범주를 훌쩍 넘어섰다. 2015년 IBM 같은 기업들은 직원들 대다수가 아바타를 활용하여 원격으로 회의에 참석하거나 프레젠테이션을 할 수 있을 것으로 기대했다.[2]

아바타의 활용도에 대한 여러분의 초기 반응은 약간 회의적일 것이다. 나는 앞에서 여러분에게 인간의 마음이 삼차원적 로봇의 비언어적 신호들에 민감하게 반응한다는 증거를 보여주었지만, 그렇다고 해서 이 말이 컴퓨터 화면에서 살아 움직이는 캐릭터들에도 그대로 해당한다고 장담할 수는 없다. 어쨌든 이 아바타들은 평면적이고, 재미를 위한 것이며, 현실 세상에서 멀리 떨어져 있다. 그래도 우리가 이차원으로 변형된 TV 화면을 통해 실제 세상을 들여다보는 데 많은 시간을 쏟고 있다는 것 또한 분명한 사실이다.

그렇다면 우리의 마음이 가상의 존재를 해석하고 교류하는 방식에 대한 질문은 대단히 중요한 주제가 된다. 스탠퍼드 대학의 가상 인간 상호작용 연구소Virtual Human Interaction Lab를 이끌고 있는 제러미 베일런슨Jeremy Bailenson도 이 주제에 주목하고 있다. 인간의 사회적 신호들이 가상 세계에서 일어나는 상호작용에도 영향을 미친다고 주장하려면, 먼저 가상적인 상호작용이 실제로 인간의 사회적 규범을 따르는지부터 확인해야 한다. 다시 말해, 동일한 비언어적 신호가 두 세상 모두에서 힘을 발휘한다는 사실부터 보여주어야 한다. 그렇지 않다면 연구는 사과와 오렌지를 비교하는 꼴이 될 것이다.

이러한 점을 염두에 둔 베일런슨과 그의 동료들은 몇 년 전 세컨드라이프Second Life라는 플랫폼을 기반으로 일종의 현장 연구를 수행했다. 세컨드라이프는 사용자들이 자신의 아바타를 만들고 이들을 조종하여 상상 가능한 모든 형태의 공간(레스토랑이나 클럽, 공원, 아파트 등)에서 실시간으로 다른 사람들과 교류할 수 있는 가상 세계 공간을 말한다. 베일런슨은 연구 보조요원들이 이 가상 세계 속을 돌아다니도록 했다. 그들의 주요 임무는 거기서 일종의 가상 민속학자로서 연구하는 것이었다. 이 관찰자들은 컴퓨터 대본에 따라 다른 사람들의 아바타들이 교류하는 공간으로 들어가서, 의미 있는 다양한 사회적 변수들, 즉 아바타의 성, 그들 사이의 거리, 시선의 방향, 누가 누구에게 이야기하는지 등을 바로 기록하는 작업을 시작했다. 7주간 탐험하는 동안 방대한 정보를 수집한 연구 팀은 가상 세계에서의 상호작용이 실제 세상의 규범을 얼마나 충실히 따르고 있는지를 확인했다.

연구 팀은 무엇을 발견했을까? 애초의 예측과 비슷했다. 가상 세계의 상호작용 규범들은 일반적인 규범들(무의식적인 규범들조차)을 그대로 반영하고 있었다.[3] 예컨대 남성 아바타들은(실제 세상의 남성들처럼) 대화하는 동안 여성-여성 혹은 여성-남성의 경우보다 넓은 거리를 유지했다. 시선의 방향도 마찬가지였다. 인간의 상호작용에서 보편적인 규범을 반영하듯, 서로 대화하지 않을 때 아바타들이 서로를 쳐다본 시간의 길이는 그들 사이의 거리와 반비례했다. 우리에게 상당히 익숙한 패턴이다. 출퇴근 시간에 버스나 지하철에서 많은 사람에게 둘러싸여 있을 때 바로 옆에 있는 사람이 눈을 빤히 쳐다보고 있다면 여러분은 대단히 불편할 것이다. 반면 함께 대화할 때는 아바타들이 서로에게 시선을 집중했고, 남성들보다 여성들이 이러한 경향이 더 강했다.(다시 한 번, 우리의 삶과 비슷하게도.)

이 발견들과 이와 유사한 발견들은 우리의 일상적인 상호작용을 지배하는 일반적 규범들이 자동적으로 아바타와 대리인의 세상으로 넘어가고 있음을 확인해 준다. 어떤 면에서 이 사실은 중요한 장점을 의미한다. 우리의 마음이 일반적인 비언어적 신호를 기반으로 아바타와 대리인들의 의도와 인간성을 기꺼이 받아들이고 해석한다는 뜻이기 때문이다. 그렇다면 가상의 세상에 입장하기 위해 따로 교육받을 필요가 없는 셈이다. 우리 마음은 가상의 환경을 해석할 준비가 되어 있다.

그러나 이용당할 수도 있다는 잠재적 위험도 장점과 동시에 존재한다. 앞서 언급했듯이, 디지털 개체들의 비언어적 신호들에 대한 통제 능력은 인간의 수준을 훌쩍 뛰어넘는다. 가상의 존재를 조종하는 마법사들은 손을 꼼지락거리거나 얼굴을 만지는 등의 신뢰에 관한 신호들을 쉽게 추가하거나 거를 수 있다. 그리고 이를 통해 일반적으로 상대방의 신뢰성을 드러내는 객관적 신호들의 효용을 우리에게서 앗아가

버린다.

더욱 나쁜 소식은 악용에 대한 시도가 신호를 걸러 내는 방식으로만 끝나지는 않는다는 사실이다. 아바타와 대리인들은 또 다른 능력도 확보하고 있다. 신화 속 인물들 같은 이 피조물들은 창조자들의 욕망을 충족시키기 위해 온갖 궁리를 한다. 다시 말해, 사용자들은 고대 그리스 신 프로테우스처럼 자신의 목적에 맞게 다양한 이미지를 언제나 스스로에게 부여할 수 있다. 예를 들어 위엄을 높이고 싶다면 아바타를 실제로 더 웅장한 모습으로 개조하면 된다. 사람들에게 호감을 얻고 싶다면 매력적인 모습으로 가꾸면 된다. 변신은 가상 세계에서 대단히 쉬운 일이다. 운동이나 수술도 필요 없다. 변형은 본질적으로 대단히 초보적인 기술이다. 목표로 삼은 특정 사용자 집단을 잘 알면, 보다 미묘한 방식으로 의사소통 방식을 수정할 수 있다.

일례로 여러분이 자신의 아바타를 보다 신뢰감 있는 모습으로 바꾸려 한다고 해 보자. 어떻게 해야 할까? 내 연구를 포함한 여러 연구 결과에 따르면 우리가 상대에게 느끼는 공감과 믿음의 정도는 상대방이 우리와 얼마나 유사한가에 달려 있다. 따라서 여러분이 상대방과의 유사성을 강조하는 미묘한 표식을 아바타에 집어넣으면(상대방과 똑같은 팔찌를 차는 사소한 조작만으로도), 상대방은 여러분에게 더 강한 연대감을 느끼게 될 것이다.[4] 이 아이디어를 뒷받침하는 논리는 아주 간단하다. 우리는 자신과 비슷한 사람들로부터 미래에 도움을 받을 가능성이 높기 때문이다. 이러한 차원에서 나중에 도움을 얻기 위해 자신과 비슷한 상대방을 단기적으로 지지하는 위험을 감수하는 것은 충분히 가치가 있다.

우리 연구 팀이 실제 세상에서 일어나는 상호작용 속에서 신뢰와 관련된 유사성의 중요성을 연구하는 동안, 베일런슨과 그의 동료들은 가상 세계에서 그러한 유사성의 중요성을 입증했다. 그들의 첫 번째 천재적인 발견은 디지털 이미지들의 세상에서도 유사성의 위력을 새롭게, 즉 프로테우스도 만족할 만하게 활용할 수 있음을 깨달았다는 것이다. 어떤 사람이 자신과 유사한 존재를 찾고 있다면, 우리는 그 존재의 얼굴을 그 사람의 얼굴과 비슷하게 만들기만 하면 된다. 베일런슨 연구 팀은 실제로 실험을 했다.

첫 번째 실험에서 베일런슨과 그의 동료들은 정치 후보자들의 프로필을 만들었다. 그들은 후보자들의 사진을 각 피실험자들의 얼굴과 비슷하게 변형하여 프로필에 집어넣었다. 만약 여러분이 실험에 참여하여 두 후보 중 어느 쪽을 선호하는지 결정하려 한다면, 두 얼굴 중 하나가 40퍼센트 정도 자신과 비슷하게 변형되었다는 사실을 알아차렸을 것이다. 사실 이러한 변형은 피실험자들의 의식적인 마음이 인식할 수 없을 정도로 미미한 수준이었지만, 패턴에 보다 민감한 무의식적 마음에는 충분히 뚜렷하게 드러나는 수준이었다.

실험 결과는 대단히 인상적이었다. 피실험자들 대부분이 후보자들의 정책 노선에 관한 다양한 정보들과는 상관없이, 자신과 40퍼센트 닮은 후보자에게 투표하겠다는 의사를 밝혔다. 여러분은 아마도 대부분의 사람들이 특별히 관심을 기울이지 않는 무명 후보자들을 가지고 실험했기 때문이라고 말할 것이다. 충분히 타당한 지적이다. 그래서 베일런슨은 다시 한 번 비슷한 실험을 하기로 했고, 이번에는 조지 W. 부시와 존 케리(당시 미국 대선 후보들이었다)의 얼굴을 피실험자들의 얼굴과 합성했다. 이번에도 놀랍게도 혹은 섬뜩하게도 앞서와 비슷한 패턴이 나타났다. 쉽게 예상할 수 있듯, 변형 작업(후보자들의 정체성을 유지하기 위해 후보자 80퍼센트, 피실험자 20퍼센트로 합성한)은 정치적 성향이 뚜렷한 사람들의 투표 의지에는 별다른 영향을 미치지 않았다. 하지만 성향이 확고하지 않은 사람들에게는 중대한 영향을 미쳤다. 다시 한 번, 사람들은 프로필 사진에서 말 그대로 자신의 모습을 드러내 보여준 후보자를 더 신뢰한다고 답변했다.[5]

이러한 발견은 아바타와 관련하여 무슨 이야기를 들려주는가? 아주 명백하다. 아바타를 목표 인물의 특성을 통합하는 방향으로 변형하면(그러한 특성들은 페이스북, 트위터 혹은 웹캠에서 쉽게 구할 수 있다), 그 아바타를 조종하는 사람은 목표 인물의 신뢰를 얻는 방향으로 이미 한 걸음 더 나아간 것이다. 연구 결과들은 아바타의 모습을 실제처럼 변형함으로써 설득력을 크게 높일 수 있다는 사실을 확인해 주고 있다.[6] 특정 관찰자의 외모를 기준으로 아바타를 보다 역동적인 모습으로 만들기 위해 고도의 컴퓨팅 기술에 의존하지 않아도 된다. 우리는 세부적으로 구분한 목표 대상들에게 메시지를 전달하는 과정에서 손쉬운 조작으로 최첨단 기술의 혜택, 즉 인간 마음의 본래적인 신뢰 메커니즘을 충분히 활용할 수 있다.

여러분도 수긍하겠지만, 아바타의 외모를 변형함으로써 상호작용하는 파트너들로부터 전략적 이익을 얻으려는 시도는 비즈니스나 보안 분야에서 특히 의미가 있다. 여기서 내가 가장 주목하는 질문은, 그 시도가 실제로 생각의 방향을 바꾸고 아바타 사용자들에게 영향을 미칠 수 있느냐다. 다소 억지처럼 들릴 수 있지만, 대릴 벰Darryl Bem의 자기인식 이론self-perception theory(자기 자신을 다른 사람인 것처럼 바라봄으로써 자신의 성격을 이해할 수 있다는 이론)에 따르면 어느 정도 타당성이 있다. 이이론은 가상공간에서 자신의 아바타를 바꿈으로써 실제의 '자신'도 바꿀 수 있음을 의미한다.

베일런슨과 그의 동료 닉 이Nick Yee의 연구 팀은 그 가능성(프로테우스 효과proteus effect라는 현상)을 검증하기 위해 실물 크기의 가상현실 환경을 활용했다. 여기서 피실험자들은 신체의 움직임을 기록하는 센서들을 몸에 부착하고, 디지털 세상을 볼 수 있는 고글을 쓴다. 그들은 고글 안에 있는 작은 모니터를 통해 실제 공간의 삼차원 복제 영상을 볼 수 있다. 피실험자들은 가상의 방에서 혼자가 아니다. 그들은 이곳에서 다른 아바타들을 만나게 된다. 피실험자들에게는 밝히지 않았지만, 이 다른 아바타들은 사실 연구원들이 작동하는 존재들이다. 고글을 쓴 피실험자들이 실제 공간에서 움직이는 동안, 그들이 착용하고 있는 센서들의 기능으로 그들의 아바타들도 똑같은 행동을 한다. 피실험자들이 고개를 돌리거나 실제로 방 안을 걸어 다니면 그들의 아바타도 가상의 방에서 똑같이 움직인다.

이 실험에서 피실험자들을 구분하는 중요한 차이점 하나가 있었다. 바로 아바타의 크기였다. 피실험자들 중 절반은 아바타의 키가 컸지만 나머지 절반은 작았다. 우리는 실제 세계에서 수행한 실험들로부터, 큰 키가 다른 사람들과의 상호작용에서 높은 자신감과 지배 성향, 자존감을 의미한다는 사실을 확인한 바 있다. 이 특성들이 하나로 조합되면 그 사람은 보다 독립적으로 행동하고, 그래서 더 쉽게 신뢰를 저버리는 성향을 드러낸다. 만약 프로테우스 효과가 사실이라면, 가상의 공간에서 큰 아바타의 모습으로 돌아다닌 사람들은 보다 이기적으로 행동할 뿐만 아니라 그 행동 방식을 현실 공간으로 가져올 것이다.

연구 팀은 이 예측을 확인하기 위해 진짜 피실험자, 그리고 그들과 상호작용하는 보조 요원이 함께 협상 게임을 하도록 했다. 연구 팀은 이들에게 돈을 똑같이 나누어 주고, 상대를 공정하게 대하거나 혹은 상대를 속여 돈을 더 많이 챙길 수 있도록 했다. 여기서 중요한 사실은 두 사람이 협상 게임을 가상 환경에서 하고, 이후 현실 환경에서도 (따로 분리된 방에서) 하게 된다는 것이다. 프로테우스 효과를 확인해 주듯, 키가 큰 아바타를 할당받은 피실험자들은 가상공간뿐만 아니라 실제 공간에서도 더 많은 돈을 챙기려 했다.[7] 스스로 인식하지 못하는 사이에 힘 있는 아바타가 전해 준 권력에 대한 인식이 '일반적인' 자아에 대한 인식을 대체했고, 신뢰성과 관련하여 그들의 행동을 부정적인 방향으로 바꿨다.

우리는 이러한 결과의 의미를 이해해야 한다. 특히 대부분의 게임 아바타들이 거대하고 공격적이며 거만한 외형을 취하고 있는 오늘날의 세상에서는 더욱 중요하다. 많은 사람이 월드 오브 워크래프트World of Warcraft나 이와 비슷한 다중 온라인 게임 속에서 많은 시간을 보내는 동안 자신이 선택한 아바타의 모습이 진정한 자아를 바라보는 시선을 미묘하게 바꿔 놓는다는 사실을 거의 인지하지 못한다. 의도하지 않은 결과는, 판타지 세계에서 이기적으로 행동할 수 있는 더 많은 힘과 기회를 제공하는 아바타를 선택하면, 같은 행동이 일상생활에서 미묘하게 유발될 수 있다는 것이다. 모든 사용자가 이러한 게임 속에서 어떻게든 이기고 지배하고자 한다면, 하나의 사회인 우리의 평균적인 신뢰성은 소용돌이 속으로 떨어질 것이다.

사이버 나이팅게일의
온기

◆

내가 제시한 그림이 신뢰와 기술의 관계에서 어두운 측면을 강조하고 있어서 어쩌면 여러분이 컴퓨터를 켜기 두려울지도 모르겠다. 그러나 지금까지 논의한 다양한 영역에 얽힌 신뢰의 관계처럼, 신뢰와 기술의 관계가 모두 부정적이라는 생각은 지나치게 단순하다. 기술이 점차 사회적 매개체로 기능하면, 이를 악용하는 단기적 위험과 함께 사회적 뒷받침을 위한 장기적 이익도 떠오를 것이다. 다시 말해 긴장을 좀 늦춰도 좋다는 뜻이다. 기술을 활용하여 신뢰를 높이는 방법을 발견하고 사회적으로 더 큰 선을 실현하기 위해 끝없이 연구하는 사람들도 많다. 우리는 다른 사람들을 속이기 위해 첨단 컴퓨터 기술을 동원하여 거짓 정보와 신호를 전달하는 것과 똑같은 위력을 공정과 보안, 사회적 협력을 높이는 데 사용할 수도 있다.

그 방법을 확인하기 위해 인터넷이 제기한 근본적 도전 과제로 시선을 돌려 보자. 여러분은 온라인 거래를 할 때 어떻게 상대를 신뢰할 수 있다고 확신하는가? 이베이에서 물건을 사거나 새로운 비 앤드 비^{bed and breakfast, B&B}(아침 식사가 나오는 간이 숙박-옮긴이)에서 방을 예약할 때 거래 상대방과 직접 마주할 기회는 거의 없다. 대부분은 실제로 얼굴을 마주보며 대화를 나누지 않는다. 이 말은 곧 내가 앞 장에서 언급한 신뢰성과 관련된 신호들의 도움을 받을 수 없다는 뜻이다. 이때 우리 대부분은 본능적으로 온라인 평가나 리뷰를 들여다본다. 처음에는 이러한 시스템이 대단히 유용해 보이지만, 여기에도 중대한 단점이 있다는 사실을 알아야 한다. 이 시스템으로부터 이익을 얻는 사람들은 자신에 대한 평가나 리뷰를 쉽게 조작할 수 있다. 가짜 이메일 주소나 사용자 아이디로 자신의 신뢰성 점수를 부풀리는 것은 물론, 악의적인 목적으로 혹은 우월한 지위를 차지하기 위해 다른 이들에 대한 평판을 망가뜨릴 수 있다.

이 문제를 해결하는 유일한 방법은 빅데이터의 통합과 검증을 활용하는 것이다. 빅데이터의 규모는 어마어마하기 때문에 개인이 쉽게 조작하기 어렵다. 많은 신생 기업들이 이러한 아이디어에 주목하고 있다. 가장 주목받는 기업으로, 소셜 미디어의 거물인 페이스북이 아이디어를 차용하기 위해 설립자들을 데려오면서 얼마 전 문을 닫은 리짓^{Legit}을 꼽을 수 있다. 리짓은 사용자들에게 평판에 관한 정보를 제공하기 위해 다른 사이트들에 '플러그인'할 수 있는 다중 플랫폼 서비스를 개발하는 사업을 했다. 리짓은 평판을 측정하는 다른 일반적인 방식과 달리, 단일 사이트나 팬 기반으로부터(예를 들어 트위터 팔로워나 페이스북 친구들의 수) 리뷰를 수집하는 단순한 방식을 택하지 않았다. 리짓의 공동 설립자 제러미 바턴Jeremy Barton이 강조한 것처럼, 수천 명의 팬을 거느리고 있다고 해서 그 사람이 정직하고 신뢰성 있는 인물이라고 믿으면 곤란하다. 그 사람은 비즈니스 거래에서 사기를 칠 수 있고, 아파트에서 물건을 슬쩍할 수도 있다.

리짓의 목표는 다양한 사이트와 분야에서 드러나는 온라인 행동으로부터 사람들에 대한 검증 가능한 정보들을 통합하는 방식으로 이 문제를 해결하는 것이었다. 그 결과물이 바로 쉽게 해석할 수 있는 점수, 즉 신뢰성 지수trustworthiness index다. 현재 페이스북과 제휴를 맺었기 때문에 앞으로 활용 범위가 대단히 넓어질 듯하다. 진지하게 생각해 보면 전자상거래 분야에서 경제적인 확장을 넘어서 다양한 혜택을 가져다줄 듯하다. 또한 페이스북 사용자의 보안도 한층 강화해 줄 것이다. 이는 결코 사소한 혜택이 아니다. 최근 퓨 리서치센터Pew Research Center가 실시한 조사 결과에 따르면, 페이스북을 정기적으로 사용하는 사람들은 인터넷을 사용하지 않는 사람들보다 타인을 더 신뢰하는 경향이 있으며, 페이스북을 정기적으로 사용하지 않는 다른 인터넷 사용자들에 비해서도 사람들을 더 신뢰한다.[8]

여러분은 내가 평판이라는 기준을 신뢰의 딜레마에 대한 해결책으로 인정하지 않는다는 사실을 기억할 것이다. 실제로 평판은 상대방의 신뢰성 평가와 관련하여 항상 정답을 들려주지는 않는다. 특정한 상황에서 여러분이 상대방과 협력하거나 이용하기로 판단했다면, 그 결정은 상대방의 과거 행동이 아니라 단기적 이익과 장기적 이익 사이의 교환에 따른 것이다. 물론 평판이 쓸모없다는 소리는 아니다. 다만 여러 유형의 상황(장기적 이익과 단기적 이익의 교환과 관련하여 매우 다양한 상황들)에서 수집한 엄청난 규모의 데이터에 기반한 평판의 경우는 올바르게 활용하면 놀라운 통찰을 얻을 수 있을 것이다. 올바르게 활용한다는 말은, 어떤 사람의 신뢰성을 판단하는 과정에서 하나의 정보 조각으로 참조한다는 뜻이다. 평판을 만병통치약처럼 활용하면 실수가 벌어지기 마련이다. 통합적인 평판은 상대방의 평균적 행동에 대한 힌트를 준다. 그러나 힌트는 힌트일 뿐이다. 물론 참조할 만한 다른 정보가 없을 때, 즉 얼굴을 마주보는 대화 속에서 직감을 얻을 수 없을 때는 그나마 이런 힌트라도 있는 쪽이 나을 것이다.

다행히 온라인의 신뢰와 조화를 강화하려는 시도는 평판이나 상업의 문제로만 끝나지 않는다. 경제적 취약성 역시 중요한 위험이지만, 괴롭히고 따돌리거나 다양한 누명을 씌우는 사회적 취약성과 비교하면 사소한 문제로 보이기까지 한다. 페이스북의 기술 책임자 아르투로 베자르Arturo Bejar 같은 사람들은 이러한 문제 때문에 밤을 새워 가며 일하고 있다. 나는 몇 년 전에 베자르를 만난 적이 있다. 당시 나는 그의 초대로 페이스북 본사에서 강의를 했다. 베자르는 자신의 역할을 페이스북의 보안과 기능의 기술적인 영역에만 한정하지 않았다. 그는 자신이 소셜 미디어 플랫폼을 개선함으로써 사회적 문제들을 해결하는 데 도움이 될 수 있다는 올바른 인식이 있었다. 이후 베자르는 나를 포함한 사회과학자들의 팀과 업무 제휴를 맺었는데, 그 목표는 페이스북 사용자들 사이의 사회적 협력을 강화하기 위해 시스템을 개선하고 다양한 시도를 하는 것이었다.

우리는 다양한 프로젝트를 바탕으로 연구를 추진했는데, 계속 등장했던 한 가지 주제는 위험에 직면한 약한 개인들이 신뢰할 수 있는 적당한 사람을 발견하여 도움을 얻도록 하는 것이었다. 예를 들어 괴롭힘의 문제를 생각해 보자. 모두 잘 알고 있듯이 온라인상에서 괴롭힘의 발생 빈도가 증가하고 있다. 운이 좋았다면 여러분은 그런 고통을 겪거나 목격하지 않았겠지만, 일부 메시지나 사진들은 분명히 악의적인 의도를 담고 있다.

이 문제를 해결하기 위해 페이스북은 괴롭힘을 당한 사용자들이 그 사실을 알릴 수 있도록 특별한 절차를 마련했다. 물론 단어나 이미지 자체가 특정한 정책을 위반하지 않은 경우(지저분하거나 빈정대는 모든 말이 증오 발언^{hate speech}에 해당하는 것은 아니다)에는 공격적으로 보인다는 이유로 페이스북이 마음대로 삭제할 수 없다. 표현의 자유도 보호받아야 하기 때문이다. 여기서 페이스북이 할 수 있는 일은 괴롭힘을 신고한 사용자들이 가깝고 책임감 있는 사람들의 도움을 받을 수 있게 하는 것이다. 중요한 문제는 어떻게 그들이 실질적인 도움을 받도록 하느냐다.

여러분이 괴롭힘을 당했다고 생각해 보자. 여러분은 그 상황을 멈추고 싶어 한다. 그러나 스스로의 힘으로는 불가능하다면, 적어도 생각으로나마 다른 사람들의 도움을 적극 구하고자 할 것이다. 그 생각을 실천에 옮기려 할 때, 즉 얼굴 없는 기업이 아니라 사람들에게 도움을 청해야 할 때는 갑자기 상황이 복잡해진다. 여러분은 많은 사람들 중 누구를 택해야 할까? 누가 여러분의 감정을 이해해 줄까? 더욱 중요하게는, 과연 누가 귀찮게 질문만 해 대는 것이 아니라 실질적으로 도울 것이라고 신뢰할 수 있을까? 이 질문에 적절한 대답을 얻을 수 있는지 여부에 따라, 곤경에 처한 십대들은 실제로 도움을 받기 위해 누군가에게 연락을 취하거나, 화면을 닫고 그냥 나가 버릴 것이다.

나와 내 동료 피에르카를로 발데솔로Piercarlo Valdesolo는 페이스북 사용자들이 이 질문에 충분한 대답을 얻도록 돕기 위해 베자르 팀의 선임 기술자 제이크 브릴Jake Brill과 함께 연구 프로젝트에 착수했다. 당시 우리가 품은 큰 기대 하나는 유사성의 느낌이 열쇠를 건네줄지도 모른다는 것이었다. 앞서 살펴본 우리 연구 팀의 실험들을 떠올리면, 두 사람을 이어 주는 유사성을 드러내는 모든 표식이 서로 돕고자 하는 사람들의 의지를 크게 높여 준다는 사실을 기억할 것이다. 두 사람 사이에 공통점이 있다는 사실을 상기시키는 것만으로도 사람들은 더 강한 유대감을 느낄 뿐만 아니라 서로에게 더 많이 공감한다. 그러므로 사람들이 스스로 취약하다고 느낄 때, 다시 말해 도와줄 수 있는 사람을 찾지만 아무도 관심을 기울여 주지 않을까 걱정하고 있을 때 유사성을 기준으로 조언자를 택하는 방법은 훌륭한 전략이 될 수 있다. 기본적인 메커니즘은 이미 우리의 마음속 깊이 자리 잡고 있으므로 우리는 그것을 건드리기만 하면 된다.

바로 여기서 컴퓨팅과 빅데이터 기술이 위력을 발휘한다. 페이스북 같은 플랫폼들은 여러분을 도울 수 있는 사람을 찾아 주기 위해 무작정 노력하지는 않는다. 지금 이 순간에도 그들은 여러분과 내가 1년 동안 처리해야 할 정보보다 훨씬 방대한 정보를 처리하고 있다. 그들은 여러분의 친구들에 대한 모든 정보, 즉 그들이 눌렀던 '좋아요', 그들이 맺은 친구들, 그들이 올린 글을 확보하고 있고, 이 정보를 바탕으로 여러분이 누구와 가장 많이 정보를 공유하는지 확인할 수 있다. 여기서 중요한 과제는 다양한 선택권을 현명하게 분류하는 일이다. 여러분이 가장 많은 것을 공유한 사람이 헤어진 남자친구라면, 괴롭힘을 당하고 있는 상황에서 도움을 요청하기에 적절한 인물이 아닐 것이다. 그렇다면 과제는 특정한 사회적 범주와 또래 집단 내부에서 후보 인물들(통계적으로 책임감 있고, 적절한 지원을 제공할 수 있는 인물들)을 검토하고, 프로필을 기반으로 이들을 분류하여 여러분의 마음에 내장된 유사성 센서를 자극할 수 있는 인물을 선별하는 것이다.

그 과정이 우리의 의도대로 흘러가면, 괴롭힘을 당했다고 신고한 사용자들과 접촉하고 그들의 신뢰를 얻을 자격이 있는 후보자 목록을 제시할 수 있을 것이다. 이 시스템은 사용자들이 잠재적 조력자들을 쉽게 확인하도록 도울 뿐만 아니라 조력자들이 도울 수 있고 그러기를 원한다는 확신을 강화함으로써, 신고를 한 사용자들이 도움을 향해 다가가도록 용기를 줄 수 있다. 괴롭힘에 따른 혼란과 좌절 속에서 두려움과 위압감을 느끼는 청소년들이 도움을 요청하도록 격려하는 모든 노력은 좋은 결과로 이어질 것이다. 물론 이 방안이 얼마나 성공적일지는 아직 모르지만, 이 아이디어를 뒷받침하는 기술 덕분에 우리는 희망을 품을 수 있게 되었다.

첨단 기술은 신뢰를 악용하기 위해 사용될 수도 있지만, 우리의 연구 프로젝트나 페이스북에서 진행하고 있는 다양한 프로젝트들은 신뢰를 올바르게 강화하는 쪽으로 기술을 활용할 수 있다는 증거를 보여준다. 다음 주제로 넘어가기 전에, 그러한 가능성을 입증할 수 있고 이미 우리에게 도움이 되고 있는 사례를 살펴보자.

여러분이 살면서 스스로 가장 나약한 존재라고 느낀 때가 언제였는지 떠올려 보자. 여러분은 무척 특별한 사건들을 들려줄 수도 있겠지만, 나는 우리 모두가 보편적으로 겪는 경험이 있다고 말하고 싶다. 입원이란 끔찍한 경험이다. 자신의 행복을 다른 사람의 의지와 능력에 온전히 맡겨야 하는 상황은 입원 외에는 별로 없을 것이다. 의학 교육을 받지 않은 이상, 병에 걸리거나 다쳤을 때 우리는 의사가 최선을 다해 줄 거라고 믿는 수밖에 없다. 우리는 병을 진단하고 처방하는 의사가 유능하다고 믿는 수밖에 없다. 간호사 역시 우리의 건강 상태를 점검하고 필요한 것들을 꼼꼼하게 챙겨 줄 거라고 신뢰해야 한다.

여러분들 대부분이 그런 상황에서 위태로움을 느꼈겠지만, 의학계에서 말하는 건강 정보 이해 능력^{health literacy}이 떨어지는 사람들은 특히 더 그럴 것이다. 이들은 건강에 관해 의사 결정을 하고 의학적 조언을 따르기 위해 필요한 기본적인 읽기 및 계산 능력이 없는 사람들을 말한다. 건강 정보 이해 능력이 떨어지는 이유는 낮은 교육 수준, 노령에 따른 인지기능 상실, 부상, 건강 악화 등 다양하지만, 어쨌든 결과는 마찬가지다. 이들은 처방을 이해하고 치료 과정을 따르는 데 필요한 인지 능력이 부족하므로 퇴원 이후 건강 상태가 급속도로 나빠진다.

더 심각한 문제는 건강 정보 이해 능력의 부족이 사회적으로 그리 드문 현상이 아니라는 사실이다. 미국 성인들 중 36퍼센트는 이 능력이 제한적이다. 도시 빈민층의 경우는 80퍼센트를 넘을 정도로 건강 정보 이해 능력 부족은 사회적으로 만연한 현상이다.[9]

건강관리에 관한 가상 대리인 개발과 관련하여 미국 사회를 이끌고 있는 연구 팀들 중 하나인 노스이스턴 대학 관계 대리인 그룹Relational Agents Group의 티모시 빅모어Timothy Bickmore 소장은 이 문제점을 개선하기 위해 노력하고 있다. 빅모어는 건강 정보 이해 능력 부족이 종종 부정적인 결과로 이어지는 이유 중 하나는 환자들이 퇴원 후 건강관리 계획after-hospital care plan, AHCP이 제공하는 정보를 완전히 이해하기 위해 충분히 노력하지 않기 때문이라고 지적한다. 물론 노력한다고 해서 환자들이 정보를 모두 이해할 거라고 장담하기는 어렵지만, 학습 과정을 개선하면 분명히 퇴원 후의 결과에 도움이 될 것이다.

여러분은 아마도 이렇게 물을 것이다. 그게 신뢰와 무슨 상관이 있는가? 그러나 내가 3장에서 소개한 폴 해리스의 연구 사례를 생각하면, 학습 성과가 학생의 지능뿐만 아니라 교사의 특성과도 밀접하다는 사실을 떠올릴 것이다. 건강 정보를 제공하는 사람이 환자가 신뢰할 수 있다고 생각하는 인물이라면, 즉 개인적 편견을 경계하고, 진정한 관심을 보이며, 정확한 정보를 제공할 거라고 믿을 만한 사람이라면 환자들은 학습에 더 적극 참여할 뿐만 아니라 학습 성과도 높아질 것이다. 쉽게 추측할 수 있듯이, 건강 정보 이해 능력이 낮은 환자들은 아마도 건강관리 정보 제공자들을 접하면 위축되거나 이질감을 느낄 것이다. 이 말은 곧 퇴원 전에 환자들이 의료 전문가들과 신뢰성 있는 관계를 형성할 가능성이 아주 낮을 것이라는 의미다.

이 문제를 어떻게 해결해야 할까? 답은 간단하다. 퇴원 시 건강관리 정보를 전달하는 간호사들의 특성을 바꾸면 된다. 그렇다면 실제로 어떻게 해야 할까? 가상의 간호사를 만들면 된다. 실제로 빅모어 연구 팀은 그 일에 착수했다. 가장 성공적인 간호사들이 환자들과 상호작용한 방식을 오래 연구한 빅모어 연구 팀은 특정한 외모와 목소리 패턴, 그리고 유능한 의료인들이 드러내는 비언어적인 신호들을 탑재한 가상 대리인을 설계했다. 그다음으로 보스턴 의료센터^{Boston Medical Center}와 손잡고, 건강 정보 이해 능력 수준이 낮은 환자들이 퇴원 일에 자신들이 개발한 대리인을 만나도록 했다. 환자들은 병실을 떠나기 전에 AHCP 과정을 함께 진행할 새로운 대리인을 소개받았다. 환자들은 터치스크린을 통해 다양한 방식으로 그 대리인과 의사소통할 수 있었다. 환자들은 정보를 다시 설명해 달라고 하거나, 추가적인 세부 정보를 요청할 수 있었다.

조심스럽게 평가하더라도, 그 결과는 놀라웠다. 의료 정보 이해 능력이 낮은 환자들은 가상 간호사의 신뢰도와 편안한 정도가 상당히 높았다고 보고했고, 대다수의 환자들은 실제 간호사보다 가상 간호사를 더 선호한다고 밝혔다. 실제로 그들의 행동은 이러한 반응을 뒷받침한다. 환자들은 가상 간호사와 더 많은 시간을 함께했고, 인간 간호사들보다 퇴원 관련 정보를 더 많이 질문했다. 가상 간호사에 대한 반응을 묻자, 환자들은 적극적으로 자신의 선호에 대한 이유를 설명했다. 한

마디로 요약하자면, 태도의 문제였다.[10] 한 환자는 이렇게 말했다. "그녀(가상 간호사)는 저를 진짜 사람처럼 대해 줬어요! 컴퓨터라고 느껴지지 않았어요!" 또 다른 환자는 말했다. "루이즈(가상 간호사의 이름)가 마음에 들어요. 의사보다 나아요. 의사들은 항상 정신이 없는데, 그녀는 충분히 설명해 주거든요."

물론 많은 환자들은 가상 간호사에 대한 느낌(더 많은 관심을 보이고, 더 많은 정보를 알려 준다는 느낌)이 정보를 구하려는 자신들의 의지에 직접적인 영향을 미쳤다는 사실을 정확히 인식하지는 못했다. 이 프로젝트가 특별히 목표로 삼은 것은 환자들의 참여와 신뢰의 강화였는데, 이는(학습 개선에 중요한 역할을 했다는 사실 외에) 건강 정보 이해 능력이 낮은 환자들이 인간 간호사 및 의사들에게 잘 드러내지 않았던 모습이다. 이 사례에서 가상 간호사의 비언어적 행동, 공감과 관련된 감정적 신호, 그리고 AHCP 과정에서 환자들이 정보에 주의를 기울이도록 만드는 손동작 활용 등은 환자들이 적극적으로 협력하는 상호 관계를 창조했다.

빅모어는 환자들이 가상 간호사와 교류하며 경험한 편안함과 학습 개선이 다만 기계와의 상호작용에서 비롯된 이완 때문이 아니라는 사실을 확인하기 위해 다시 한 번 실험을 했다. 이번에는 가상 간호사의 사회적 표현 및 상호 반응의 정도를 낮췄다. 그 결과, 가상 간호사에 대한 환자의 선호도 역시 감소했다.

가상 대리인 활용은 아직 걸음마 단계지만, 지속적인 기술 발달은 인간의 행복을 높이는 신뢰 구축의 기회를 더 많이 가져다줄 것이다.

사실 빅모어의 연구는 시작에 불과하다. 환자들은 가상 간호사를 인간 간호사보다 선호했다. 공공보건의 관점에서 더욱 중요한 발견은, 퇴원 과정에서 가상 간호사와 함께한 환자들이 가정으로 돌아가서도 처방약 복용을 철저하게 하겠다는 의지가 더 높았다는 사실이다.

이처럼 높아진 의지가 정보에 대한 충분한 이해에서 비롯된 것은 분명한 사실이지만, 그래도 나는 환자들 스스로 신뢰성 있게 행동하려는 생각, 즉 디지털 간호사에게 자신이 신뢰할 만한 사람임을 입증하겠다는 생각 때문인 것은 아닐까 생각했다. 고령화가 급속히 진행되고 있는 일본에서는 이미 많은 기업이 노인들을 위한 돌보미와 친구 역할을 할 수 있는 로봇 개발에 많은 노력을 기울이고 있다. 물론 실제 간병인이 더 나을 것이라고 주장할 수도 있겠지만, 간병인의 수가 수요를 충족하지 못하면, 믿음직한 사회적 존재로 인정할 만큼 발전한 기술적 존재를 옆에 두는 것이 분명 고독보다 나은 선택일 것이다. 우리의 마음과 몸은 적절한 조건하에서 상대를 신뢰하도록 만들어져 있다. 좋든 나쁘든, 기술은 주위에 아무도 없을 때조차 우리가 무언가를 신뢰할 수 있도록 도울 만큼 빠르게 발전하고 있다.

● **기술에 현혹되지 말라.** '전문가'의 말을 곧이곧대로 믿으려는 사람들의 성향을 우리 심리학자들은 종종 '흰 가운 효과^{white coat effect}'라고 부른다. 이 말은 흰색 실험실 가운을 입은 사람이 설명을 하면 사람들의 신뢰도가 올라간다는 의미다. 왜 그럴까? 수준 높은 전문성이 있을 거라고 일반적으로 인정받는 과학자와 의사들이 그런 옷을 입기 때문이다. 그래서 어떤 사람이 흰 가운을 입고 있으면, 우리의 마음은 무의식적으로 그가 자신이 설명하고 있는 내용을 잘 알 거라고 신뢰하게 된다. 여기서 우리는 흰색 가운을 경험 법칙 혹은 심리적 지름길로 활용하고 있다. 이 장의 앞부분에서 살펴봤듯이 사람들 대부분은 기술도 똑같은 방식으로 활용한다. 어떤 정보의 원천이 컴퓨터라면, 사람들은 적어도 무의식적으로 그 원천이 인간일 때보다 더 많이 신뢰한다. 다시 말해, 사람들은 컴퓨터의 말을 인간보다 신뢰할 수 있다고 생각한다. 부디 여러분은 이러한 오류의 희생양이 되지 않기를 바란다. 컴퓨터 기반의 플랫폼이 점차 인간 사이의 의사소통과 정보 공유를 지배하는 세상으로 넘어가고 있는 가운데, 우리가 온라인으로 얻는 모든 정보의 신

뢰성은 이를 제공하는 사람의 신뢰성만큼 중요하다. 나는 우리 모두가 의식적인 차원에서 그 사실을 잘 이해하고 있다고 믿는다. 하지만 우리의 직관은 웹 페이지가 들려주는 이야기들을 그대로 받아들이는 쪽으로 우리를 몰아가고 있다.

. . . .

● **아바타가 되지 않도록 조심하자.** 온라인 및 비디오 게임이 정교하게 발전하면서, 우리는 감각적으로 유혹적인 가상 세계에서 더 많은 시간을 보내고 있다. 가상 세계가 우리의 삶 깊숙이 파고들면서, 무의식적 차원에서 실제와 가상 사이의 경계선이 모호해지고 있다. 기억하자. 우리 인간의 두뇌는 '가짜' 세상에서 진화하지 않았으며, 그렇기 때문에 그 세상은 시각적으로 더 유혹적으로 변하며 우리의 저항을 무력화하고 있다. 프로테우스 효과에서 확인했듯이, 위압적인 외모의 아바타를 선택함으로써 우리가 얻는 권력에 대한 강렬한 느낌은 우리가 진정한 자아를 바라보는 시선을 물들이고 신뢰성을 변화시킬 수 있다. 우리가 선택한 아바타로부터 영향을 받고 있다고 주장하는 사람은 없지만, 그럼에도 우리 자신과 아주 다른 모습의 아바타들은 직관적인 마음의 계산 과정에 영향을 미친다. 그러한 경우, 우리는 디지털 존재의 아바타로 전락한다. 때로 우리는 아바타가 움직이는 대로 움직인다.

. . . .

● **에이전트와 아바타 활용에는 비용과 이익이 따른다.** 디지털 대리인과 아바타의 정밀도는 신뢰를 조작할 수 있는 폭넓은 기회를 가져다준다. 우리는 넥시를 활용한 연구와 티모시 빅모어의 가상 간호사에 대한 연구를 통해 인간의 마음이 기

술적 존재가 표현하는 비언어적 신호에 반응한다는 사실을 알고 있다. 진정한 의도를 무의식적인 차원에서 비언어적으로 표현하는 인간과는 달리, 대리인과 아바타들은 사용자 혹은 프로그램의 의도에 따라 신호를 전달한다. 넥시의 경우와 마찬가지로, 이들은 신뢰성, 혹은 신뢰성 없음을 드러내는 일련의 신호들을 드러낸다. 가상 간호사 루이즈처럼 이들은 진정한 감정을 느끼지 않고서도 따뜻함과 공감을 드러낼 수 있다. 이 말은 곧 디지털 기기들은 완벽한 거짓말쟁이가 될 수 있다는 뜻이다. 이들은 우리의 직관적인 신뢰 메커니즘과 유창하게 이야기를 나누고, 그 과정에서 우리의 의사 판단을 조종할 수 있다. 우리는 여기에 충분히 저항할 수 있지만, 우리의 마음은 비용을 치러야 한다. 우리는 대리인이나 아바타가 표현하는 비언어적 신호를 애써 외면하거나 의식적으로 반응해야 한다. 예를 들어 환영하는 몸짓, 우리와 똑같은 억양, 혹은 자신감 넘치는 자세를 우리의 신뢰를 조작하도록 계획적으로 만든 신호라고 알아차릴 수 있어야 한다. 그러나 이러한 조작이 언제나 나쁜 것만은 아니다. 디지털 장비는 때로 사람들의 신뢰도를 높이도록 신호를 조작함으로써 우리에게 도움을 줄 수 있다. 이는 해당 장비를 설계한 주체의 의지에 달렸다. 설계자의 의지를 무조건 악의적으로만 해석한다면, 대리인이나 아바타와의 교류가 점차 일반화되는 세상에서 우리가 얻을 수 있는 이익을 스스로 제한하는 셈이다.

8

나 자신을 신뢰할 수 있을까?

우리는 스스로를 알면서도 모른다

의지력은 한정된 자원이다.

의지력은 우리의 노력이 필요한 자원이다.

때로는 완전히 고갈되기도 한다.

그러므로 신뢰를 저버리라고 유혹하는

어떠한 미래의 사건에도

저항할 수 있다는 믿음은 버려야 한다.

의도가 아무리 숭고하더라도

이후의 실천이 따라 주지 못할 수 있다.

누군가(혹은 어떤 사물)를 신뢰하는 데 따른 위험에서 잠시 벗어나는 것도 좋은 선택일 것이다. 다른 사람들이 어떻게 행동할지 걱정하지 않아도 되는 상황, 다시 말해 우리가 상대방의 신뢰성을 완벽하게 아는 상황은 반가운 변화가 되어 줄 것이다. 말하자면 자기 자신만큼이나 상대방을 잘 알고 있는 상황이다. 그러한 경우가 드물지는 않다. 우리는 자기 자신과 매일 대면한다. 만남의 상대방은 다른 사람이 아니라 바로 자신이다.

안타깝게도 상대방이 자기 자신이라고 해서 상황이 더 쉬워지는 것은 아니다. 생각해 보자. 여러분은 세금 신고나 출장 경비 보고에서 스스로를 속이지 않을까 의문을 품어 본 적이 있는가? 혹은 도박장에서 정말로 체크카드를 사용하지 않을까, 아니면 초콜릿 케이크를 한 조각 더 먹지 않을까 하고 스스로를 의심해 본 적이 있는가?

이러한 상황들, 그리고 비슷한 상황들은 분명히 신뢰와 관련 있다. 우리 모두는 나약한 존재다. 우리의 성공은 미래의 누군가가 하는 의사 결정에 달려 있다. 일반적인 경우와 다른 점이 있다면 그 누군가가 자신이라는 것이다. 그는 바로 또 다른(미래의) 우리다. 우리의 경제적 안정은 장기적인 퇴직연금에 대한 투자를 포기하고 단기적인 소비를 향한 욕망에 굴복하지 않는 미래의 자신에게 달려 있다. 성공적인 결혼은 단기적인 쾌락보다 사랑과 안정적인 관계를 더욱 중요하게 생각하는 의지에 달려 있다. 장기적인 건강관리는 담배, 사탕, 케이크, 그리고 끊임없이 반복되는 유혹의 순간에 저항하는 우리의 의지에 달렸다. 사실 자기 자신에 대한 신뢰는 다른 사람에 대한 신뢰와 비슷한 면이 많다. 여기서도 우리는 미래의 자신이 어떻게 행동할 것인가를 놓고 내기를 해야 한다.

이러한 상황에서 여러분은 신뢰성에 대한 판단이 어렵지 않다고 생각할 것이다. 우리는 다른 누구보다 우리 '자신'을 잘 알고 있다. 이 말은 곧 신뢰성 평가의 정확성이 더 높다는 뜻이다. 하지만 그게 사실이라면, 왜 우리는 때로 자신의 갑작스런 행동에 놀라곤 하는가? 우리가 자신의 동기를 완벽하게 알고 있다면, 왜 우리는 스스로를 실망시키고 충격에 빠지는가? 왜 우리는 그러한 위험을 미리 예상하지 못하는가? 그 대답은 기본적인 사실에서 발견할 수 있다. 우리는 분명 다른 누구보다 자신을 잘 알지만, 그렇다고 해서 우리 자신을 완벽하게 알고 있는 것은 아니다. 실제로 불가능한 일이다. 그 이유는 지성과 성찰 혹은 인격의 결함이 아니라 우리 마음의 본질적인 한계 때문이다. 또다른 보상을 우리가 얼마나 소중히 여길 것인지, 그래서 과거의 결심에 대해 얼마나 신뢰성 있게 행동할 것인지는 우리가 서 있는 장소뿐만 아니라 '시점'에도 달려 있다.

거울아, 거울아,
세상에서 누가 제일 공정하니?

◆

여러분은 공정하고 정직한 사람인가? 도덕적으로 올바르고, 도덕을 따라야 한다고 믿는다면, 여러분은 정말로 그렇게 할 것인가? 우리는 연구실에 모인 피실험자들에게 일반적으로 이러한 유형의 질문들을 던진다. 그러면 거의 모두가 그렇다고 답한다. 하지만 이후 행동에서는 그 대답을 지키지 못한다. 우리가 자신의 인격에 대한 환상을 허물어뜨린다는 점에서, 사람들은 이러한 모순을 보여주는 실험들(자신에 대한 이해에서 문제점을 드러내는 실험들)을 흥미로워한다. 내가 가장 마음에 들어 한 실험은, 사람들이 스스로 인식하지 못한 상태에서 얼마나 이기적으로 행동할 수 있는지를 보여준 실험이다. 사람들은 자신을 신뢰할 만한 사람이라고 믿지만, 공정하고 정직한 인물이라고 자신을 설득하는 동안에도 쉽게 유혹에 넘어가곤 한다. 만약 내가 자신을 항상 신뢰할 수는 없다고 여러분을 설득하려 한다면, 지금이 좋은 출발점이 될 것이다.

먼저 사고 실험부터 해 보자. 여러분 혼자서 동전 던지기를 하고 앞면 혹은 뒷면이 나왔는지 기록하도록 한다면, 여러분은 솔직하게 기록할까? 아마 그럴 것이다. 하지만 동전 던지기의 결과가 여러분에게 극단적으로 다른 결과를 가져다준다면 어떨까? 가령 앞면이 나오면 짧고 재미있는 비디오 게임을 한다. 그러나 뒷면이 나오면 45분 동안 지루하고 어려운 문제들을 풀어야 한다. 더 흥미로운 사실은, 옆방에 있는 사람이 무조건 여러분과 반대되는 과제를 맡게 된다는 점이다. 그렇다면 여러분은 어떻게 할 것인가? 결과를 정직하게 보고할 거라고 스스로를 신뢰할 수 있는가? 옆방 사람이 재미있는 게임을 하도록 내버려두고 스스로 고생을 떠안을 자신이 있는가? 이 실험은 자신의 이익이 위기에 처했을 때 자신의 행동에 대한 사람들의 예측이 얼마나 쉽게 빗나가는지를 확인하기 위해 나와 피에르카를로 발데솔로가 실시한 것이다.

첫 번째 단계로 우리는 사람들이 동전 던지기 결과에 대한 거짓 보고가 신뢰를 저버리는 행동이라고 생각하는지 확인하기로 했다. 우리는 당연히 그렇게 생각하지만, 모두가 그렇게 생각할 거라고 확신할 수는 없다. 그래서 우리는 동전을 던지지 않은 채 자신에게 더 유리한 과제를 맡는 행동이 잘못되었다고 생각하는지를 1백 명이 넘는 사람들에게 물어보았다. 결과는 놀랍게도 분명했다. 아마도 전무후무하게 만장일치의 결과를 확인한 익명의 설문지 상에서, 응답자들은 동전을 던지지 않거나 결과를 속이는 행위는 변명의 여지 없는 잘못이라고 말했다. 하지만 실제 상황에서 연구 팀이 동전 던지기를 통해 자신과 옆방 사람 중 누가 힘든 과제를 맡게 될지 결정하도록 사람들을 홀로 내버려 두자(숨겨 놓은 카메라로 관찰하면서) 90퍼센트는 아예 동전을 던지지 않았다.[1] 사람들은 생각과는 완전히 다르게 행동했다. 어떤 사람들은 한 번, 두 번, 그리고 세 번 자신이 원하는 결과를 얻을 때까지 동전을 던지고 또 던졌다. 다른 이들은 아예 동전을 던지지 않았다. 그러고는 태연하게 앞면이 나왔다고 말했다.

사람들의 100퍼센트가 어떤 행동이 잘못되었다고 생각했고 자신은 절대 그렇지 않을 거라고 장담했음에도 불구하고 무려 90퍼센트가 그런 행동을 했다면, 여기에는 뭔가 중요한 의미가 있다. 실제 상황(가상적인 상황에 대한 대답이 아니라)에서 동일한 행동을 목격했을 때, 사람들은 실제로 규칙 위반이 그리 심각한 잘못이 아니라고 생각한다는 의미일 수 있다.

확인을 위해 우리는 피실험자들로 하여금 다른 사람이 자신과 똑같은 속임수를 쓰는 상황을 지켜보도록 했다. 다시 말해, 다른 사람이 동전을 던지지 않고 쉬운 과제를 자신에게 할당하는 모습을 숨겨진 카메라를 통해 보도록 했다. 다른 이들이 이기적인 욕심에 굴복하는 모습을 본 사람들은 거리낌 없이 그들을 비난했다. 우리가 그들에게 '동전을 던지지 않은 사람들'이 공정하게 행동했는지 묻자 모두가 잘못된 행동이라고 답했다. 분명히 신뢰를 저버린 행동이며, 규칙 위반은 도덕적으로 잘못된 행동이라고 말했다. 그러나 정작 그들 자신이 동전 던지기에서 속임수를 썼던 상황에 관해 묻자 사람들은 완전히 다른 이야기를 했다. 다른 사람들과 똑같은 위반을 했는데도 그들은 '자신의' 행동은 받아들여질 수 있으며, 심지어 공정한 행동이라고까지 대답했다.[2] 그들은 규칙 위반에 대해 스스로에게 실망감을 느끼지 않았다. 말 그대로 완벽한 위선자였다. 상대방에 대한 도덕적 비난을 스스로에게는 적용하지 않고, 자기 자신은 예외로 간주했다.

자기기만 성향, 즉 신뢰를 저버린 자신의 행동을 합리화하는 성향은 매우 뚜렷이 나타났다. 우리를 비롯한 많은 연구 팀이 이러한 현상을 여러 차례 반복적으로 확인했다. 이러한 성향은 또한 여러 다양한 차원에서 스스로를 신뢰하는 일이 위험한 선택일 수 있다는 이유를 잘 보여준다. 이유는 다양하겠지만, 분명히 더 쉬울 거라는 기대에도 불구하고 자신의 행동을 예측하는 일은 다른 사람의 행동을 예측하는 것만큼이나 어렵다.

사건은 예측하되, 감정은 예측하지 못한다

◆

"지금 여기에 존재하라"라는 말은 히피들의 격언 같지만, 자기 자신을 신뢰하는 문제에서만큼은 가장 소중한 진리를 담고 있다. 다시 한 번 상기하자. 여러분이 상대를 신뢰할 수 있을지 결정하기 위해 앞의 두 장에 걸쳐 살펴본 모든 방법은 그 상대가 자기 자신일 때는 무용지물이다. 여러분 자신이 몸을 뒤로 젖히거나 얼굴을 만지는지 확인하기 위해 거울을 들여다보는 노력은 아무 의미가 없을 것이다. 양쪽의 대화, 즉 현재의 나와 미래의 나의 대화는 여러분의 머릿속에서 이루어지기 때문에 관찰 자체가 불가능하다. 앞서 소개한 실험을 바탕으로, 여러분은 아마도 스스로 유혹을 물리치고 올바른 일(그게 어떤 일이든 간에)을 할 것이라고 예상하기란 절대 쉽지 않다는 사실을 마지못해 받아들이겠지만, 그래도 그게 왜 그토록 힘든 일인지 궁금할 것이다. 대체 왜 자신의 미래에 대한 예측이 그리 자주 빗나간단 말인가? 그리고 스스로를 놀라게 만드는 사건들을 겪고 나서도, 사람들은 왜 자신과의 약속을 항상 존중하지는 않는다는 사실을 깨닫지 못할까?

좋은 질문이다. 그 해답을 발견하려면 우리의 마음이 종종 자신에게 부여하는 두 가지 환상을 들여다봐야 한다. 그 두 가지는 근시안적 시각, 그리고 보상을 추구하는 눈가림이다. 이러한 편향들은 지금 이 순간에는 존재하지 않는다. 초콜릿 케이크를 집는 순간 여러분은 올해의 결심을 깨뜨리고 있다는 사실을 안다. 배우자가 멀리 떠나 있는 틈을 타 옛 연인과 약속을 잡는 순간 여러분은 배우자뿐만 아니라 자신에게 한 맹세를 깨뜨리고 있다는 사실을 안다. 하지만 그 일이 일어나기 며칠 전에는 얼마든 유혹을 물리칠 수 있을 거라고 쉽게 확신한다. 시간이 흘러 그 시점에 도달하면 타당한 이유가 있고, 자신이 정말로 신뢰를 저버린 것은 아니며, 그럴 만한 사정이 있다고 스스로를 설득한다. 우리는 앞의 실험에서 그러한 환상이 사람들의 행동에 영향을 미치는 장면을 목격했다. 사람들은 실험에서 스스로 예상하지 못한 방식으로 이기적 행동을 했을 뿐만 아니라, 시간이 흐르고 나서 자신은 여전히 정직한 사람이라고 스스로를 설득했다. 정도는 작았지만, 메커니즘들은 동일했다. 이제 두 가지 메커니즘을 하나씩 살펴보자.

이름에서 알 수 있듯이, 근시안적 시각은 미래보다 현재에 주목한다. 이 시각은 결과적으로 두 가지 문제로 이어진다. 현재는 시간적으로 가깝기에 더 확실할 뿐만 아니라 더 중요하다. 현재가 더 확실하다는 말은, 특정 행동을 우리가 어떻게 느낄 것인지에 대한 예측의 정확성이 시간적으로 멀어짐에 따라 크게 떨어진다는 의미다. 심리학자 댄 길버트$^{Dan\ Gilbert}$는 미래의 감정에 대한 사람들의 예측 능력이 다분히 제한적이라는 사실을 반복적으로 보여주었다. 우리 대부분은 미래의 사건이 어떻게 느껴질지 예측하며 종종 실수를 저지르기 때문에, 미래에 그 사건을 직면했을 때 실제로 어떻게 행동할 것인지에 대한 예측 역시 정확하지 않다. 어떤 행동을 하거나 하지 않았다는 사실을 어떻게 느낄지 정확히 예측할 수 없다면, 어떻게 자신이 그렇게 할 것이라고 스스로를 신뢰할 수 있겠는가?

길버트의 연구가 보여주듯, 미래의 감정에 대한 예측 오류는 그러한 예측의 방식 때문에 나타난다.[3] 아직 도래하지 않은 사건에 대한 우리의 시뮬레이션은 일반적으로 맥락을 고려하지 않는다. 우리는 특정 사건에 대한 현재의 감정, 그리고 나중에 실제로 그 사건을 직면하여 느끼게 될 감정의 차이를 고려하지 않고 사건 자체에만 지나치게 집중한다. 예를 들어 내일 저녁에 과식하지 않을 거라고 자신을 신뢰할 수 있을지 생각할 때, 여러분은 아마 지금 자신이 행복한 상태인지, 그리고 내일 저녁 식사 직전에 예정되어 있는 회의 때문에 스트레스를 받게 될 것인지를 고려하지 않을 것이다. 쉽게 예상할 수 있듯이, 행복한 감정 상태는 여러분을 미래에 대해 대단히 긍정적으로 만들며, 다이어트 결심을 지키는 것이 쉬운 일처럼 보이게 만든다. 반면 스트레스 상황은 유혹에 직면하는 순간 부정적이고 감정적으로 지친 상태로 만든다. 두 가지 경우에서 서로 상반된 감정들은 특정 사건(가령 과식)과 직접적인 관련이 없지만, 그럼에도 이 감정들은 그 사건에 대한 여러분의 반응에 영향을 미친다.

댄 길버트는 심리학자 팀 윌슨Tim Wilson과 함께한 연구에서 근시안적 시각의 뚜렷한 실패 사례를 보여주었다. 길버트와 윌슨이 피실험자들에게 자주 던진 질문은 내일 여러분이 스파게티를 얼마나 많이 먹을 것인지 생각해 보라는 것이었다. 두 사람이 이 실험에서 반복적으로 확인한 것은, 배고픈 사람들은 종종 자신이 스파게티를 아주 좋아한다고 착각해서 아침으로도 얼마든지 먹을 수 있다고 생각한다는 사실이었다.[4] 그러나 배부른 피실험자들은 저녁 식사로도 즐기지 못할 거라고 생각했다. 하지만 배가 고프거나 부르지 않을 때는 두 집단 모두 비슷한 정도로 스파게티를 좋아했다. 실제로 아주 배고픈 상태인 사람들에게 스파게티를 얼마나 좋아하는지 생각해 보라고 하자 이들은 스파게티에 대한 자신의 취향을 과대평가했고, 따라서 아침에도 먹을 것이라고 대답했다. 그러나 나중에 그릇에 담긴 스파게티를 실제로 보면 그리 기뻐하지 않을 것이다. 신뢰 역시 마찬가지다. 지금 행복감을 느끼고 있다면, 여러분은 아마도 내일 스트레스를 받거나 정신적으로 지치게 될 것이라는 생각은 하지 않을 것이다. 그러나 스트레스와 피로는 피자 한 조각을 더 먹고 싶은 유혹을 뿌리칠 수 있을 것이라는 현재의 예상을 빗나가게 만들 것이다.

이러한 감정 예측 오류는 미래 사건에 대한 반응을 불확실하게 만드는 근시안적 사고를 이룬다. 우리가 관련 없는 외적인 감정들로 인한 편향에 대한 예측을 어느 정도 수정할 수 있다 하더라도 문제는 여전히 남아 있다. 여기서 환상의 보다 중요한 측면이 그 모습을 드러낸다. 1장에서 언급한 것처럼, 인간의 마음은 잠재적인 보상에 대한 평

8. 나 자신을 신뢰할 수 있을까?

가를 왜곡하는 내재적인 편향을 지니고 있다. 사람들 대부분은 금액의 차이에도 불구하고 사흘 후의 25달러보다 오늘의 20달러를 더욱 선호할 것이다. 집에 지갑을 두고 와서 당장 돈이 급한 상황이 아니라면 사흘 후에 25퍼센트를 더 많이 받는 것이 합리적인 선택일 것이다. 우리의 마음은 항상 합리적으로 작동하지는 않는다. 기다림은 그 자체로 위험이다. 돈을 받지 못할 가능성은 언제나 남아 있다. 여러분은 내일 갑자기 죽을 수도 있고, 혹은 상대방이 생각을 바꾸어 돈을 주겠다는 약속을 어길 수도 있다. 그래서 우리의 마음은 '덤불 속 두 마리 새보다 손안의 한 마리'를 소중히 여긴다. 그러므로 사람들이 기꺼이 미래의 보상을 기다리도록 만들려면, 현재의 보상보다 월등히 커야 할 것이다.

그렇다면 자신에 대한 신뢰는 장기적 이익을 위해 단기적 이익에 저항할 것인지에 대한 예측과 관련 있다. 이 책을 시작하면서 나는 신뢰의 개념을 설명하기 위해 개미와 베짱이가 등장하는 이솝 우화를 소개했다. 이 이야기에서 개미와 베짱이는 저울의 양쪽을 차지하는데, 이들은 각각 단기적 이익과 장기적 이익에 대한 욕망을 상징한다. 자기 자신에 대한 신뢰와 관련하여 그 저울이 어떻게 움직이는지를 이해하려면 자신의 행동을 결정하는 저울이 하나가 아니라는 사실을 이해해야 한다. 미래로 나아가는 시간의 축을 따라 수많은 저울이 늘어서 있다.

수많은 저울이 존재한다는 사실의 문제점은 그것들 모두가 어떻게 균형을 잡고 있는지 확인하기 힘들다는 것이다. 시간의 축을 따라 이동하는 가운데 저울의 균형은 달라진다. 보상의 시점이 가까워질수록 베짱이 쪽의 무게가 좀 더 무거워진다. 지금은 충분히 외면할 수 있을 듯한 유혹(가령 두 달 뒤 휴가에서 만끽할 초콜릿 케이크나 도박의 기회)도 현실의 보상으로 다가왔을 때, 우리의 저항은 더욱 힘들어질 것이다. 그 결과 저울이 다시 신뢰성 있는 행동 쪽으로 돌아오도록 만들려면 예상보다 많은 노력이 필요할 것이다. 자신의 원래 의도대로 행동하려면 생각보다 많은 의지력을 끌어모아야 할 것이다.

앞서 살펴보았듯이 돈과 신뢰성 있는 행동을 연구했던 미네소타 대학 칼슨 경영대학의 심리학자 캐슬린 보즈는 유혹을 이기는 것이 얼마나 힘든지 누구보다 잘 이해하고 있다. 보즈는 동료 과학자들과 함께 이 주제로 기발하고 설득력 있는 연구들을 추진하고 있다. 가장 놀라운 발견들 중 하나는 단기적 보상에 저항하기 위해서는 종종 많은 노력이 필요하며, 그렇기 때문에 의지력이 바닥을 드러낸 상태에서는 나중에 후회할 일들을 저지를 가능성이 높다는 것이다.

이러한 현상을 잘 보여주는 사례들 중 내가 좋아하는 것은 다트머스 대학의 심리학자 토드 히더튼Todd Heatherton과 보즈가 함께한 연구에서 찾아볼 수 있다. 실험의 설계 아이디어는 아주 간단했다. 그들은 의지력이 제한된 자원 같은 존재라면, 한 상황에서 신뢰성 있게 행동하기 위해(즉각적인 이기적 보상에 저항하기 위해) 의지력을 소진했을 때 다음번에 신뢰성 있게 행동하기가 더욱 어려워질 것이라고 가정했다.

보즈와 히더튼은 이 가정을 검증하기 위해 특별한 피실험자들을 선택했다. 만성적으로 다이어트하는 사람들, 그리고 다이어트를 하지 않는 사람들(즉, 다이어트 경험이 전혀 없는)이었다. 두 사람은 먼저 아이스크림 맛에 대한 마케팅 연구를 명목으로 내세워 피실험자들을 모집했다. 연구실에 도착한 피실험자들은 대기실에 앉아 있었는데, 거기에는 실험자들이 미리 마련한 스낵(M&M's, 도리토스, 스키틀스, 가염 땅콩 등) 한 무더기가 의자 바로 옆이나 3미터 떨어진 곳에 놓여 있었다. 여기서 서로 다른 두 거리는 스낵이 유혹하는 강도를 의미한다.

피실험자들이 대기실에 자리 잡으면 실험자는 옆방에서 아이스크림 샘플이 준비되면 돌아오겠다고 말하고 자리를 뜬다. 이때 그동안 스낵을 마음대로 먹어도 좋다고 말한다. 여기서 두 가지 주요한 차이점에 주목하자. (a) 일부 피실험자들은 적극적으로 다이어트를 하고 있었고, 음식 섭취를 자제해야 한다고 다짐한 사람들이다. (b) 일부 피실험자들은 스낵과 아주 가까운 거리에 있었다.(즉, 대단히 유혹적인 상황이었다.)

실험자는 모든 피실험자가 약간의 공복감을 느끼게 하기 위해, 도착하기 전 두 시간 동안 아무것도 먹지 말도록 당부했다. 이처럼 조건을 설정한 결과, 가장 힘든 유혹에 직면한 사람들은 손 닿을 거리에 스낵이 놓여 있는 다이어트 실천자들이었다. 그들은 배가 고프고 스낵이 바로 옆에 있지만 어떻게든 군것질을 자제해야 했다. 결국 이들 중 14퍼센트는 유혹에 넘어갔고, 86퍼센트는 유혹을 물리쳤다. 물론 그 과정에서 86퍼센트는 누구보다 최선을 다해 의지력을 발휘했을 것이다.

이 시점에서 실험자는 방으로 돌아와 피실험자들을 아이스크림을 맛보는 단계로 안내한다. 이제 피실험자들(개별적으로 실험을 수행했던) 앞에는 세 가지 맛의 아이스크림이 담긴 거대한 통들이 놓여 있다. 실험자들은 다양한 맛을 평가하기 위한 설문지를 가지고 10분 뒤에 돌아오겠다는 말을 남기고, 피실험자들이 각각의 통에서 아이스크림 샘플을 맛보도록 내버려 둔다. 여러분이 예상하듯, 보즈와 히더튼이 정말 관심 있었던 것은 아이스크림 맛에 대한 평가가 아니라 실제로 먹은 아이스크림의 양이었다. 정말로 어떤 맛이 더 좋은지 알고 싶다면 샘플을 많이 먹을 필요가 없다. 아이스크림 통 앞의 작은 플라스틱 스푼 하나로 충분하다. 사실 먹지 않고서도 평가가 가능하다. 실제로 소믈리에들은 직접 마셔 보지 않고도 와인을 테스트한다. 어쨌든 피실험자들 대부분이 샘플의 일부로 아이스크림을 먹었다. 여기서 중요한 것은 얼마나 많이 먹는가였다.

보즈와 히더튼의 발견은 자신과의 약속을 지키기 위해서는 많은 노력이 필요하다는 우리의 예측을 확인해 주었다. 다이어트를 하지 않는 사람들이 먹은 아이스크림의 양은 스낵이 위치한 거리에 따라 다르게 나타나지 않았다. 그러나 다이어트하는 사람들의 경우는 완전히 달랐다. 강한 유혹(바로 옆에 놓여 있었던 스낵 그릇)에 성공적으로 저항했던 사람들은 스낵이 멀리 있었던 사람들에 비해 샘플 맛보기 단계에서 거의 3배에 달하는 아이스크림을 먹어 치웠다(평균적으로 182그램 대 72그램).[5] 강한 유혹을 느꼈던 사람들이 아이스크림을 많이 먹은 이유는 다이어트를 해야 한다는 의지가 약해서가 아니었다. 그와 반대로 이들은 다른 다이어트 실천자들과 비슷한 정도의 의지를 느끼고 있었다. 그러나 이들은 실험의 첫 번째 단계에서 스낵에 저항하기 위해 더 많은 의지력을 소진했고, 그래서 결국 아이스크림 앞에서 무너졌다. 다시 한

8. 나 자신을 신뢰할 수 있을까?

번 신뢰성 있게 행동해야 할 때가 왔을 때(이번에는 아이스크림 앞에서) 이들은 실패하고 말았다. 끌어모아야 할 의지력이 더 이상 남아 있지 않았기 때문이다.

여러분은 이것은 음식에 관한 문제일 뿐이라고 지적할 수도 있을 것이다. 배가 고팠기 때문에 통제력을 잃었는데, 이는 생리적인 욕구에 불과한 것이라고 그 의미를 폄하할 수 있을 것이다. 하지만 사실은 그렇지 않다. 보즈는 많은 사람이 스스로 절제를 다짐했던 또 다른 영역인 쇼핑에서도 비슷한 패턴들을 발견했다.

이 연구에서 보즈는 사람들이 마음껏 물건을 사기 전에 비교적 간단한 자기 통제 과제를 수행하도록 했다. 그는 실험의 첫 번째 단계에서 피실험자들에게 6분의 시간을 주고 머릿속에 떠오른 생각들을 모두 적도록 했다. 다만 그는 피실험자들 절반에게 흰 곰만 제외하고 어떤 생각을 떠올려도 좋다고 했다. 그는 피실험자들에게 흰 곰에 대한 생각은 절대 떠올리지 말고, 혹시 흰 곰 생각을 했다면 그때마다 종이에 체크하도록 했다. 좀 이상하게 들리겠지만 심리학자 대니얼 웨그너 Daniel Wegner는 생각을 억압하려는 노력은 오히려 그 생각에 과도하게 집착하도록 만든다는 사실을 반복해서 입증했다. 사람들은 갑자기 아무리 애써도 어떤 생각을 떨칠 수 없는 상황에 처하고 만다. 웨그너는 사람들을 정신적으로 지치게 하는 방법으로 흰 곰 기법을 반복해서 사용했는데, 보즈도 자신의 실험에서 같은 기법을 택했다.

생각의 목록을 작성하는 실험 단계가 끝나자, 연구원들은 피실험자들을 두 집단으로 나누었다. 편안한 사람들의 집단, 그리고 수많은 흰 곰 체크 표시로 가득한 스트레스받은 사람들의 집단이었다. 다음으로 실험자는 모든 사람에게 10달러를 지급했다. 이 시점에서 피실험자들은 10달러를 가지고 그냥 실험실을 떠날 수도 있고, 그 돈으로 앞에 진열된 22가지 물건들을 구매할 수도 있었다. 물건들은 껌이나 커피 잔처럼 평범한 것들이었고, 가격대는 1달러 미만에서 5달러 정도에 이르기까지 다양했다. 하지만 물건들 모두는 정말 필요한 것이 아니라, 계산대 대기 줄이나 장난감 가게에서 충동구매로 살 법한 것들이었다. 실험 결과에서 확인할 수 있듯이, 여기서 '충동'이라는 단어는 대단히 적절한 표현으로 드러났다.

사람들의 구매 패턴을 들여다본 보즈는 다시 한 번 자신의 추측이 옳았다는 사실을 확인했다. 자기 통제를 한 사람들, 즉 무시무시한 흰 곰을 떠올리지 않기 위해 안간힘을 썼던 사람들이 물건을 더 많이 샀다. 자신의 마음을 의식하고 통제할 필요가 없었던 사람들은 그 자질구레한 물건들에 1달러 정도만 썼는데, 스스로를 통제하려고 노력했던 이들은 그보다 4배나 많은 돈을 썼다.[6] 이 충동구매자들은 더 값비싼 물건들을 선택했을 뿐만 아니라, 더 많은 종류를 샀다.

이 실험과 다른 비슷한 여러 실험들의 결과들은 모두 근시안적 시각의 오류를 잘 보여준다. 나중에 자신이 어떻게 행동할지 판단하기 위해 앞을 내다볼 때, 우리의 시야는 일반적으로 약간 흐려진다. 그 이유는 미래 시점이 다가왔을 때 자신이 어떤 대상을 얼마나 원할 것인지에 대한 예측에서 오류를 범할 뿐만 아니라, 미래 시점에서 상황 요인들이 자신의 자기 통제 능력을 방해할 수 있다는 사실을 예측하지 못하기 때문이다. 오늘 아이스크림선디, 새로운 정장, 드레스, 만족감을 주는 그 밖의 다양한 대상들의 유혹을 쉽게 물리칠 수 있다고 확신하고 그 확신이 앞으로도 유지될 거라고 생각한다면 실패의 길로 들어서고 있는 셈이다. 혹은 적어도 스스로 신뢰성 있는 모습을 지키려는 대단히 힘든 싸움을 준비하고 있는 것이다.

대다수 사람들이 종종 자신과의 약속을 저버린다는 사실은 우리에게 마찬가지로 당혹스런 질문을 제기한다. 사람들은 왜 실수로부터 깨달음을 얻지 못하는가? 왜 사람들 대부분은 자신이 신뢰성 있는 태도를 끝까지 지킬 것이라고 확신하는가? 분명히 비합리적인 생각들이다. 가령 친구나 비즈니스 파트너가 수차례 약속을 어기면 우리는 분명 그를 신뢰하기 힘든 사람으로 규정하고, 앞으로 의존해야 할 상황을 가급적 피할 것이다. 하지만 다섯 번에 한 번꼴로 앞으로는 절대 유혹의 희생양으로 전락하지 않겠다고 다짐한다면, 우리는 자기 자신에게 또 한 번의 기회를 주는 것이다. 이처럼 흔들림 없는 신뢰는 일관적인 낙관주의 때문에 나타나는 것이 아니다. 그 메커니즘은 훨씬 교활하다. 이러한 절대적 신뢰는 스스로를 도덕적인 사람으로 인식하려는 보편적이고 뿌리 깊은 인간의 욕망에서 비롯된다. 이 욕망은 문제 많은 우리의 두 번째 환상, 즉 보상을 추구하기 위한 눈가림으로 이어진다.

"변명은 하지 않겠습니다.
하지만…"

◆

미국 작가 아인 랜드^{Ayn Rand}의 말이 옳았다. "합리화는 현실을 받아들이려는 노력이 아니라, 현실을 자신의 감정에 끼워 맞추려는 시도다."[7] 우리 인간은 스스로를 유능하고 훌륭한 존재로 바라보려는 강력한 내재적 욕망이 있다. 그래서 어떤 방식으로든 스스로에게 실망하는 일이 발생하면 의식적으로나 무의식적으로 어떻게든 해명하려 한다. 사실 이러한 합리화 편향은 깊숙이 각인되어 있기 때문에, 우리는 부정한 행위에 대한 변명부터 기차를 놓친 것은 자기 잘못이 아니라고 스스로를 설득하는 노력에 이르기까지 아주 다양한 상황에서 이 편향을 활용한다.

T(보스턴에서 지하철을 일컫는 말)를 놓치지 않기 위해 승강장으로 급히 달려갔지만 바로 앞에서 지하철이 떠나는 상황을 떠올려 보자. 어떤 느낌이 드는가? 지하철을 놓친 것에 대해 자신을 책망할 것인가? 몇 년 전 댄 길버트와 그의 동료들은 하버드 스퀘어 지하철역에서 통근자들을 대상으로 이 같은 질문을 했다. 그들이 접한 사람들의 유일한 차이는 어떤 이들은 지하철을 기다리는 동안 질문을 받았고, 다른 이들은 실제로 지하철을 놓치고 멀어지는 지하철을 망연히 바라보는 와중(이 말은 곧 10분을 더 기다려야 한다는 뜻이다)에 질문을 받았다는 것이다. 지하철을 놓치지 않은 사람들(지하철을 놓쳤을 때 어떤 반응을 보일 것인지를 예상했던 사람들)은 지하철을 놓친 것을 후회할 뿐만 아니라 늦게 도착한 자신을 책망할 것이라고 이야기했다. 그들은 알람 버튼을

여러 번 눌러 늦게 일어나거나, 필요한 물건을 깜빡하고 챙기지 못한 자신의 행동 때문에 일이 벌어졌을 것이라고 생각했다.

간발의 차이로 지하철을 놓친 사람들의 반응은 크게 달랐다. 그들은 실험자들의 예상만큼 강한 자책감을 느끼지 않았고, 기차를 놓친 이유에 대해 완전히 다른 설명을 내놓았다. 그들은 자신의 통제 범위를 벗어난 상황적 요인들에 주목했다. 가령 줄이 너무 길었다거나 몇몇 개찰구가 고장 나 있었다는 설명을 들려주었다. 지하철을 놓친 것은 그들 자신의 잘못이 아니었으며, 그렇기 때문에 이들은 스스로를 책망하지 않았다.[8]

나는 여러분이 지금 무슨 생각을 하고 있는지 안다. 대체 지하철을 놓치는 게 신뢰와 무슨 상관 있단 말인가? 좁게 보면 별 상관이 없지만, 시야를 넓혀 보면 이러한 발견들은 비난, 그리고 자기 자신의 비난까지 피하려는 우리의 욕망이 얼마나 보편적인 감정인지를 말해 준다. 길버트의 표현을 빌리면, 인간은 자신의 행복을 위협하는 대상에 대한 내재된 면역 시스템을 갖추고 있는 듯하다. 우리가 자신의 나쁜 행동에 대해 스스로를 비난하려 들면 마음이 개입하여 스스로의 눈을 가린다. 그 통근자는 오늘 아침 늦게 일어났기 때문에 지하철을 놓친 게 아니다. 누군가 개찰구를 수리해 놓지 않아서 놓친 것이다. 혹은 좀 더 중요한 문제로 넘어가서, 금주를 맹세한 알코올 중독자가 2주일 만에 자신과의 약속을 어긴 원인은 자신이 원했기 때문이 아니다. 다만 샴페인 한 잔을 거부하면 파티 초대자의 마음이 상할까 봐 그랬다. 사람들은 그 행동이 부정적인 결과로 이어진다는 사실을 잘 알더라도, 또한 최선을 다해 자신이 저지른 일에 대한 개인적인 비난을 피하려 한다. 뭔가 다른 요인이 끼어들어 그러한 행동을 유발했다. 자신 역시 피해자에 불과하다. 앞에서 언급했듯이 대단히 교활한 메커니즘이다.

이 장을 시작하며 소개한 실험에서 우리는 이러한 현상을 보여주는 사례를 살펴보았다. 떠올려 보자. 사람들은 다른 사람을 희생시키며 자신에게 쉬운 과제를 할당하는 행동이 잘못된 선택이라는 주장에 만장일치로 동의했다. 하지만 스스로를 속일 기회가 오자 90퍼센트가 동전을 던지지 않고 손쉬운 방법을 택했다. 이 발견에서 가장 흥미로운 대목은 속임수를 쓴 사람들이 자신들의 결정을 신뢰를 저버린 불공정한 행동으로 보지 않았다는 사실이다. 그들은 스스로를 평가하는 과정에서 합리화를 활용했다. "옆방 사람은 지금 나만큼 머리가 복잡하지는 않을 거야." 혹은 "다른 때라면 이러지 않겠지만, 지금은 수업에 들어가야 해서 어쩔 수 없어." 본질적으로 그들은 자신에게 선택권이 없었다고 말했다. 또한 어떤 신뢰성 있는 사람도 자신 같은 상황이라면 똑같이 선택했을 것이라고 믿었다.

이러한 변명들이 자신에 대한 신뢰를 보호하고자 하는 합리화에서 비롯되었다는 사실을 어떻게 확인할 수 있을까? 간단하다. 우리는 이 실험을 다시 한 번 했는데, 이번에는 일부 피실험자들이 합리화 작업을 못 하도록 방해했다. 알다시피 합리화를 하려면 어느 정도 노력을 들여야 한다. 합리화를 하려면 우리의 마음이 뭔가 잘못되었다는 사실을 인식하고, 이 인식을 없애기 위해 추가적인 사고 작업을 해야 한다. 비도덕적이거나 신뢰를 저버린 행동이 정말로 자신의 잘못이 아니라고(즉,

자신의 불확실한 태도 때문이 아니라 상황적인 요인 때문이라고) 스스로를 설득하기 위한 시간적·정신적 여유가 없으면 우리는 자신의 선택이 잘못되었으며 그 결과 자신을 신뢰할 수 없게 되었다는 깨달음에 이른다.

우리는 피실험자들이 합리화를 못 하도록 하기 위해 심리학자들이 수십 년간 활용하고 있는 기본적 기법인 인지부하$^{cognitive\ load}$를 택했다. 인지부하는 마음이 계속 분주하게 움직이는 상태를 말한다. 필요한 문제를 풀기 위해 애쓰고 있지만 머리가 복잡해서 답을 찾지 못하면 인지부하 현상을 경험할 수 있다. 이 실험도 앞서와 마찬가지 형태로 진행되었지만, 이번에는 사람들이 자신의 신뢰성을 평가하는 동안 일곱 자리 숫자를 기억하라는 과제를 냈다. 피실험자들은 이 과제를 수행하기 위해 자신의 문제 행동(동전을 던지지 않고 자신에게 쉬운 과제를 할당했던)을 평가하면서 동시에 마음속으로 일곱 자리 숫자를 반복해서 되뇌어야 했다. 여기서 발견한 현상은 가정을 확인해 주었다.[9] 머릿속이 분주했던 사람들은 자신의 행동을 합리화하지 못했고, 눈가림 전략은 나타나지 않았다. 그들은 동전을 던지지 않은 선택에 대해 남들과 마찬가지로 자기 자신을 비난했다. 그들은 직관적으로 자신이 신뢰를 저버렸다는 사실을 알고 있었고, 합리화할 수 없게 되자 자신이 중요하게 생각했던 원칙을 어겼다는 사실에 직면해야 했다. 하지만 인지부하를 벗어나 단 10초간 여유를 주자 위선이 즉각 모습을 드러냈다. 앞서 언급한 것처럼, 인지부하를 겪지 않았던 피실험자들은 변명을 내놓았고, 스스로를 공정하다고 평가했다.

물론 이러한 사례가 상대적으로 사소한 위반과 관련 있다는 지적은 부정하기 힘들다. 다행스럽게도 사람들이 자신의 돈 수백 달러를 가지고 충동구매를 하거나, 잠재적으로 다른 사람의 삶을 망칠 수 있는 이기적인 의사 결정을 내리도록 하는 실험은 현실적으로 불가능하다. 물론 과학은 중요하지만, 그 정도의 위험을 감수할 만큼 중요하지는 않다. 그래도 우리는 이러한 현상들을 찾아볼 수 있다. 가령 일간지의 머리기사를 들여다보는 것만으로도 충분하다.

최근 사례들 중 하나로 전 뉴욕 주 주지사 엘리엇 스피처Eliot Spitzer를 꼽을 수 있다. 많은 미국인이 기억하듯이, 스피처는 지방 검사로서 경력 초반에 불법 매춘을 성공적으로 단속하며 유명세를 얻었다. 그러나 권력자가 된 후 스피처는 엠퍼러스 클럽이라는 국제 매춘 조직의 단골손님이 되고 말았다. 물론 그는 원칙을 저버리는 것이 잘못된 선택이며 경력과 결혼 생활의 장기적인 성공에 중대한 위협이 될 것이라는 사실을 잘 알았지만, 단기적인 쾌락적 보상은 순간적으로 그에게 저항하기 힘들 만큼 대단한 유혹으로 느껴졌다.

많은 사람들이 대체 왜 그가 그러한 곤경에 처하게 되었는지 궁금해한다. 공식적으로 혐의가 드러나고 자신이 9번 고객이었다는 사실이 밝혀지면서 온갖 수모를 겪은 이후 스피처는 입을 열었다. "인간의 마음은 우리가 합리적으로 생각하기에 부당하고 어처구니없는 일들을 저지르도록 허락하고 부추깁니다."[10] 또한 그는 내가 앞서 설명한 실험에 참여한 피실험자들처럼 자신의 행동에 관하여 주변 상황으로 시선을 돌렸다. "변명처럼 들릴 말씀은 드리지 않겠습니다. 하지만 (저의 행동에는) 긴장과 이완의 결과물이라는 측면이 있습니다. 그리고 그렇

8. 나 자신을 신뢰할 수 있을까?

게 계속해서 이어졌던 겁니다." 바로 여기에 문제가 있다. 잘못된 행동의 이유에 대한 이러한 접근은 자신의 부도덕성을 개인의 책임이 아니라 특정한 상황으로 돌려 버린다. 물론 상황적 요인은 한 사람의 신뢰성에 중대한 영향을 미칠 수 있다.(이 책에서 많은 지면을 할애하여 논의하고 있는 주제이기도 하다.) 그렇다고 해서 이러한 행동을 용서할 수 있는 것은 아니다. 잘못을 정당화할 수는 없다. 비슷한 상황에 처한 다른 사람들과 마찬가지로, 스피처의 문제는 특정한 상황에 직면했을 때 자기 통제력을 완전히 잃을 수 있다는 위험성을 미리 인식하지 못했다는 것이다. 여기에 대한 이해가 부족했던 스피처는 끊임없이 다가오는 유혹들을 물리칠 수 없었다.

의도적 설계 결함, 그리고 해결책

◆

이 지점에서 여러분은 약간의 당혹감을 느낄 것이다. 자기 자신을 신뢰하고 싶은데, 이제 그것이 다른 사람을 신뢰하는 것만큼이나 위험한 일이라는 사실을 깨달았다. 시간적으로 앞을 내다보고, 혹은 뒤를 돌아보는 상황으로부터 비롯되는 환상 때문이다. 이러한 문제로부터 두 가지 질문이 자연스럽게 떠오른다. 왜 우리의 마음은 그렇게 작동할까? 우리는 어떻게 대처해야 할까?

첫 번째 질문에 대답하자면, 이는 부분적으로 결함인 동시에 부분적으로 의도적인 설계 때문이다. 결함이란 부분은 내가 앞서 살짝 언급한 사실로부터 비롯된다. 정신적인 시간 여행, 다시 말해 머릿속으로 미래의 시뮬레이션을 가동하는 기술은 진화의 시간대를 기준으로 하면 상대적으로 새로이 등장한 능력이다. 인간이란 종은 거대한 대뇌피질과 더불어 이 능력을 갖추게 되었는데, 대뇌피질 자체가 두뇌에서 가장 최근에 등장한 특징적인 부분이다. 나중에 과학박물관을 방문하게 되면, 두뇌의 이 영역(이마에서 가장 가까운 부분)이 인류의 진화 과정에서 얼마나 커졌는지 확인해 보자. 컴퓨터 사용자라면 누구나 알고 있듯, 새로운 하드웨어와 소프트웨어에는 항상 버그들이 따라 나온다. 논의 주제와 관련하여 말하면, 시뮬레이션과 예측을 가동하는 능력이 우리에게 큰 이익을 가져다주고 있지만 그만큼 결함의 가능성이 높다는 것을 의미한다. 현재 가장 버그가 심각해 보이는 부분은 미래에 우리가 어떻게 느낄 것인지에 대한 예측이다. 이 때문에 우리는 근시안적 시각을 떨치지 못하고 있다. 나는 나이가 들면서 건강이 어떻게 악화될지, 혹은 실직에 대비하여 내년까지 돈을 얼마나 모아야 할 것인지를 놓고 시뮬레이션하여 정확한 예측을 내놓을 수 있다. 숫자와 통계를 활용할 수 있기 때문이다. 그러나 정말로 일자리를 잃었을 때 정확히 어떤 느낌이 들 것인지를 예측하는 데는 서툴다. 끔찍한 기분이 들겠지만 얼마나 끔찍할지, 어떤 방식으로 그렇게 느낄지는 정확히 예측하지 못한다. 또한 함께 살펴본 것처럼 욕망이나 혐오의 정도는 우리의 행동 방식에 중대한 차이를 만든다.

다음으로 대답에서 설계에 해당하는 부분은 과거를 돌아보면서

8. 나 자신을 신뢰할 수 있을까?

벌어지는 스스로에 대한 눈속임과 관련 있다. 자신이 얼마나 신뢰성 없는 사람인지 진실을 깨닫게 된다면 우리는 모든 걸 포기할지도 모른다. 두 번 다시 자신을 믿으려 하지 않을 것이며, 스스로를 반사적인 대응의 소용돌이 속으로 추락하는 배신자로 바라볼 것이다. 하지만 예전에 자신을 실망시켰기 때문에 앞으로 올바른 일을 할 것이라고 신뢰할 수 없다면, 중요한 장기적 목표를 향해 앞으로 달려갈 원동력을 모두 잃고 만다. 다음 달에 다른 곳에 돈을 몽땅 써 버릴 것이라고 생각한다면, 어떻게 은퇴연금을 위해 새로 나온 아이패드를 포기할 수 있겠는가? 쉽게 생각할 수 있듯이, 이러한 방식은 우리가 살아가면서 특히 스스로에 대한 약속을 반드시 지켜야 할 때 최선의 태도가 될 수 없다. 그래서 우리의 마음은 스스로를 실망시킨 적이 있음에도 불구하고 다시한 번 우리 자신을 신뢰성 있는 파트너로 만들기 위해 과거를 속인다.

그렇다면 이것이 우리가 취할 수 있는 최고의 태도인가? 나는 아니라고 생각한다. 우리 자신의 신뢰성을 보다 적절히 판단하려면 문제의 원천인 시간 왜곡에 집중해야 한다. 그러려면 이 장을 시작하며 소개한 조언을 따를 필요가 있다. 즉, 우리는 지금 여기(혹은 거기)에 존재해야 한다. 하지만 여러분은 아마 말만 쉽게 한다고 생각할 것이다. 우리 인간은 아직까지 시간 여행에 관한 문제를 해결하지 못했다. 물론 몸을 미래로 보내는 과제에 관한 이야기라면 맞는 말이다. 그러나 우리의 생각이나 목표를 미래로 보내는 일이라면 그렇지 않다. 스마트폰 혁명은 이미 우리 곁에 다가와 있고, 믿기 어렵겠지만 몇몇 유명한 앱은 이러한 문제를 해결하기 위해 개발되었다. 가령 어떤 앱들은 다이어트나 운동을 계속 실천하도록 독려한다. 보다 전문화한 앱들도 나와 있는데, 드렁크 다이얼 노!^{Drunk Dial NO!} 같은 앱은 사용자가 미리 정한 시간에 특정 인물에게 전화를 걸지 못하도록 차단하는 기능을 한다. 이러한 앱들의 한 가지 공통점은 현재의 우리가 미래의 우리에게 말을 걸거나 혹은 전화기와 관련하여 특정한 행동을 하지 못하도록 미래의 자아에 대한 통제를 허락한다는 사실이다. 이 앱들은 시간을 가로질러 한쪽이 다른 쪽과 직접적으로 상호 교류하도록 길을 터 주고 있다. 그 결과 이 앱들은 과거의 우리가 미래의 우리에게 다시는 실수하지 않겠노라 다짐하고도 때로는 실수를 저지른다는 사실을 상기시킴으로써, 시간적으로 뒤돌아보며 눈속임을 하지 않게 해 준다.

물론 인류는 이 문제를 해결하기 위해 끊임없이 다양한 방법을 시도했다. 파피루스에 기록된 주의 문구부터 접착식 메모지에 휘갈겨 쓴 경고에 이르기까지, 우리는 다양한 시점의 자아들이 의사소통하고 이를 통해 신뢰와 믿음을 지속적으로 높이도록 노력해 왔다. 또한 기술 발달로 보다 쉽게 정보를 얻을 수 있는 편리한 도구들이 등장하여 점차 우리의 삶을 파고들면서, 우리의 노력에 많은 도움이 될 듯하다. 물론 이러한 사실만으로 미래의 우리가 현재의 우리의 말에 귀 기울일 것이라고 장담할 수는 없지만, 보다 풍부한 정보를 바탕으로 의사 결정을 하도록 하고, 그 과정에서 얻은 정보를 다음번 의사 결정에 전달하도록 도울 것이다.

● **자신에게 신뢰를 저버리는 측면이 있다는 점을 인정하자.** 우리는 연구에서 피실험자들을 도덕적 기준으로 모집하지는 않았다. 피실험자들은 평범한 사람들이었다. 인정하기는 싫지만, 평범한 모든 사람들(우리 자신을 포함하여)의 마음은 즉각적인 보상과 이기적인 이익을 선호하는 메커니즘을 지니고 있다. 이는 슬퍼해야 할 일은 아니라 적절히 대처해야 할 문제다. 이 책은 순수한 이타주의자와 협력자들의 사회가 어째서 지속적으로 유지되기 불가능한지를 충분히 다루고 있다. 하지만 우리는 올바른 신뢰로부터(상대가 우리 자신인 경우도 포함하여) 이익을 얻을 수 있다는 사실 또한 알고 있다. 올바른 신뢰를 위해서는 우리 모두가 스스로에게 한 약속을 때로 쉽게 어기고 만다는 사실을 이해해야 한다. 어떠한 유혹의 상황들을 적극적으로 피하거나 혹은 어떻게 대처해야 할지 알면, 우리는 미래의 자아를 현재의 자아보다 더 나은 파트너로 만들 수 있다.

● **의지력은 한정된 자원이다.** 의지력은 우리의 노력이 필요한 자원이다. 때로는 완전히 고갈되기도 한다. 그러므로 신뢰를 저버리라고 유혹하는 어떠한 미래의 사건에도 저항할 수 있다는 믿음은 버려야 한다. 의도가 아무리 숭고하더라도 이후의 실천이 따라 주지 못할 수 있다. 그 결과, 우리는 매번 즉각적인 이익만 추구하며 똑같은 장소를 계속 맴돌게 될 것이다. 하지만 우리는 또한 신뢰에 대한 직관적인 시스템은 어떠한 지시도 필요하지 않다는 사실도 함께 살펴보았다. 우리의 무의식은 즉각적인 보상과 장기적인 보상을 선호하는 두 가지 메커니즘을 동시에 갖고 있다. 후자의 메커니즘이 작동하면 우리를 자동적으로 신뢰성 있는 행동 쪽으로 몰아간다. 너무 지친 나머지 스스로에게 한 약속을 깨뜨려야 하는 유혹에 저항할 힘이 없다고 느끼면 장기적인 결과를 바라보며 휴식을 취하자. 생각하지 말고 몸의 반응을 느끼자. 장기적인 결과에 대한 집중은 자연스럽게 샘솟는 감정적인 반응을 비겁한 행동(지금 스낵을 먹으라고 말하는)이 아니라 도덕적인 행동으로 만들어 줄 것이다. 이로 인해 뭔가 마음에 걸리는 행동을 떠올릴 때 직관적으로 느껴지는 죄책감의 고통은 더욱 커질 것이며, 우리는 그러한 행동들을 합리화하기보다 목표에 더 충실하고자 할 것이다.

● **자신이 어떤 행동을 할지 안다는 말은 자신이 어느 시점에 있는지를 이해한다는 뜻이다.** 인간의 마음은 보상과 자신의 행동을 평가하는 과정에서 내재적 편향을 드러낸다. 우리는 오랫동안 기다려야 하는 보상의 유혹은 쉽게 물리칠 수 있다. 그러나 보상의 시점이 다가올수록 그 가치는 점점 더 커지고, 저항하기는 더 어려워진다. 마찬가지로 우리는 지금 자신에 대한 약속을 깨뜨리는 행동이 신뢰

를 저버리는 일이라는 사실을 분명히 알면서도, 나중에는 예외적인 상황 때문이었다고 합리화한다. 이로 인해 자신이 미래에 어떤 행동을 할 것인지를 예측하고, 과거에 왜 그렇게 행동했는지 분석하는 과정에서 우리의 시선은 왜곡되고 만다. 이러한 편향을 수정할 수 있는 방법 중 하나는 다양한 시간대에 걸친 우리의 많은 자아가 의사소통하도록 만드는 일이다. 이러한 작업은 메모나 기록, 혹은 최근에는 앱을 이용해 할 수 있다.

9

어떻게 신뢰할 것인가
직관 메커니즘 키우기

우리가 사는 세상에서
행복을 극대화하려면
내면의 '신뢰 기계'를
보다 분명히 이해해야 한다.
그 기계를 올바르게 활용하려면
언제 그것이 자신을 이끌어 가도록 허락해야 할지,
혹은 언제 그 지시를 무시해야 할지 알아야 한다.

회복력의
열쇠

◆

2005년 8월 29일은 미시시피 주 걸프포트 주민들이 절대 잊지 못할 비참한 하루로 남아 있다. 그날 허리케인 카트리나는 16시간에 걸친 치명적인 강풍과 때로 8미터를 넘는 거대한 파도를 몰고 이 도시를 강타했다. 카트리나는 지역 주민들이 한 번도 겪어 보지 못한 태풍이었고, 그 피해는 과거에 수차례 허리케인을 겪은 사람들조차 상상하기 힘들 정도였다. 태풍이 잦아들고 물이 빠지자 위험을 무릅쓰고 나온 주민들은 주택과 빌딩들의 잔해로 폐허가 된 도시를 목격했다.

비슷한 상황에 직면한 미국의 다른 지역 주민들과 마찬가지로 걸프포트 사람들 역시 굳게 마음먹고 재건 사업으로 눈길을 돌렸다. 하지만 카트리나가 휩쓸고 간 삶의 터전을 복구하려면 먼저 건축 자재와 청소 도구, 그리고 식량에 이르는 필수적인 자원들을 확보해야 했다. 오늘날에는 대부분의 사람들이 스스로 식량을 재배하거나 목재를 구하지 않고, 대신 상업에 의존하여 필수적인 자원을 얻고 있다. 상업은 돈에 의해 굴러간다. 왜 돈이 중요한가? 양도 가능한 도구로서 자원을 상징하기 때문이다. 우리가 누군가에게 어떤 물건을 받고 20달러를 주었다면, 상대방에 대한 부채는 끝난 것이다. 상대방 역시 우리가 미래에 무언가를 돌려줄 것이라고 신뢰해야 할 필요가 없다. 그는 현금의 형태로 우리의 노동의 대가를 이미 가져갔고, 이를 자신이 원하는 대로 사용할 수 있다.

그런데 돈과 관련하여 걸프포트에는 한 가지 문제가 있었다. 전력 공급이 며칠 혹은 몇 주일 동안 차질을 빚으면서 현금을 접할 수가 없었다. 은행들은 문을 닫았고, 에이티엠^ATM^은 작동하지 않았다. 은행 계좌에 100달러가 있든 10만 달러가 있든 중요하지 않았다. 어쨌거나 주민들은 돈을 찾을 수 없었다. 걸프포트 주민들이 삶과 주거 공간을 하루 빨리 되찾으려면 이 문제부터 빨리 해결해야 했다. 이에 걸프포트 지역의 금융기관들 중 하나인 핸콕뱅크^Hancock Bank^의 CEO들이 문제의 심각성을 절감하고 깜짝 놀랄 만한 제안을 내놓았다. 기본적인 전략, 즉 신뢰를 바탕으로 업무를 재개하기로 한 것이다.

전기가 들어오지 않는 상황에서 핸콕뱅크의 직원들은 상대가 계좌에 얼마를 갖고 있는지는 물론, 상대가 정말 핸콕의 고객인지도 확인할 방법이 없었다. 그럼에도 불구하고 공동 CEO인 칼 체니^Carl Chaney^와 존 헤어스톤^John Hairston^은 핸콕뱅크 및 다른 금융기관들의 자산을 바탕으로, 주민들이 나중에 상환할 것으로 믿고 먼저 돈을 빌려주겠다는 결정을 내렸다. 그다음 날 핸콕뱅크 직원들은 마을 곳곳에 접이식 의자와 테이블을 설치하고, 종이쪽지에 이름과 주소, 사회보장번호를 적어 낸 모든 사람에게 200달러씩을 지급했다.

물론 당면 과제들 중 하나는 물리적인 현금을 어디서 구하느냐였다. 현금들 중 상당수는 홍수 때문에 폐쇄된 은행과 침수된 에이티엠 기기들 안에 있었다. 은행 직원들은 몇 주에 걸쳐 잠겨 있던 돈을 끄집어냈고, 바닷물 침수에 따른 염분과 토사를 제거하는 말 그대로의 돈 세탁을 시작했다. 이들은 실제로 세탁기를 활용했고, 이후 다림질을 해서 지폐의 형태를 복원했다. 사용 가능해진 지폐들은 주민들에게 지급되었으며, 현금이 부족한 곳에서는 금액을 기재한 노란색 접착식 메모지를 양도 가능한 도구로 활용하기까지 했다.

전체적으로 핸콕뱅크는 4천만 달러가 넘는 돈을 카트리나로 피해를 입은 주민들에게 나누어 주었고, 이를 통해 절망에 빠진 주민들이 필수품을 구할 수 있도록 했다. 핸콕뱅크는 가장 먼저 나서서 도움의 손길을 내밀기 위해 상당한 위험을 감수해야 했다. 어느 기관에게든, 특히 지역 은행의 입장에서 4천만 달러라는 자금은 결코 적은 돈이 아니었다. 게다가 접착식 메모지에 쓴 약식 차용증서는 일반적으로 법적 구속력이 없다. 그러나 은행 경영진은 공동체의 구성원들을 위해 봉사하고 그들을 신뢰해야 한다는 기업의 사명에 대한 확신을 바탕으로 위험을 떠안기로 결정했다. 그들은 사람들에 대한 신뢰는 마땅한 것이며, 지원을 확대하고자 하는 자신들의 의지는 장기적으로 보상을 받을 것이라고 확신했다. 그 확신은 옳았다. 사람들은 차용증서의 약속을 소중하게 생각했고, 기존 계좌나 전화번호로 이름을 확인할 수 없었던 사람들조차 빌린 돈을 갚았다. 결국 20만 달러(원래 나누어 주었던 금액의 약 0.5퍼센트에 불과한)를 제외한 금액이 모두 상환되었고, 핸콕뱅크의 금고는 현금으로 가득 찼다. 이후 이 은행의 고객 규모는 수천 명이나 늘었고, 은행의 자산은 20퍼센트 넘게 증가했다.

여러분은 이런 이야기들, 즉 신뢰의 힘이 개인으로서나 사회 전체로서 우리를 보다 회복력 있게 만들어 준다는 이야기들은 너무 긍정적이어서 현실성이 떨어진다고 생각할지 모른다. 현실적으로 반복해서 일어나기 힘든 예외적인 사건이라고 생각할 것이다. 모르는 사람들을 신뢰하기로 했던 핸콕뱅크의 결정은 모든 관련자들에게 많은 도움을 주었지만, 이 앞선 결정은 은행 운영진이 원래 사람들을 과도하게 신뢰하는 유형이었기 때문에 가능했을 수도 있다. 아니면 임원들이 개인적으로 위험을 떠안을 필요는 없다는 생각에 주민들을 기꺼이 신뢰했기 때문일 수도 있다. 위험에 처한 것은 결국 기업의 자금이었기 때문이다. 결론적으로 우리의 직관에 반하는 이러한 예외적인 모범 사례는 어쩌면 그저 누군가의 주장을 뒷받침하기 위해 활용된 것일지도 모른다.

이러한 반박에 맞서기 위해, 나는 수학적 모형과 실험실 연구로 한 발 물러서서 걸프포트에서 벌어진 사건이 왜 그리고 어떻게 충분히 설명 가능한 이야기인지를 보여주려 했다. 그런데 이 글을 쓰는 동안 내가 사랑하는 한 도시에서 또 다른 비극이 벌어졌다. 도로를 박차고 달리던 운동화들의 먼지가 순식간에 화약과 파편, 그리고 잔해의 먼지로 바뀌는 참사가 벌어졌다. 2013년 4월 15일 보스턴 마라톤 대회의 결승점 부근에서 일어난 폭발 사건은 많은 이의 삶을 비극적으로 바꾸어 놓았다. 폭발 직후의 상황은 비현실적이라는 말로밖에 설명할 수 없다.

당시 그곳에는 고통과 혼란, 상실감 외에, 부상자들을 돕기 위해 기꺼이 위험을 무릅쓴 이들의 영웅적인 행동들이 함께했다. 그러나 신뢰의 중요성과 관련하여 정말로 놀라운 일은 며칠 후에 나타났다.

당국은 범죄 현장의 보안을 위해 도시의 여러 구역을 봉쇄했다. 대중교통과 미국 철도여객공사의 서비스는 즉각 중단되었고, 테러범(당시에는 밝혀지지 않았던)들이 도시를 빠져나가거나 다른 지역을 공격하지 못하도록 막기 위해 택시 서비스까지 중단되었다. 이러한 조치들의 결과 수백 명이 갑자기 오도 가도 못 하는 신세가 되었다. 가족들은 호텔방으로 돌아가지 못했고, 마라톤 참가자들은 소지품도 챙길 수 없었다. 부상자 및 사망자들의 비극과 더불어, 당시 보스턴을 찾은 많은 사람들의 발이 꼼짝없이 묶였다.

그런데 이후 며칠 동안 놀라운 일이 벌어졌다. 보스턴 도시권 주민들은 낯선 사람들을 위해 적극적으로 나서서 자신들의 집을 열어 주었다. 그들은 한 번도 만난 적 없는 사람들을 위해 집과 소파, 심지어 자전거와 자동차까지 내줬다. 물론 이러한 행동들은 대단히 이타적이었지만, 분명 그들은 이용당할 수 있는 위험을 감수해야 했다. 위험 수위가 대단히 높아서 일반적인 상황에서는 찾아보기 힘든 행동들이었다. 하지만 당시는 일반적인 상황이 아니었다. 모두가 위험을 느끼고 있었다. 이러한 위험에 대한 인식 공유, 즉 서로 의존해야 한다는 절실함을 기반으로 사람들 마음속에서 일반적인 상황이었으면 불가능했을 신뢰가 모습을 드러내기 시작했다.

카트리나와 보스턴 폭발 사건에서 분명히 드러났듯이, 신뢰는 회복력을 구축하기 위한 핵심 열쇠다. 두 지역의 주민들은 서로를 신뢰함으로써 자신들을 덮친 재앙에서 일어설 수 있었다. 만약 그들이 정반대의 전략을 취했다면, 즉 자신만의 동굴로 들어가 자원을 쌓아 놓고 다른 이들과의 공유를 거부했다면 그들의 회복력은 크게 떨어졌을 것이다. 타인을 신뢰하고 스스로 신뢰성 있게 행동하려는 의지는 사회적·경제적 자본이 돌아가도록 만들어 준 원동력이었으며, 바로 이러한 흐름을 바탕으로 상호 지원과 회복이 가능했다. AP-NORC 사회문제 연구소가 허리케인 샌디의 피해를 입은 뉴욕 시민 1천 명 이상을 대상으로 실시한 설문 조사 결과도 똑같은 이야기를 들려준다. 재난에서 가장 빨리 회복한 지역들은 시민들 사이의 신뢰 수준이 상대적으로 높은 곳들이었다.[1] 바로 이러한 이유 때문에 사람들이 위험성에 대한 인식을 공유하면 우리의 마음은 우리가 더 많이 신뢰하도록 자극한다. 이는 분명 효과적인 해결책이다.

그 말이 옳다면, 즉 다른 사람들에 대한 신뢰가 불신보다 더 좋은 성과를 내는 경향이 있다면 우리는 왜 그렇게 못 하는 것일까? 왜 우리는 다른 모든 사람을 신뢰하지 않는 것일까? 충분히 그럴듯한 생각이지만, 이 말에는 문제가 되는 표현이 있다. "더 좋은 성과를 내는 '경향'이 있다"라는 말이다. 여기서 '경향'이라는 단어는 나의 핵심적인 주장에서 대단히 못마땅하게 여기는 부분, 즉 내가 종종 '평균적으로'라고 언급하는 표현의 또 다른 형태다. 그 밖에 고려해야 할 요소가 없다면, 신뢰는 의심보다 낫다. 맹목적인 신뢰는 때로 유용하지만 항상 최고의 해결책인 것은 아니다. 보스턴의 수많은 시민이 폭탄 사고가 발생했을 때 놀라운 도덕적 자질을 보여주었지만, 안타깝게도 다른 일부는 선수들이 달았던 번호표와 떨어뜨린 메달 같은 마라톤 기념품들을 주워서 이베이에서 팔았다. 똑같이 이기적인 차원에서, 카트리나로 피해를 입은 지역의 주유소들은 다른 허리케인 피해 지역의 경우와 마찬가지로 기름값을 올렸다. 이처럼 신뢰를 악용하는 사람들은 항상 존재하고, 앞으로도 그럴 것이다. 위험에 대한 보편적인 인식은 일반적으로 남을 신뢰하고 스스로 신뢰성 있게 행동하려는 의지를 강화하지만, 모든 경우에 해당하는 것은 아니다. 특히 권력에 대한 실질적인 혹은 주관적인 인식으로부터 포식자의 태도를 취할 수 있는 사람들의 경우는 더욱 그렇다. 이 책에서 살펴본 것처럼 비극이나 재난 같은 위험 요인이 발생하지 않는 일반적인 경우, 모든 사람은 즉각적인 보상과 미래의 보상 사이에서 보다 자유롭게 최적의 균형을 찾고자 한다.

다른 사람을 항상 신뢰하는 전략이 평균적으로 이익을 가져다주는 것은 분명한 사실이지만, 최고의 접근 방식은 아니다. 왜 그럴까? 대답을 제시하자면, 언제나 남을 신뢰한다는 것은 가슴팍에 '나를 이용하시오'라는 팻말을 달고 다니는 셈이기 때문이다. 이 세상을 살아가기에 최적화된 시스템은 이것보다는 더 세련되어야 한다. 우리는 남을 신뢰하면서도, 동시에 언제 신뢰를 거둬들여야 하는지도 알아야 한다. 지금까지 살펴보았듯 여러분과 나는 이미 그러한 시스템을 갖추고 있다. 이 시스템은 우리가 사회적 세상을 항해하도록 돕기 위해 진화했다. 하지만 이 시스템은 완벽하지 않다. 특히 기술 발전과 더불어 우리를 둘러싼 사회적 환경이 급속도로 변화하고 있는 지금은 더욱 그렇다. 우리가 사는 세상에서 행복을 극대화하려면 내면의 '신뢰 기계'를 보다 분명히 이해해야 한다. 그 기계를 올바르게 활용하려면 언제 그 것이 자신을 이끌어 가도록 허락해야 할지, 혹은 언제 그 지시를 무시해야 할지 알아야 한다. 나는 여러분이 부디 그러한 깨달음을 얻기를 바란다.

신뢰의 6가지 법칙

◆

1. 신뢰는 위험하지만 필수적이고 유용하며 게다가 강력하다

모든 사람이 서로를 신뢰하는 완벽한 세상에서는 협력이 번성하고, 전례 없는 사회적 자본과 경제적 자본도 구축될 것이다. 사실 그 세상에서는 신뢰도 필요 없을 것이다. 결과를 충분히 예측할 수 있으면 어떠한 내기의 위험도 감수할 필요가 없기 때문이다.

하지만 물론 우리의 세상은 완벽하지 않다. 인류는 사회적 종인 동시에 개인의 이익을 소중하게 여기는 종이다. 그래서 우리의 마음은 즉각적이고 이기적인 이익, 그리고 장기적인 상호적 이익(그러면서도 자신에게 도움이 되는) 사이에서 균형을 잡고자 한다. 진화는 우리 모두가 성자가 되도록 심리적 메커니즘을 설계하지는 않았다. 대신 성공적인 적응의 차원에서 승자가 되도록 만들었다. 이 말은 우리의 마음이 상황에 따라 신뢰성을 유연하게 바꾸는 계산 능력을 갖추고 있다는 뜻이다.

논의를 시작하며 소개한 개미와 베짱이의 우화처럼, 우리의 마음은 의식의 수면 위와 아래에서 즉각적인 욕망과 장기적인 목표 중 무엇에 집중해야 최고의 결과를 얻을 수 있을지 결정하느라 분주하다. 상황이 바뀌면 남을 신뢰하고자 하는 의지와 스스로 신뢰성 있게 행동하고자 하는 의지도 변화한다. 기억해야 할 중요한 사실은, 우리의 생물학이 가장 중요시하는 전략은 우리가 항상 윤리적·종교적 원칙에 따라 행동하도록 강요하지는 않는다는 것이다. 과학은 우리에게 인간의 도덕성과 관련된 이야기를 들려준다. 즉, 과학은 인간의 마음이 어떻게 움직이는지 설명할 수 있지만, 우리가 궁극적으로 무엇을 선택해야 하는지에 관해서는 아무런 말도 하지 못한다. 그럼에도 신뢰의 문제에서 우리가 직관에 주목해야 할지 아니면 무시해야 할지 결정하는 과정에서 그러한 본능이 어떻게, 어디서, 그리고 왜 모습을 드러내는지에 대한 통찰력을 던져 준다. 우리의 행동을 성공적인 방향으로 이끌고자 한다면, 특정한 상황에서 우리의 마음이 어떻게 신뢰성이나 속임수 쪽으로 스스로를 인도하는지 이해할 필요가 있다.

2. 신뢰는 우리 삶 구석구석에 스며들어 있다

신뢰라고 하면 사람들 대부분은 서로 악수를 나누는 이미지를 떠올린다. 악수는 약속이나 금전적 거래에서 상대에게 정직하게 행동할 것임을 보여주는 행위다. 이처럼 정직한 의도도 신뢰의 한 부분을 구성하지만, 신뢰라는 개념이 그러한 의도만을 담는 것은 아니다. 앞서 살펴봤듯이 신뢰에서는 능력도 마찬가지로 중요하다. 누군가의 도움이 필요한 상황에서, 성공은 도움을 주고자 하는 상대방의 선한 의지에만 달려 있지는 않다. 그 사람이 실제로 도울 능력이 있는지도 중요하다. 그러한 능력이 없을 때는 선한 의도는 의미가 없다. 따라서 상대방을 신뢰할지 여부를 결정하는 과정에서 전문성과 능력에 대한 평가도 중요한 부분을 차지한다.

신뢰에 대한 일반적인 견해가 협소하다고 말할 수 있는 두 번째 이유는, 신뢰의 문제가 우리의 삶 구석구석에 스며들어 있다는 사실에 있다. 신뢰의 문제는 대규모 금융 거래나 불륜처럼 중대한 사건에서만 나타나는 것이 아니다. 일상적인 상황에서도 중요한 역할을 한다. 교사와 부모에 대한 신뢰는 수업 시간에 아이들의 학습 효과에 영향을 미치고, 배우자에 대한 신뢰는 행복에 대한 일상적인 느낌에 영향을 미친다. 기술에 대한 신뢰는 우리가 접근할 수 있는 정보의 질과 정보에 접근하는 과정에서 느끼는 안전에 영향을 미친다. 우리가 신뢰의 문제를 무시하면, 즉 언제 신뢰하고 언제 신뢰를 거둬야 하는지에 주의를 기울이지 않으면 일상생활에서 최고의 만족감을 누리지는 못할 것이다.

3. 평판이 아니라 동기를 살피자

과거의 행동은 기껏해야 미래의 행동에 대한 불확실한 예측 근거에 불과하다. 간단히 말하면 평판에 의존하여 개인의 신뢰성을 판단하는 시도 자체가 문제다. 내가 소개한 다양한 실험들과 많은 학자의 연구 결과들은 신뢰성이 상황에 따라 얼마든 달라질 수 있다는 사실을 보여준다. 신뢰성이 일관적인 것이라면, 우리는 아마 "그를 믿을 수 있는 사람이라고 생각해"라는 말을 들을 기회가 거의 없을 것이다. 신뢰성에 대한 최고의 평가는 장기적인 호평이나 오명이 아니라 각각의 구체적인 상황에서 그 사람의 동기를 해석하려는 노력에 달려 있다.

평판에 대한 이러한 설명은 어느 면에서 비관적으로 들리겠지만, 여기에는 긍정적인 측면도 있다. 알다시피 이러한 설명은 두 가지 방향으로 나아간다. 과거의 신뢰성이 미래의 신뢰성을 장담하지 못하는 것처럼, 과거의 배신이 미래의 배신을 의미하지도 않는다. 성자가 죄인으로 타락할 수 있는 것처럼, 죄인이 성자로 거듭나기도 한다. 다시 말해 자신의 신뢰성을 가로막고 있는 내적·외적 요인들을 이해하면 우리는 습관적인 불성실에서 벗어날 수 있다. 다른 사람들과 자기 자신을 평가하는 과정에서 반드시 기억해야 할 중요한 요소다.

4. 직관에 주목하자

평판의 한계에 대해 이해했다면, 다른 사람의 신뢰성을 평가하는 적절한 방식에 대한 발견이 더욱 중요한 과제가 된다. 내가 언급한 것처럼, 우리는 다행히 이 문제를 해결하기 위해 설계된 심리적 메커니즘을 부여받고 태어났다. 이러한 생각을 뒷받침하는 증거가 부족하다는 주장은 과학자들이 그동안 잘못된 방향으로 연구했기 때문이다. 우리 연구팀의 실험 결과에 따르면, 인간은 특정 상황에서 상대방이 신뢰성 있는 모습을 보일지 예측하는 능력을 갖추고 있다. 비록 불완전한 능력이기는 하지만, 우리는 다른 사람의 의도를 읽고, 그 의도가 즉각적인 이기심에서 장기적인 충실에 이르는 스펙트럼에서 어디에 있는지 파악할 수 있다.

이를 위해 우리는 직관이 들려주는 이야기에 귀를 기울여야 한다. 시선을 회피하거나 입을 씰룩거리는 등의 신호가 속임수를 드러내는 것인지 설명하는 단순한 이론들을 활용할 것이 아니라, 내면의 패턴 검시관(동시에 드러나는 신호들을 추적하기 위해 개발된 시스템)이 임무를 자유롭게 수행하도록 내버려 둬야 한다. 그때 직관이 우리에게 들려주는 이야기를 이해하면 상대의 뚜렷한 권력 변화, 서서히 모습을 드러내는 즉각적인 보상 등의 상황 변화에 따라 다양한 정보를 바탕으로 판단을 수정할 수 있다. 그렇지만 우리는 이러한 수정을 신중하게, 타당한 근거가 있을 때만 해야 할 것이다. 발표된 모든 연구 결과에 따르면 일반적으로 직관이 더 나은 조언을 들려준다고 한다. 물론 이 연구 결과들은 이 책을 끝까지 읽은 여러분과는 달리 신뢰를 이루는 요인들에 대한 이해가 부족한 일반적인 피실험자들로부터 얻은 것이다. 결론적으로, 나는 중요한 의미가 담겨 있는 비언어적 신호들, 그리고 실질적으로 중요한 상황적 요인에 대한 통찰력으로 무장하면 누군가의 신뢰성에 대한 우리의 판단 능력이 크게 높아질 것으로 확신한다.

5. 환상이 가져다주는 혜택

단기적인 관점에서 무엇보다 판단의 정확성이 중요하다는 주장에는 대부분 이의가 없을 것이다. 그렇다면 장기적으로도 그럴까? 우리 모두는 때로 무의식적 차원에서 우리가 좋아하는 사람들에게도 지극히 이기적으로 행동하곤 한다. 우리의 친구와 배우자 혹은 자녀들이 이런 행동들을 정확히 평가하면 긍정적인 관계가 전반적으로 치명적인 피해를 입을 것이다. 그러므로 소중하게 생각하는 사람이나 자신을 바라보는 관점을 주의 깊게 갈고닦는 것이 유익하다. 이는 효과적으로 일을 처리하기 위해 의지해야 하는 기존 관계에 문제가 발생할 때 관계를 바로잡는 역할을 한다. 신뢰에 기반을 둔 관계는 상대방의 지지와 헌신이 때로 관계 속에서 발생하는 충돌(자칫 관계를 파국으로 몰고 갈 수 있는)의 충격을 완화하는 데 도움이 된다는 환상을 가져다준다. 간단히 말해서, 신뢰성에 대한 이러한 편향 효과는 우리가 의식하지 못하더라도 스스로 상대방을 용서하는 데 많은 도움이 된다. 이 모든 과정은 우리의 의식과 의지의 커튼 뒤에서 일어난다.

물론 정확성은 좋은 것이다. 그러나 정확성에 대한 무조건적인 집착은 관계를 망칠 수 있다. 여기서 다시 한 번, 우리는 직관이 자신에게 들려주는 이야기를 무시하지 말고 관심을 기울여야 한다. 때로는 그러한 직관을 바로잡아야 한다. 그렇다고 하더라도 전반적으로 많은 보상을 가져다줄 관계의 장기적인 성공을 고려하면 직관적인 시스템에서 비롯된 환상이 때로 우리에게 최고의 친구가 될 수 있다.

6. 신뢰를 개발하는 상향적인 방식

마지막 조언을 여러분께 전하기 위해, 이 장에서 시작했던 주제로 되돌아가려 한다. 다른 사람에 대한 신뢰성 판단은 다른 많은 의사 결정보다 개인 혹은 하나의 사회로서 우리가 발휘할 수 있는 회복력에 관한 열쇠를 쥐고 있다. 앞서 소개한 원칙들 모두 다른 사람들과의 개인적인 상호작용을 최적화하는 데 도움을 주기 위해 설계되었다. 그러나 집단적인 차원에서, 즉 사회 전체의 일반적인 신뢰 수준을 높이고자 하는 관점에서 개인이 무슨 일을 할 수 있을까? 사회적·진화적 균형이 어떠한 형태이든 간에, 세상이 신뢰성 있는 사람들로만 가득한 상황은 벌어지지 않을 것이다. 그렇다고 해서 신뢰의 평균적인 수준을 끌어올릴 수 없다는 말은 아니다. 도덕 교육이 아무런 쓸모가 없다는 말도 아니다. 나는 신뢰와 관련하여 우리가 지금보다 나은 방향으로 나아갈 길이 있다고 믿는다.

일반적으로 부모들은 자녀들에게 신뢰성 있게 행동하라고 가르친다. 자신이 한 말을 지키고, 이를 위해 의지력을 발휘해야 한다고 말한다. 바람직한 조언이다. 하지만 우리는 또한 의지력에 다른 측면이 있다는 사실도 알고 있다. 의지력은 언제든 바닥날 수 있다. 내가 소개한 모든 실험에서, 피실험자들은 스스로 어떻게 행동해야 하는지 잘 알고 있었지만 종종 속임수를 썼고, 때로는 그러한 자신의 모습에 깜짝 놀라기까지 했다. 이처럼 신뢰를 저버리는 행동은 끊임없이 등장하는 시점 간 선택, 즉 단기적인 보상과 장기적인 보상에 대한 갈등에서 비롯된다. 이 갈등은 우리의 의식적인, 그리고 무의식적인 마음속에서 일어난다. 신뢰성 있게 행동하고 이를 위해 의지력을 발휘해야 한다고 자녀들에게 가르치고 스스로 상기할 때, 사실 우리는 방정식의 한쪽만 주목하고 있는 셈이다. 우리는 이기적 이익을 추구하고 남을 이용하려는 욕망에 저항하기 위해 의식적으로 마음가짐을 단단히 한다. 그러나

의식적인 마음이 편향되어 있거나 피로로 지쳐 있을 때, 그래서 떳떳하지 못한 행동을 정당화하거나 핑곗거리를 떠올리기 시작하면 과연 무엇이 우리의 이기적 충동을 억제할 수 있겠는가?

이 질문에 대답하려면 하향적인 방식만으로는 자신의 신뢰성을 높일 수 없다는 사실을 분명히 이해해야 한다. 우리에게는 또한 상향적인 방식으로 기능하는 보다 본능적인 도덕의 원천, 즉 의지력이 필요 없이 자동적으로 움직이는 원천이 필요하다. 우리는 이미 그러한 원천이 기능하는 방식을 살펴보았다. 가령 고마움을 느낀 사람들은 예전에 한 번도 본 적이 없는 사람들을 기꺼이 신뢰하려 한다. 그리고 자신의 잘못된 행동을 합리화하려는 과정에 방해가 발생하면 사람들은 죄책감을 느끼고 자신의 행동을 기꺼이 비난한다.

이러한 도덕적인 감정들, 혹은 애덤 스미스가 말한 도덕감정은 즉각적인 이기심을 추구하려는 동기를 제어함으로써 도덕적인 행동으로 우리를 이끄는 태곳적 메커니즘을 이룬다. 하지만 오늘날 도덕 교육은 이러한 도덕감정에 대한 중요성을 외면하고 있다. 많은 부모들은 자녀들이 수치나 죄책감 같은 부정적인 감정을 느끼지 못하도록 보호하려 든다. 이러한 감정들은 감사함이나 겸손함 같은 긍정적인 감정들과 마찬가지로 감성 지능을 구축하는 데 필요한 경험적 재료들이다. 다음 세대를 제대로 키우려면 아이들이 다양한 감정을 외면할 것이 아니라 적극적으로 받아들이고 그 과정에서 성장할 수 있도록 도와야 한다. 아이들은 이러한 감정들을 어떻게 관리하고 활용해야 하는지 학습함으로써, 신뢰를 저버리는 행동의 의미를 이해하고 미래의 행동을 수정하는 능력을 높일 것이다. 정직하고 유능하며 신뢰성 있는 태도를 중요시하는 오늘날의 헬리콥터 부모들은 실패에서 비롯되는 모든 부정적인 감정을 경험하지 못하도록 과잉보호함으로써, 항상 즉각적인 이익을 선호하는 쪽으로 기울어진 내재적 도덕 저울에 아이들이 익숙하도록 만들 것이다. 이런 전략은 자녀들을 단기적으로 행복하게 만들 수 있겠지만, 장기적인 차원에서는 실패의 여정으로 몰고 갈 것이다. 다른 사람을 신뢰하고 스스로 신뢰성 있게 행동하는 능력은 인간의 내재적 본능이지만, 올바른 사용법은 성공과 실패를 통한 학습으로 익힐 수 있다.

개인적인 행복과 보다 가치 있는 선을 추구하고자 한다면, 신뢰성을 높일 수 있는 서로 다른 접근 방식을 받아들여야 한다. 우리는 바람직하게 생각하는 원칙들을 받아들이는 동시에 다른 사람들에 대한 공감을 높이는 내면적이고 직관적인 메커니즘을 강화하고 활용해야 한다. 우리는 신뢰에 대해 생각하면서, 동시에 이를 느껴야 한다. 이러한 접근 방식이 비록 세상을 유토피아로 만들어 주지는 않겠지만, 그러한 방향으로 나아가도록 사회를 자극할 것이다. 부디 내 말을 신뢰해 주길 바란다.

감사의 글

이 책은 많은 사람의 지혜와 도움 덕분에 세상에 나왔다. 가장 먼저 나의 가족, 특히 아내 에이미에게 무한히 감사한다. 에이미는 내게 없어서는 안 될 편집자이자 토론자, 완벽한 공명판 역할을 했고, 내 생각과 주장의 논리를 다듬고 선명하게 해 주었다. 나는 또한 세계적으로 가장 날카로운 지성의 소유자이자 마음마저 따뜻한 동료들과 함께 연구할 수 있는 행운도 누렸다. 특히 리사 펠드먼 바렛, 밥 프랭크, 데이비드 피자로, 신시아 브리질, 마거릿 클라크, 애덤 러셀, 피에르카를로 발데솔로, 졸리 바우만, 레아 디킨스, 이진주, 리사 윌리엄스, 모니카 바틀렛, 그리고 폴 콘돈과의 대화에서 많은 도움을 얻었다.

　허드슨스트리트 출판사의 편집자 캐롤라인 서튼에게도 고마움을 표한다. 서튼은 이 책에 대한 나의 약속을 믿어 줬고, 내가 이야기를 구성하고 비판적으로 분석하고 논의할 수 있도록 도왔다. 나의 에이전트 짐 레빈과 레빈 그린버그 문학 에이전시의 뛰어난 인재들의 조언과 도움이 없었다면 이 책은 세상의 빛을 보지 못했을 것이다. 마지막으로, 나의 연구 프로그램을 경제적으로 후원하고, 내가 이 책에서 소개한 많은 실험을 수행할 수 있도록 도와준 노스이스턴 대학과 미국 국립과학재단, 미국 국립정신건강협회에도 감사의 말씀을 전한다. 부디 나에 대한 신뢰가 올바른 선택이었다고 생각해 주길 바란다.

주

● 시작하며

1 http://www.cbsnews.com/stories/2005/09/29/48hours/main890980.shtml.

● 1. 피할 수 없는 위험, 신뢰

1 D. Khaneman & A. Tversky (2000.) *Choices, Values, and Frames.* New York: Cambridge University Press.

2 R. H. Frank (1988.) *Passions Within Reason: The Strategic Role of the Emotions.* New York: W. W. Norton.

3 R. Axelrod (1984.) *The Evolution of Cooperation.* New York: Basic Books.

4 R. M. May (1976.) "Simple mathematical models with very complicated dynamics." *Nature* 327: 15 – 17.

5 M. A. Nowak & K. Sigmund (1989.) "Oscillations in the evolution of reciprocity." *Journal of Theoretical Biology* 137: 21 – 26. M. A. Nowak & K. Sigmund (1992.) "Tit for tat in heterogeneous populations." *Nature* 355: 250 – 253. M. A. Nowak & K. Sigmund (1993.) "A strategy of win-stay, lose-shift that outperforms tit-for-tat in the prisoner's dilemma game." *Nature* 364: 56 – 58.

6 A. W. Delton & M. M. Krasnow & L. Cosmides & J. Tooby (2011.) "Evolution of direct reciprocity under uncertainty can explain human generosity in one-shot encounters." *Proceedings of the National Academy of Sciences* 108(32: 13335 – 13340.

7 D. DeSteno & P. Valdesolo (2011.) *Out of Character: Surprising Truths About the Liar, Cheat, Sinner (and Saint) in All of Us.* New York: Crown Archetype.

8 D. DeSteno & M. Bartlett & J. Baumann & L. Williams & L. Dickens (2010.) "Gratitude as moral sentiment: Emotion guided cooperation in economic exchange." *Emotion* 10: 289 – 293.

9 B. Von Dawans & U. Fischbacher & C. Kirschbaum & E. Fehr & M. Heinrichs (2012.) "The social dimension of stress reactivity: Acute stress increases prosocial behavior in humans." *Psychological Science* 23: 651 – 660.

10 F. Gino & M. Norton & D. Ariely (2010.) "The counterfeit self: The deceptive costs of faking it." *Psychological Science* 21: 712 – 720.

11 R. L. Trivers (1971.) "The evolution of reciprocal altruism." *The Quarterly Review of Biology* 46: 35 – 57.

12 F. Righetti & C. Finkenauer (2011.) "If you are able to control yourself, I will trust you: The role of perceived self-control in interpersonal trust." *Journal of Personality and Social Psychology* 100: 874 – 886.

13 B. M. DePaulo & J. J. Lindsay & B. E. Malone & L. Muhlenbruck & K. Charlton & H. Cooper (2003.) "Cues to deception." *Psychological Bulletin* 129: 74 – 118. L. F. Barrett (2012.) "Emotions are real." *Emotion* 12: 413 – 429.

14 GAO 보고서에 관한 기사는 다음에서 확인할 수 있다. http://www.homelandsecuritynews-wire.com/gao-tsas-behavior-screening-program-has-no-scientific-proof-it-works. 그리고 보고서 전문은 다음을 참조. http://www.gao.gov/products/GAO-12-541T.

15 J. L. Tracy & A. C. Weidman & J. T. Cheng & J. P. Martens. In Tugade &

Shiota & Kirby (eds.). (In press.) *Handbook of Positive Emotion*. New York: Guilford Press.

16 J. M. Contreras & J. Schirmer & M. R. Banaji & J. P. Mitchell (In press.) "Common brain regions with distinct patterns of neural responses during mentalizing about groups and individuals." *Journal of Cognitive Neuroscience.*

● 2. 인간은 타인을 믿게끔 설계되었나

1 S. W. Porges (2007.) "The polyvagal perspective." *Biological Psychology* 74: 116 – 143.

2 S. D. Calkins & S. P. Keane (2004.) "Cardiac vagal regulation across the preschool period: Stability, continuity, and implications for childhood adjustment." *Developmental Psychobiology* 45: 101 – 112.

3 J. Stellar & V. M. Manzio & M. W. Kraus & D. Keltner (2012.) "Class and compassion: Socioeconomic factors predict responses to suffering." *Emotion* 12: 449 – 459. B. E. Kok & B. L. Fredrickson (2010.) "Upward spirals of the heart: Autonomic exibility, as indexed by vagal tone, reciprocally and prospectively predicts positive emotions and social connections." *Biological Psychology* 85: 432 – 436. C. Oveis & A. B. Cohen & J. Gruber & M. N. Shiota & J. Haidt & D. Keltner (2009.) "Resting respiratory sinus arrhythmia is associated with tonic positive emotionality." *Emotion* 9: 265 – 270.

4 S. Côté & M. W. Kraus & B. H. Cheng & C. Oveis & I. van der Löwe & H. Lian & D. Keltner (2011.) "Social power facilitates the effect of prosocial orientation on empathic accuracy." *Journal of Personality and Social Psychology* 101: 217 – 232.

5 J. Gruber & S. L. Johnson & C. Oveis & D. Keltner (2008.) "Risk for mania and positive emotional responding: Too much of a good thing?" *Emotion* 8:

23–33.

6 A. Kogan & C. Oveis & J. Gruber & I. B. Mauss & A. Shallcross & E. A. Impett & I. van der Löwe & B. Hui & C. Cheng & D. Keltner, "Cardiac vagal tone and prosociality: A test of Aristotle's principal of moderation." Manuscript under review.

7 J. Henrich & R. Boyd & S. Bowles & H. Gintis & E. Fehr & C. Camerer & R. McElreath & M. Gurven & K. Hill & A. Barr & J. Ensminger & D. Tracer & F. Marlow & J. Patton & M. Alvard & F. Gil-White & N. Henrich (2005.) "Economic man in cross-cultural perspective: Ethnography and experiments from 15 small-scale societies." *Behavioral and Brain Sciences* 28: 795–855.

8 S. F. Brosnan (2011.) "A hypothesis of coevolution between cooperation and responses to inequity." Frontiers in Neuroscience 5: 43. S. F. Brosnan & F. B. M. deWaal (2003.) "Monkeys reject unequal pay." *Nature* 425: 297–299.

9 Ibid. A. E. Russon (1998.) "The nature and evolution of intelligence in orangutans (Pongo pygmaeus)." *Primates* 39: 485–503.

10 S. F. Brosnan & C. Talbot & M. Ahlgren & S. P. Lambeth & S. J. Schapiro (2010.) "Mechanisms underlying responses to inequitable outcomes in chimpanzees, Pan troglodytes." *Animal Behaviour* 79: 1229–1237. F. B. M. de Waal & K. Leimgruber & A. Greenberg (2008.) "Giving is self-rewarding for monkeys." *Proceedings of the National Academy of Sciences* 105(36: 13685–13689.

11 A. P. Melis & B. Hare & M. Tomasello (2006.) "Engineering cooperation in chimpanzees: Tolerance constraints on cooperation." *Animal Behavior* 72: 275–286. A. P. Melis & B. Hare & M. Tomasello (2006.) "Chimpanzees recruit the best collaborators." *Science* 311: 1297–1300.

12 C. S. Carter & I. I. Lederhendler & B. Kirkpatrick (1997.) *The Integrative Neurobiology of Af liation, Annals of the New York Academy of Sciences* 807. Rereleased by Cambridge, MA: MIT Press, 1999.

13 M. Kosfeld & M. Heinrichs & P. J. Zak & U. Fischbacher & E. Fehr (2005.) "Oxytocin increases trust in humans." *Nature* 435: 673 – 676.

14 T. Baumgartner & M. Heinrichs & A. Vonlanthen & U. Fischbacher & E. Fehr (2008.) "Oxytocin shapes the neural circuitry of trust and trust adaptation in humans." *Neuron* 58: 639 – 650.

15 C. K. W. de Dreu & L. L. Greer & M. J. J. Handgraaf & S. Shalvi & G. A. van Kleef & M. Baas & F. S. ten Velden & E. van Dijk & S. W. W. Feith (2010.) "The neuropeptide oxytocin regulates parochial altruism in intergroup con ict among humans." *Science* 328: 1408 – 1411.

16 C. K. W. de Dreu & L. L. Greer & M. J. J. Handgraaf & G. A. van Kleef & S. Shalvi (2011.) "Oxytocin promotes human ethnocentrism." *Proceedings of the National Academy of sciences* 108(4): 1262 – 1266.

17 S. G. Shamay-Tsoory & M. Fischer & J. Dvash & H. Harari & N. Perach-Bloom & Y. Levkovitz (2009.) "Intranasal administration of oxytocin increases envy and schadenfreude (gloating)." *Biological Psychiatry* 66: 864 – 870.

● **3. 아이들은 이미 알고 있다**

1 B. Hood (1995.) "Gravity rules for 2-to 4-year-olds." *Cognitive Development* 10: 577 – 598.

2 I. Bascandziev & P. L. Harris (2010.) "The role of testimony in young children's solution of a gravity-driven invisible displacement task." *British Journal of Developmental Psychology* 23: 587 – 607. Hood, "Gravity rules," 1995.

3 Bascandziev & Harris, "The role of testimony," 2010.

4 리플리의 기사는 다음에서 찾아볼 수 있다. http://www.theatlantic.com/magazine/archive/2010/01/what-makes-a-great-teacher/307841/.

5 K. H. Corriveau & P. L. Harris (2009.) "Choosing your informant: Weighing familiarity and recent accuracy." *Developmental Science* 12: 426 – 437.

6 K. H. Corriveau & P. L. Harris, et al. (2009.) "Young children's trust in their mother's claims: Longitudinal links with attachment security in infancy." *Child Development* 80: 750 – 761.

7 *Ibid.*

8 M. A. Sabbagh & D. Shafman (2009.) "How children block learning from ignorant speakers." *Cognition* 112: 415 – 422.

9 Corriveau and Harris, "Choosing your informant," 2009.

10 K. D. Kinzler & K. H. Corriveau & P. L. Harris (2010.) "Children's selective trust in native-accented speakers." *Developmental Science* 14: 106 – 111.

11 F. Warneken & M. Tomasello (2006.) "Altruistic helping in human infants and young chimpanzees." *Science* 311: 1301 – 1303.

12 P. Kanngiesser & F. Warneken (2012) "Young children consider merit when sharing resources with others." *PLoS ONE* 7(8): 1 – 5.

13 P. R. Blake & K. McAuliffe (2011.) "'I had so much it didn't seem fair': Eight-year-olds reject two forms of inequity." Cognition, doi:10. 1016/ j. cognition. 2011. 04. 006. A. Shaw & K. R. Olson (2012.) "Children discard a resource to avoid inequity." *Journal of Experimental Psychology: General* 141: 382 – 395.

14 K. L. Leimgruber & A. Shaw & L. R. Santos & K. R. Olson (2012) "Young children are more generous when others are aware of their actions." *PLoS ONE* 7(10): e48292.

15 J. Hamlin & K. Wynn & P. Bloom (2007.) "Social judgment by preverbal infants." *Nature* 450: 557 – 559.

● **4. 사랑하면 신뢰할까?**

1 M. S. Clark (1984.) "Record keeping in two types of relationships." *Journal of Personality and Social Psychology* 47: 549 – 557.

2 S. Shallcross & J. A. Simpson (2012.) "Trust and responsiveness in strain-test situations: A dyadic perspective." *Journal of Personality and Social Psychology* 102: 1031 – 1044.

3 E. E. Jones & V. A. Harris (1967.) "The attribution of attitudes." *Journal of Experimental Social Psychology* 3:1 – 24.

4 L. Campbell & J. A. Simpson & J. Boldry & R. Harris (2010.) "Trust, variability in relationship evaluations, and relationship processes." *Journal of Personality and Social Psychology* 99: 14 – 31.

5 S. Murray & S. P. Lupien & M. D. Seery (2012.) "Resilience in the face of romantic rejection: The automatic impulse to trust." *Journal of Experimental Social Psychology* 48: 845 – 854.

6 S. Freud (1922.) "Some neurotic mechanisms in jealousy, paranoia and homosexuality." Reprinted (1953 – 1974.) in the *Standard Edition of the Complete Psychological Works of Sigmund Freud*(trans. and ed. J. Strachey), vol. XVIII. London: Hogarth Press.

7 B. P. Buunk (1991.) "Jealousy in close relationships: An exchange-theoretical perspective." In P. Salovey (ed.), *The Psychology of Jealousy and Envy* (pp. 148 – 177). New York: Guilford Press.

8 S. L.Murray & S. Gomillion & J. G. Holmes & B. Harris & V. Lamarche (2013.) "The dynamics of relationship promotion: Controlling the automatic inclination to trust." *Journal of Personality and Social Psychology* 104: 305 – 334.

9 D. DeSteno & P. Salovey (1996.) "Jealousy and the characteristics of one's rival: A self-evaluation maintenance perspective." *Personality and Social Psychology*

Bulletin 22: 920 – 932.

10 D. DeSteno & P. Valdesolo & M. Y. Bartlett (2006.) "Jealousy and the threatened self: Getting to the heart of the green-eyed monster." *Journal of Personality and Social Psychology* 91: 626 – 641.

● 5. 부자들은 왜 거짓말을 잘할까?

1 P. K. Piff & D. M. Stancato & S. Côté & R. Mendoza-Denton & D. Keltner (2012.) "Higher social class predicts increased unethical behavior." *Proceedings of the National Academy of Sciences* 109: 4086 – 4091.

2 *Ibid.*

3 *Ibid.*

4 *Ibid.*

5 P. K. Piff & M. W. Kraus & S. Côté & B. H. Cheng & D. Keltner (2010.) "Having less, giving more: The in uence of social class on prosocial behavior." *Journal of Personality and Social Psychology* 99: 771 – 784.

6 Piff, et al., "Higher social class predicts," 2012.

7 J. Lammers & D. A. Stapel & A. D. Galinsky (2010.) "Power increases hypocrisy, moralizing in reasoning, immorality in behavior." *Psychological Science* 21: 737 – 744.

8 D. Carney (2010.) "Powerful people are better liars." *Harvard Business Review* (May 1.).

9 F. Gino & L. Pierce (2009.) "The abundance effect: Unethical behavior in the presence of wealth." *Organizational Behavior and Human Decision Processes* 109: 142 – 155.

10 Kathleen D. Vohs & Nicole L. Mead & Miranda R. Goode (2006.) "The psychological consequences of money." *Science* 314: 1154 – 1156.

11 *Ibid.*

12 A. Dreber & D. G. Rand & D. Fudenberg & M. A. Nowak (2008.) "Winners don't punish." *Nature* 452: 348 – 351.

13 이러한 발견과 접근 방식을 요약하여 설명하고 있는 에이미 커디의 TED 강연은 다음에서 찾아볼 수 있다. http://www.ted.com/talks/amy_cuddy_your_body_language_shapes_who_you_are.html.

● **6. 당신을 신뢰할 수 있을까?**

1 B. M. DePaulo & J. J. Lindsay & B. E. Malone & L. Muhlenbruck & K. Charlton & H. Cooper (2003.) "Cues to deception." *Psychological Bulletin* 129: 74 – 118.

2 H. Aviezer & Y. Trope & A. Todorov (2012.) "Body cues, not facial expressions, discriminate between intense positive and negative emotions." *Science* 338: 1225 – 1229. L. F. Barrett (2012.) "Emotions are real." *Emotion* 12: 413 – 429.

3 M. Weisbuch & N. Ambady (2008.) "Affective divergence: Automatic responses to others' emotions depend on group membership." *Journal of Personality and Social Psychology* 95: 1063 – 1079.

4 D. DeSteno & C. Breazeal & R. H. Frank & D. Pizarro & J. Baumann & L. Dickens & J. Lee (2012.) "Detecting the trustworthiness of novel partners in economic exchange." *Psychological Science* 23: 1549 – 1556.

5 *Ibid.*

6 D. R. Carney & A. J. C. Cuddy & A. J. Yap (2010.) "Power posing: Brief nonverbal displays cause changes in neuroendocrine levels and risk tolerance." *Psychological Science* 21: 1363 – 1368. J. L. Tracy & D. Matsumoto (2008.) "The spontaneous expression of pride and shame: Evidence for biologically innate nonverbal displays." *Proceedings of the National Academy of Sciences* 105: 11655 – 11660. J. F. Dovidio & S. L. Ellyson (1982.) "Decoding visual dominance behavior: Attributions of power based on the relative percentages of looking while speaking and looking while listening." *Social Psychology Quarterly* 45: 106 – 113.

7 L. A. Williams & D. DeSteno (2008.) "Pride and perseverance: The motivational role of pride." *Journal of Personality and Social Psychology* 94: 1007 – 1017.

8 L. A. Williams & D. DeSteno (2009.) "Pride: Adaptive social emotion or seventh sin?" *Psychological Science* 20: 284 – 288.

9 A. Todorov (2008.) "Evaluating faces on trustworthiness: An extension of systems for recognition of emotions signaling approach/avoidance behaviors." In A. Kingstone and M. Miller (eds.), *The Year in Cognitive Neuroscience 2008*, *Annals of the New York Academy of Sciences* 1124: 208 – 224.

10 N. O. Rule & A. C. Krendl & Z. Ivcevic & N. Ambady (2013.) "Accuracy and consensus in judgments of trustworthiness from faces: Behavioral and neural correlates." *Journal of Personality and Social Psychology* 104: 409 – 426.

11 A. Todorov & C. P. Said & A. D. Engell & N. N. Oosterhof (2008.) "Understanding evaluation of faces on social dimensions." *Trends in Cognitive Sciences* 12: 455 – 460. Leslie A. Zebrowitz & S. McDonald "The impact of litigants' babyfacedness and attractiveness on adjudications in small claims courts." *Law and Human Behavior* 15: 603 – 623.

12 A. Todorov & A. N. Mandisodza & A. Goren & C. C. Hall (2005.) "Inferences of competence from faces predict election outcomes." *Science* 308: 1623 –

1626.

13 새버터의 언급은 이곳에서 볼 수 있다. http://news.nationalgeographic.com/
news/2005/06/0609_050609_elections_2.html.

14 보고서는 이곳에서 볼 수 있다. http://www.gao.gov/products/GAO-12-
541T.

15 J. J. Lee & B. Knox & J. Baumann & C. Breazeal & D. DeSteno (2013.)
"Computationally modeling interpersonal trust." *Manuscript under review.*

● **7. 가상 세계 친구를 믿는다는 것**

1 J. B. Lyons & C. K. Stokes (2012.) "Human-human reliance in the context of
automation." *Human Factors* 54: 112-121.

2 J. N. Bailenson & J. Blascovich (2011.) "Virtual reality and social networks
will be a powerful combination: Avatars will make social networks seductive."
IEEE Spectrum (June).

3 N. Yee & J. N. Bailenson & M. Urbanek & F. Chang & D. Merget (2007.) "The
unbearable likeness of being digital: The persistence of nonverbal social norms
in online virtual environments." *Cyberpsychology and Behavior* 10: 115-121.

4 P. Valdesolo & D. DeSteno (2011.) "Synchrony and the social tuning of
compassion." *Emotion* 11: 262-266.

5 J. N. Bailenson & S. Iyengar & N. Yee & N. Collins (2008.) "Facial similarity
between voters and candidates causes influence." *Public Opinion Quarterly* 72:
935-961.

6 R. E. Guadagno & J. Blascovich & J. N. Bailenson & C. McCall (2007.) "Virtual
humans and persuasion: The effects of agency and behavioral realism." *Media*

Psychology 10: 1 – 22.

7 N. Yee & J. N. Bailenson & N. Ducheneaut (2009.) "The proteus effect: Implications of transformed digital self-representation on online and offline behavior." *Communication Research* 36: 285-312.

8 퓨 리서치센터의 보고서는 이곳에서 볼 수 있다. http://www.pewinternet.org/ Reports/2011/Technology-and-social-networks.aspx.

9 T. Bickmore & L. Pfeifer & M. Paasche-Orlow (2009.) "Using computer agents to explain medical documents to patients with low health literacy." *Patient Education and Counseling* 75: 315 – 320.

10 *Ibid.*

● **8. 나 자신을 신뢰할 수 있을까?**

1 P. Valdesolo & D. DeSteno (2008.) "The duality of virtue: Deconstructing the moral hypocrite." *Journal of Experimental Social Psychology* 44: 1334 – 1338. P. Valdesolo & D. DeSteno (2007.) "Moral hypocrisy: Social groups and the flexibility of virtue." *Psychological Science* 18: 689 – 690.

2 Ibid. J. Lammers & D. A. Stapel & A. D. Galinsky (2010.) "Power increases hypocrisy, moralizing in reasoning, immorality in behavior." *Psychological Science* 21: 737 – 744.

3 D. T. Gilbert & T. D. Wilson (2007.) "Prospection: Experiencing the future." *Science* 317: 1351 – 1354.

4 D. T. Gilbert & M. J. Gill & T. D. Wilson (2002.) "The future is now: Temporal correction in affective forecasting." *Organizational Behavior and Human Decision Processes* 88: 430 – 444.

5 K. D. Vohs & T. F. Heatherton (2000.) " Self-regulation failure: A resource-depletion approach." *Psychological Science* 11: 249 – 254.

6 K. D. Vohs & R. J. Faber (2007.) "Spent resources: Self-regulatory resource availability affects impulse buying." *Journal of Consumer Research* 33: 537 – 547.

7 A. Rand (1982.) *Philosophy: Who Needs It?* Indianapolis, IN: Bobbs-Merrill.

8 D. T. Gilbert & C. K. More-wedge & J. L. Risen & T. D. Wilson (2004.) "Looking forward to looking backward: The misprediction of regret." *Psychological Science* 15: 346 – 350.

9 Valdesolo and DeSteno, "The duality of virtue," 2008.

10 스피처의 인터뷰는 이곳에서 볼 수 있다. http://www.thedailybeast.com/newsweek/2009/04/17/spitzer-in-exile.html.

● 9. 어떻게 신뢰할 것인가

1 이 연구에 대한 언론 기사 및 관련 링크는 다음을 참조. http://www.apnorc.org/news-media/Pages/News+Media/friends-kin-key-to-sandy-survival.aspx.